化学工业出版社出版资助出版委员会

U0367008

Intelligent Transportation and Intelligent Logistics

智能交通与智慧物流

钱勇生　曾俊伟 ｜ 著

化学工业出版社

·北京·

内容简介

本书主要介绍智慧公路、智能轨道交通及智慧物流系统的基本概念、基本理论、基本方法和最前沿的应用技术。共分3篇，第1篇是智慧公路系统，主要内容包括高速公路智能交通系统和城市智能交通系统；第2篇是智能轨道交通系统，主要内容包括智能铁路系统和城市智慧轨道交通系统；第3篇是智慧物流系统，主要内容包括智慧物流技术和平台系统、智慧仓储和配送系统。

本书主要面向交通与物流领域广大科技工作者及高等院校相关专业的师生。

图书在版编目（CIP）数据

智能交通与智慧物流／钱勇生，曾俊伟著. —北京：化学工业出版社，2024.1
（工业智能化创新之路丛书）
ISBN 978-7-122-44290-1

Ⅰ.①智… Ⅱ.①钱…②曾… Ⅲ.①交通运输管理-智能系统②智能技术-应用-物流管理 Ⅳ.①U495②F252.1-39

中国国家版本馆CIP数据核字（2023）第191150号

责任编辑：宋　辉
文字编辑：毛亚囡
责任校对：宋　玮
装帧设计：王晓宇

出版发行：化学工业出版社
　　　　　（北京市东城区青年湖南街13号　邮政编码100011）
印　　装：三河市延风印装有限公司
710mm×1000mm　1/16　印张22　字数409千字
2024年2月北京第1版第1次印刷

购书咨询：010-64518888
售后服务：010-64518899
网　　址：http://www.cip.com.cn

凡购买本书，如有缺损质量问题，本社销售中心负责调换。

定　　价：98.00元

　　交通运输和现代物流是国民经济中具有基础性、先导性和战略性的产业，是重要的服务性行业和现代化经济体系的重要组成部分，智能交通与智慧物流的加速建设是构建新发展格局的重要支撑和服务人民美好生活、促进共同富裕的坚实保障。

　　当前，随着全球范围内新一轮科技革命和产业变革的蓬勃兴起，以 5G、人工智能、大数据、云计算、区块链等为代表的新一代信息技术与传统的交通和物流行业深度融合，各国在智能交通建造、智慧物流服务提升、智能装备供给运营等多个领域展开了丰富的技术平台研究与系统应用开发，交通物流各环节、各领域数字赋能不断强化，数字化的应用深度、广度持续拓展，流通设施智能化建设和升级改造加速推进，各类新技术、新业态和新模式不断涌现，智能交通与智慧物流的飞跃发展面临创新机遇和挑战。

　　智能交通与智慧物流的建设既是交通运输未来发展的重要方向，也是我国《交通强国建设》等战略布局的重要领域。在交通物流行业加速发展的背景下，笔者结合教学科研工作实际，将交通和物流有机融合，分别对智慧公路、智能轨道交通、智慧物流三大系统和高速公路智能交通、城市智能交通、智能铁路、城市智慧轨道交通、智慧物流技术和平台、智慧仓储和配送六大部分的内容进行了梳理和总结，在注重基本概念、基本理论、基本方法和案例呈现的基础上，介绍了国内外最新交通及物流领域进展、相关应用发展及前沿研究成果，可作为高等院校和科研院所相关学科开展通识教育和专业学习的读本。

本书由钱勇生、曾俊伟著，许得杰、县勇、杨民安、魏谞婷、尹帆、张富涛、达成、康成俊、李信、王文海、石生钿、李海鹏、罗海宁、丁潇潇、张永治、柳祯、秦雪旖等为本书编写提供了帮助。本书在出版过程中得到了甘肃省重点研发计划 (21YF5GA052)、甘肃高等学校产业支撑计划 (2021CYZC-60)、甘肃省教育厅"双一流"科研重点项目 (GSSYLXM-04)、甘肃省科技计划中央引导地方科技发展资金项目（22ZY1QA005）、国家自然科学基金西部项目"分级自动驾驶车辆参与的高速公路高密度异质交通流稳定性与安全性研究"（72361017）和"多车道条件下高速公路高密度异质交通流相变机制及优化控制研究"（52362047）的大力支持，在此表示衷心的感谢！

智能交通和智慧物流发展日新月异，由于笔者水平和时间有限，书中不妥之处恳请读者批评指正。

著者

第1篇

智慧公路系统

第1部分　高速公路智能交通系统

第 2 部分　城市智能交通系统

第 4 章　城市智能交通系统概述 / 072

第 2 篇

智能轨道交通系统

第 1 部分　智能铁路系统

第 2 部分　城市智慧轨道交通系统

第 3 篇

智慧物流系统

第 1 部分　智慧物流技术和平台系统

第 2 部分　智慧仓储和配送系统

The Road of
Industrial
Intelligent
Innovation

第1篇
智慧公路系统

　　"智慧公路"是依托云计算、5G、大数据、物联网、人工智能等新一代互联网技术，实现对公路实时、全面的精准感知和协同管控，促进路网科学管理、高效运行和优质服务的新模式。智慧公路的建设不仅是交通运输未来发展的重要方向，也是我国《交通强国建设纲要》《国家综合立体交通网规划纲要》文件中布局的重要领域。

　　本篇借鉴国内外在智慧公路发展建设方面的研究成果和实践经验，以高速公路智能交通系统及城市智能交通系统两部分为主体，详细介绍了各部分智能交通系统及子系统的概念、功能、关键技术、应用案例、发展现状及趋势等内容。

第1部分

高速公路智能交通系统

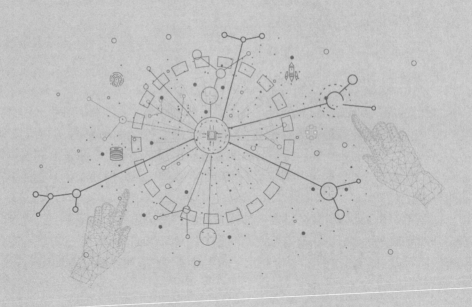

第1章
高速公路智能交通系统概述

1.1
高速公路智能交通系统的定位

智能交通系统（ITS）在我国的发展起源可以追溯到 20 世纪 70 年代末的城市交通信号控制实验研究。交通运输部 ITS 工程研究中心早在 1995 年就对"全球卫星定位系统和导航系统""基于 GPS 的路政车辆管理系统"等项目进行了前沿研究；2001 年科技部正式启动中国智能交通系统框架，次年启动智能交通系统框架及支撑系统开发项目；国家发展和改革委员会还制定了综合运输系统发展的"十五"规划，旨在建立快速客运和货运物流的智能综合运输系统，这是 ITS 首次作为政府文件纳入国家战略发展计划 [2]。

1.1.1 高速公路智能交通系统的概念

随着智能交通系统的兴起，将智能技术运用在高速公路上已经成为解决高速公路运行问题的必由之路和主要方法。高速公路智能交通系统是智能交通系统的重要组成部分，是后者的概念和技术在高速公路管理中的具体应用。高速公路智能交通系统的意义是将先进的信息技术、通信技术、控制技术、传感技术、运筹学、人工智能和系统集成技术有效地集成和应用于高速公路的建设和管理，使其具有语言逻辑推理能力、数学逻辑推理能力等，从而加强车辆、道路和用户之间的联系，形成安全高效的交通运输系统 [3]。

1.1.2 高速公路智能交通系统的结构

（1）交通监控与管理系统
包括停车诱导、交通预测、路径诱导以及交通事故检测等先进技术，该系统依靠技术实时地将道路交通信息进行成体系、规模化的收集，并反馈给监控中心，后者进行加工处理，并将信息再反馈给道路管理者及交通参与者，从而实现动态交通分配以及对交通的有效监管，尽量避免交通阻塞[4]。

（2）集成的信息服务系统

包括社会交通信息服务系统和车辆交通信息服务系统。该系统不仅可以让道路使用者在道路网络中行驶，还可以提供详细的相关道路网络信息，帮助他们在出行前选择最佳路线。

（3）电子收费系统

主要是指非停车收费，也称为全自动收费。在保证正常收费的前提下，减少甚至消除了停车收费过程中造成的交通阻塞问题。

（4）运输管理系统

这是智能交通系统中非常关键的一项服务功能。它利用其他子系统服务功能所提供的信息，结合利用相关运输企业的信息，进行科学的跟踪调度及指挥，使运输企业的效益尽可能地最大化。

（5）安全保障系统

这是交通运行最基本的支撑，安保系统可以确保在车辆正常运行过程中驾驶员的安全。一旦有异常交通状况出现时，该系统也能够辅助实施有效、高效的救助[1]。

1.1.3 高速公路智能交通系统的内容

高速公路智能交通系统首先应具备高速公路交通管理与决策支持系统、高速公路交通信息服务系统、高速公路交通监控与执法系统、高速公路事故预警和紧急处理与救援系统等功能模块[5]。

（1）高速公路交通管理与决策支持系统

该系统包括高速公路辖区智能交通管理中心、光纤通信网络和无线通信网络、警车定位与警务管理系统、交通违法信息管理系统、交通事故信息管理系统、机动车与驾驶人信息查询系统、交通管理决策辅助系统。

（2）高速公路交通信息服务系统

该系统包括出行信息服务发布系统、车辆导航与线路诱导系统、高速公路交通信息服务网站。

（3）高速公路交通监控与执法系统

该系统包括路网交通信息采集系统和闭路电视监视系统、违法行为自动检测警告与处理系统、"黑名单"查控系统。

（4）高速公路事故预警和紧急处理与救援系统

该系统包括交通事故预警系统、事故紧急处理与救援系统[1]。

1.2
高速公路智能交通系统的体系架构

1.2.1　高速公路智能交通系统的相关技术

（1）物联网技术

智能交通系统是指以现代信息技术为核心，利用先进的通信技术、计算机技术、自动控制技术、传感器技术，实现对交通的实时控制和指挥管理。交通信息采集被认为是智能交通系统发展的基础和交通智能化的前提。交通控制和交通违规管理系统都涉及交通动态信息的采集[6]。因此，交通动态信息的采集已成为交通智能化的首要任务。交通动态信息的及时采集主要依靠如图 1-1 所示原理的物联网技术。

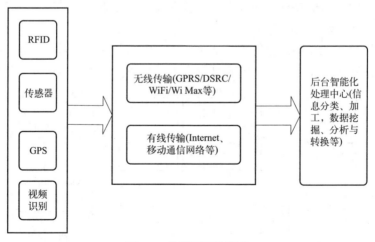

图 1-1　物联网工作原理

物联网技术的应用可以节约能源，提高车辆运行效率，减少交通事故造成的损失。实时监测道路交通状况的优点是可以减少交通拥堵，提高车辆运行效率；自动收费系统也大大提高了车辆的通行效率；智能停车系统在节省时间和能源方面也有一些提高；车辆实时跟踪系统可以使救援部门快速准确地发现并到达交通事故现场，进行及时处理，将交通事故各方面的损失降低到较低水平。此外还有巡逻车定位、视频监控、可变信息板发布、北斗高精度地质灾害监测、环境监测设备、雨雪雾监测设备、机电设施设备、施工维护等[7]。

（2）计算机技术

计算机技术的应用集中于高速公路智能系统中的监控系统、收费系统、通信系统，下面就以这3个系统为例说明计算机系统发挥作用的方式[8]。

① 监控系统为缓解交通、提高交通质量提供了可靠的技术保障。它可以实时远程监控道路的运行情况。

② 收费系统通过专业软件对数据信息进行处理，然后将处理的结果输出。它可以对车辆进行信息采集，将信息输入计算机系统，并对过往的车辆进行科学、合理的收费。

③ 通信系统确保了高速公路上各交通设备之间的通信，将整条高速公路进行联网。通信系统可以将收费系统和监控系统连接起来，实现远程控制和监控，对道路的突发状况可以进行远程指挥处理。

（3）传感器技术

传感器技术对交通信息的采集至关重要。传感器技术水平是道路交通信息采集子系统中的一个重要技术评价指标，它直接关系交通信息采集子系统能否采集到有效和准确的动态交通信息。

传感器技术在高速公路智能交通系统中主要应用于车辆检测。图1-2为高速公路监控系统的操作框图。从图中可以看出，交通信息采集器可以利用传感器技

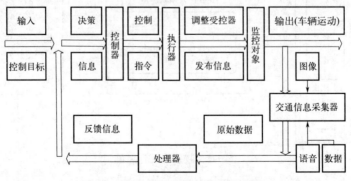

图1-2　高速公路监控系统的操作框图

术将实时采集的交通信息，如公路运行状态、交通参数、车辆违章、交通事故等意外事件，以图像、语音和文本数据的形式传输到中央监控室[9]。在监控系统对这些信息进行分析、处理和判断后，可以发出指令来控制道路信息板并更改其显示内容，从而实现交通流的调节和控制。

车辆检测主要用于交通参数统计、拥堵和事件检测、匝道控制、车辆违章监测、收费车道出入口控制等场合。

1.2.2 高速公路智能交通系统的技术架构

高速公路智能交通系统的技术架构分为六层，即感知层、网络层、数据层、应用支撑层、综合应用层和应用展示层[10]，如图1-3所示。

（1）感知层

感知层包括对人、车辆、基础设施、环境和舆论信息的更透彻的感知，是构建高速公路智能交通系统全景交通信息环境的基础。高速公路智能交通系统的新传感技术包括北斗卫星、智能传感器、车联网终端、手机信令分析、无人机、用户众包等。

（2）网络层

光纤通信网的构成如图1-4所示。光纤骨干网、移动通信网、无线局域网、专用短程通信网、无线传感器网络、广播网络等集成的基本网络架构，为数据、语音和图像的传输提供了强有力的保障。

（3）数据层

数据层包括基础数据库、业务数据库的建设，以及运行监测、决策分析、应急管理、维护管理、信息服务、增值服务等主题数据库的建设，为应用系统提供数据支持，形成产业云与公共云相结合的架构体系，保证服务器、存储等信息基础设施的集约使用。

（4）应用支撑层

应用支撑层为实现信息共享应用系统功能业务协同工作提供技术支撑，主要包括应用中间件交通地理信息系统（GIS-T）、BIM模型在线交通仿真系统、数据交换、共享平台等。

（5）综合应用层

综合应用层包括综合业务管理系统、路网运行监控系统、指挥调度系统和应急管理系统，以及政策和系统数据的增值服务系统。公共出行服务系统和大数据增值服务系统是两个核心业务系统。

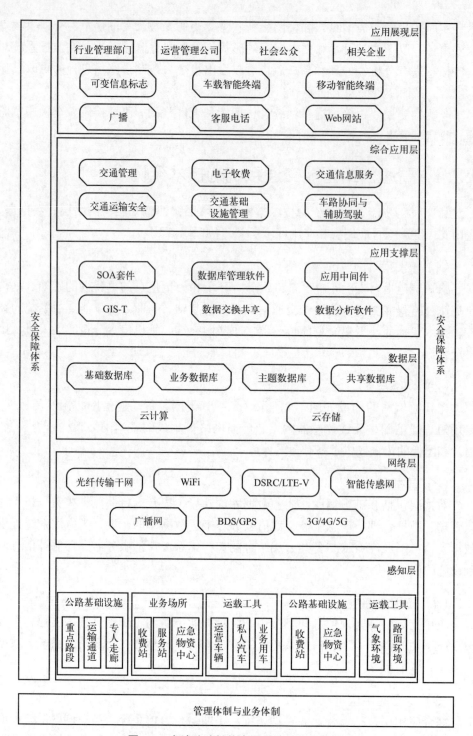

图 1-3　高速公路智能交通系统的技术架构

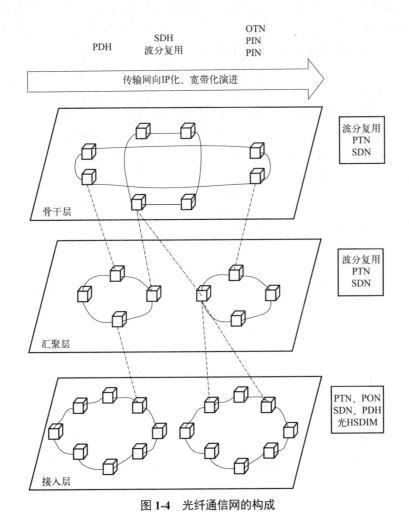

图 1-4 光纤通信网的构成

（6）应用展现层

应用展现层为高速公路智能交通系统的用户提供信息服务，包括业务系统门户（Intranet）、公共出行信息服务系统门户（Extranet）、热线、高速公路交通广播、移动智能终端 APP、车载智能终端、自助终端、可变信息标志和其他渠道[11]。

参考文献

[1] 于泉，李美涛，梁锐.高速公路智能交通系统 [M].北京：人民交通出版社，2018.

[2] 程起光，黄兵，曾德利，等.雅康高速公路智能交通管控系统探究 [J].中国公路，2022

（04）：96-99.

[3] 杨晓鹏.基于视频的交通流参数检测系统研究 [D].西安：长安大学，2008.

[4] 吴松泽.智能交通流量预测系统的研究与实现

[D]. 成都：电子科技大学，2018.

[5] 杨晓光. 中国交通信息化与发展智能交通运输系统问题研究 [J]. 交通运输系统工程与信息，2001（03）：1009-6744.

[6] 赵娜，袁家斌，徐晗. 智能交通系统综述 [J]. 计算机科学，2014，41（11）：7-11，45.

[7] 陆化普，李瑞敏. 城市智能交通系统的发展现状与趋势 [J]. 工程研究 - 跨学科视野中的工程，2014，6（01）：6-19.

[8] 冉斌，谭华春，张健，等. 智能网联交通技术发展现状及趋势 [J]. 汽车安全与节能学报，2018，9（02）：119-130.

[9] 李廷. 基于移动网络技术的高速公路智能管理系统 [D]. 北京：北京邮电大学，2013.

[10] 张纪升，李斌，王笑京，等. 智慧高速公路架构与发展路径设计 [J]. 公路交通科技，2018，35（01）：88-94.

[11] 王少飞，谯志，付建胜，等. 智慧高速公路的内涵及其架构 [J]. 公路，2017，62（12）：170-175.

第 2 章

高速公路智能交通子系统

高速公路智能交通系统是以信息技术、数据通信传输技术、电子传感技术、控制技术及计算机技术和交通工程等技术为基础的综合性、集成化大系统，包括：高速公路交通管理系统、高速公路交通控制系统、高速公路交通信息服务系统、高速公路电子收费系统、高速公路应急管理系统、高速公路自动驾驶系统等六大功能子系统。

2.1
高速公路交通管理系统

高速公路交通管理系统主要通过交通监测技术、计算机信息处理技术和通信技术等先进手段，将高速公路综合网络的交通运营和交通设施统一起来。通过观察交通流和控制交通流，可以快速准确地捕捉和处理管理者所管辖范围内的各种事件，从而使交通达到最通畅的状态。高速公路交通管理系统包括交通需求管理、交通事件管理、交通安全管理、交通大数据管理和智慧服务区管理。

2.1.1　交通需求管理

为缓解交通需求与交通供给之间的矛盾，降低交通事故率，我国多地早期修建的高速公路逐渐步入拓宽改造或修建复线时期。受公路走廊带资源限制等方面的影响，沿原道路进行拓宽施工难度巨大。因此，修建复线成为各地交通主管部门的首要选择，这样就形成了两条甚至多条高速公路并行的路网格局。从吸引交通需求的角度看，这样的高速公路形成了竞争性路网。交通需求管理应着重满足以下两点需求[1]。

（1）巡逻电子化的需求

新建的高速公路应实施全程闭路的电视监控，来加强对于高速公路的管控能力。根据需求，每 0.5～1h 都要通过监控器扫描所能监控的路面区域，及时发现交通中的各种突发事件，将安全问题降到最低并节约警务成本。

（2）交通违法行为纠正、查处智能化的需求

依靠视频监控来识别和捕捉违规行为，监控异常路况，并通过网络将最快的信息传输给周围的巡逻车或出入口人员，从而实现快速报警和障碍物清除控制。通过技术使交警具有"千里眼"和"顺风耳"，实现对存在安全隐患的车辆的有效控制。

2.1.2　交通事件管理

（1）高速公路事件管理策略

高速公路交通事件管理就是要预测事件、确认事件，并采取适当的措施来安全地清除事件，使得受影响的道路恢复原有通行能力，以此提高高速公路的运行效率和安全性。事件管理的根本目的是使受到事件干扰的交通流恢复正常，目标是在最短的时间内完成事件管理的各项活动，减少事件的影响。

高速公路事件管理系统的功能主要通过以下六个步骤来实现：

① 事件检测与鉴别　目前采用的事件检测技术主要包括固定监控设备自动检测与报警和人工检测与报警两个方面。监控设备自动检测与报警就是利用安装在高速公路上的各种检测设备进行事故相关信息的采集，应作为事故信息采集的主要方式。人工采集如驾驶员报警、交警巡逻发现交通事故等，应作为自动采集的补充。应用于事件检测的固定型采集技术目前主要包括视频、磁频和波频三种类型。

② 事件信息服务　一旦发生交通事故，区域交通系统中不同的用户主体（分为交通出行者和救援相关部门）对交通信息具有不同的需求。其中，交通出行者是指参与交通行为的行人和机动车驾驶人员等；救援相关部门是指具体实施救援行动、管理和维护道路交通秩序、保障道路交通有序高效运行的部门，以及负责道路安全、道路维护的部门，主要是指交通事故救援指挥中心、交通管理局、公路管理局、医疗与消防救援部门等，是系统的服务主体。

信息发布系统主要通过商业无线电台、道路专用广播、可变信息标志、电话信息系统、车载或个人数字助理信息或路线导引系统、APP 在线服务等方式实现，如图 2-1 所示。

图 2-1　可变信息表标志（左）及 APP 在线服务事件响应（右）

③ 事件响应　关于事件响应的策略与方法有：事件响应的资源手册、计算机辅助响应系统以及部门间的通信联系和合作协议等。

④ 事件现场管理　事件现场管理是协调和管理现场资源的过程。要顺利地响应事件并清除事件，必须实施集中、统一的现场管理，因为现场有执行不同任务、来自于不同部门的设备和人员，制定事件指挥制度和对现场指挥建立统一机构是两项有效的手段。

⑤ 事件条件下的交通管理　事件条件下的交通管理一方面是为了给响应者提供一个安全的工作环境，另一方面是为了尽量减轻事件造成的交通混乱和车辆延误。

⑥ 事件清除　事件清除是移除车辆、残余、碎片、溢出材料和来自道路的其他项目，以及为了恢复道路的原有通行水平而清理影响区域物品的过程。在大部分管理事件中，清除是很重要的一步，根据恢复交通流和移除障碍所需的时间长度，可以对现场采用不同的清除方法。

（2）高速公路交通事件应急交通组织

众多统计数据表明，突发事件给高速公路的建设和运营带来了严重的安全隐患，甚至导致重大的生命财产损失，同时，高速公路交通运输条件十分发达，行车速度很高，交通量大，在互通出入口和相交公路衔接处存在大交通流交织、多种交通方式交叉运行的现象，一旦出现紧急事件，极易造成事件发生路段和互通出入口路段的严重拥堵和重特大交通事故，成为制约高速公路管理与服务水平提升的短板。可见，有针对性地开展技术攻关，应用高速公路突发事件下公路交通应急管理与救援等技术手段，对于提高高速公路应急管理与救援保障能力具有重要意义。

在发生交通事故时，将影响的区域划分为保护区、控制区和缓冲区，每个区域有着不同的特点，在这三个区域采取合理的措施，使车辆能够安全通过。

① 保护区紧急交通组织　对于保护区采取交通组织措施主要是组织控制，对过渡区域管理和控制以及对事故现场警戒。

② 控制区紧急交通组织　高速公路发生交通事故时，车道关闭会使道路的通行能力下降，交通事故的持续时间有一定的不确定性。综合考虑高速公路的交通流量，对于控制区主要采取的应急交通组织措施为：控制速度与车距、利用对向车道通行、车队模块化通行。

③ 缓冲区紧急交通组织

a. 主线诱导。在高速公路交通事故的上游或者能够进行交通分流的节点处，通过交通广播或者电子信息板等方法将事故信息传递给道路上的驾驶员，并给出绕行的建议。

b. 缓冲区诱导。对主线诱导范围进行了扩大，主要包括事故路段上游区域以及缓冲区的节点。在高速公路交通事故上游的节点以及收费站设置电子信息板或者告示牌，将事故信息传递给驾驶员并建议选择合理的线路绕行。

c. 主线交通控制。当交通事故路段上游的交通流量无法有效地通过诱导将交通流进行转移时，需要借助于立交或者匝道进行强制交通流的分离，主要是通过人工的方法将主线的交通流转移到其他道路上，进而确保主线上的交通能够安全通行的一种应急交通组织方式。

d. 缓冲区交通控制。缓冲区交通控制主要包括入口匝道控制或者立交控制，入口匝道控制主要是设置相应的交通信号设备，例如信号灯、情报板或者收费站。采用信号灯控制车辆间断进入事故路段，利用匝道调节高速公路交通流，从而减少或者消除高速公路主线的交通阻塞[2-4]。

2.1.3　交通安全管理

高速公路是全封闭、多车道、具有中央分隔带、全立体交叉、集中管理、控制出入、安全服务设施配套齐全的高标准汽车专用公路，具有行驶速度高、通行能力大等特点。近年来，由于采取了一系列的措施，高速公路交通事故已大幅减少，但由于我国高速公路的使用程度、水平各有不同以及管理水平落后等原因，高速公路交通事故发生次数和伤亡人数仍然较多。

高速公路交通安全问题是一个由复杂因素组成的系统性问题，人、车、路、管理四位一体、相互协调与运作，任何一个步骤出现问题都将对交通安全产生影响。其中，"人为因素"至关重要，高速公路上的事故由人为因素引起的占95%。

（1）人为因素

因为高速公路全封闭、全线立体交叉、路况良好，所以驾驶员在行驶过程中无须采用很多应对潜在危险的措施，但这样容易导致驾驶员警惕性下降，一旦遇到问题，反应不及时，就容易发生交通事故。在碰到阴雨天气和雾霾天气，路面产生大量积水或结冰严重时，极易发生交通事故。此外，乘车人在高速公路上随意上下车以及擅自在高速公路上穿行也是引发交通事故的原因。

（2）车辆因素

影响汽车安全行驶的主要因素是车辆转向、制动、行驶和电气4个部分。我国机动车种类多、动力差别大、管理难度大，加之我国高速公路建设步伐较快，而车辆性能的更新速度还未能跟上高速公路的建设步伐，导致我国高速公路交通事故呈现快速增长的趋势。

（3）道路因素

道路因素主要是指高速公路的线形设计和道路结构。其中，线形设计与交通事故关系较大，如道路的曲率、转弯弯道半径过小、视距过小、纵坡过大、平纵线形不协调等。此外，路面的强度、稳定性、平整度和抗滑性也是影响车辆在高速公路上安全行驶的因素。

（4）管理体系

高速公路管理体系的管理不足，主要表现在警力严重不足，部分人员执法水平不高，交通设施欠缺，交通科学技术管理落后，科技含量不高，群防群治、综合治理、社会化交通管理的各种措施没有落实，各有关部门在管理立法规划等方面缺少严密性和长期合作，管理决策者的思想观念不适应等方面[5]。

2.1.4 交通大数据管理

数据是一切工作的基础，对数据进行合理的规划、管理和有效利用，使其更好地为路网的运行管理服务，是高速公路监控及数据管理系统面临的主要课题之一。

（1）数据采集与传输

区域高速公路数据管理系统中的资料很大程度上来自自身设备以外的专业传输设备。外场设备数据的传输方式有很多，常见的几种传输方式完全可以达到数据传输时对距离远近的要求。

（2）数据检验与存储

高速公路监控数据采取分级存储的结构体系。存储结构体系主要分为路段监控站、监控分中心和监控中心三级。

路段监控站主要存储原始数据，如车辆检测器、气象检测器实时采集的数据，摄像机采集的视频信息，报警记录，设备运行状态以及操作员的操作记录等。

监控分中心主要存储所管辖的各个路段的不同监控站一段时间记录汇总后的统计数据。比如，重要高速互通处、特长隧道、特大桥、长大下坡、重要交叉路口、交通事故频发路段等的交通量统计数据，突发异常交通事件、重特大交通事故的相关数据。

监控中心存储的数据包括路段综合评估数据（如路段畅通率、重特大交通事故统计数据、重要机电设备统计数据等）、重大交通事故相关数据、火灾报警记录、涉及全路网的预案策略以及监控中心的配置信息等。

（3）数据共享与交换

管理者根据设备采集的数据可以了解道路的实时通行状况，向道路使用者提供某个路段的堵塞、事故、气象、施工等信息，并发布交通管制指令和诱导信息，及时向驾驶员提供当前道路的路况，从而引导驾驶员选择正确的行车路线，确保行车安全。

（4）数据更新

数据更新对高速公路收费系统是一个不可缺少的功能，遇到费率表数据变更、名单表数据变更等多种不同数据变更的情况，使用数据更新功能，可以在不修改程序代码的条件下让收费系统快速更新数据，使数据错误率大大下降，工作效率得到极大的提高。

（5）数据安全

① 防火墙　通过在系统平台与外网之间设置防火墙，可保证系统数据的安全和数据系统操作的正常运行。

② 网闸　在进行互联网数据传输时，对需要访问公安内网业务库的数据，需要通过省公安厅安全网闸进行数据摆渡，保障数据的安全[1]。

2.1.5　智慧服务区管理

服务区管理的定义是高速公路管理部门及服务区经营部门对高速公路服务区的有关服务设施、停车设施、辅助设施等更多服务于司机的更舒适的、人性化的一系列服务进行的规划、投资、建设和经营活动。

　　智慧服务区是高速公路相比从前更具现代化、科技化的高级发展阶段，通过对互联网、信息技术的运用，规划、设计、建造更加智能的基础设施运营，提高人们的出行幸福指数，不但便利了公众，更会推动当地的旅游业经济，有利于当地的发展与进步。智慧服务区管理的目的是完善功能、提高水平、保证运营，最终实现从功能到效率再到效益的有效提高。

　　在高速公路服务区内同时加装智能化管控平台，便于管理者即时掌握各方资源数据和安全运营状态，实现对全网服务区的运营及安全监管，如图 2-2 所示。该平台主要支持服务区的事件识别，如客流预测、停车泊位监测等；能向云平台即时上报需要处理的事件，充当了感知系统；能接收路段分中心及高速公路平台的控制指令，执行停车诱导，或者接收平台推送的全路段交通消息，从而充当路段分中心及高速云平台的受控系统。

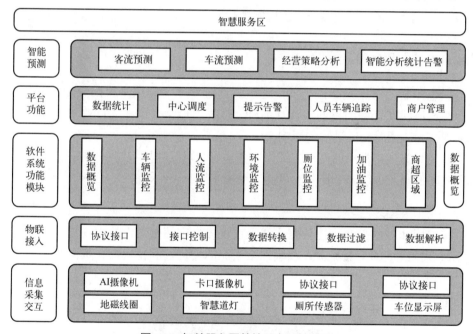

图 2-2　智慧服务区管控平台总体架构

　　建设智慧服务区应做到：通过互联网技术满足公众更高、更好、更全面的服务需求，提升停车场、公共卫生间、加油站、汽车修理店、便利店、开水供应区等便民服务场所的建设保障；加强公路出行多渠道全天候信息服务，实现公路运行和信息发布联网管理，确保高速公路路况、气象等公众出行信息实时滚动播报；并根据当地经济建设发展需求以及国内高速公路发展的新变化，为公众提供当地扶贫特产选购、春运期间的服务、当地旅游业服务，以及医疗救助服务等人性化多样性服务，满足公众需求。智慧服务区的重点建设内容包括服务区综合管理平台建设、服务区智能监测系统建设、服务区智慧停车场建设、服务区信息发布系统建设、服务区 WiFi 上网系统建设、服务区充电桩智能管理系统建设，服务区经营管理系统建设、服务区决策分析系统建设[6-8]。

2.2
高速公路交通控制系统

高速公路交通控制是通过对监视系统收集到的交通流基本数据进行分析与处理，确定最适合当时具体情况的控制方案，并通过硬件设备显示给高速公路使用者必要的情况、信息、命令，从而实现充分合理地使用道路的目的。以下对高速公路主线控制、通道控制以及匝道控制进行介绍[9]。

2.2.1　高速公路主线控制

主线控制的对象是路段上的交通流，通过对高速公路主线的交通进行优化，达到交通流状态良好的目的。其基本目标是改善道路安全和运行效率，缓解主线上的拥挤和瓶颈对交通运输的影响。

目前高速公路常见的几种主线控制方式有：可变速度控制、驾驶员信息系统、车道关闭控制、主线调节控制、可逆车道控制等。

（1）可变限速控制

可变限速控制是在高速公路主线上设置可变限速标志，从而通过改变交通密度来改变主线上的交通流量，以确保交通流的均匀性和稳定性，提高道路通行能力，如图 2-3 所示。

图 2-3　门架式可变限速标志显示屏

（2）驾驶员信息系统

驾驶员信息系统的功能是向驾驶员预告前方的行车条件及对可使用的选择路线提出建议。驾驶员信息系统主要包括：高速公路的可变信息标志、通道可变信息标志、车内显示设备、路边无线电广播等。

（3）车道关闭控制

车道关闭就是禁止车辆进入高速公路的一个或多个车道，一般限于以下几种应用：车道堵塞、改善入口匝道汇合运行、转移交通、隧道及桥梁控制。

（4）主线调节控制

主线调节控制是根据交通运输需求和下游的通行能力，限制通过主线入口（如收费站、桥梁和隧道）进入高速公路控制段的交通流量的方法，以便高速公路的主线能够保持所期望的服务水平，并实现不同位置的交通需求之间合理分配高速公路的通行能力，以及对载客人数较多的高占有率车辆（High Occupancy Vehicles）给予优先通行权的目的。

（5）可逆车道控制

可逆车道用于改变高速公路不同方向的容量，以适应高峰时某一方向的交通需求。一般是当高峰双向交通量不均匀性较大（如方向不均匀系数大于75%），并且预计到在未来若干年中还会继续存在时，才可使用可逆车道。利用可逆车道可更经济、更有效地使用道路空间和通行能力。

2.2.2　高速公路通道控制

高速公路的通道系统包括高速公路、匝道和相关道路。通过对高速公路各通道通行情况进行实时监控，可以在发生拥堵时就近将车流疏散。这种通道控制要求高速公路须具备交通响应式的控制能力，而且监控系统工作量大，有较多的不确定性因素。

（1）通道控制概念

高速公路通道系统由高速公路、匝道以及与高速公路相关的侧道、干道、城市街道等组成。通道控制的对象是通道系统中的流量流。通过灵活调整和适当分配交通资源，以实现高效运输的目标。

（2）通道控制的原理

高速公路通道控制就是对通道系统交通流进行协调、管理、诱导和告警。其基本原理是监测通道系统中的所有道路和十字路口，并将超载道路上的交通转移到有剩余通行能力的道路上。通道控制是一个综合控制系统，它集中了高速公路监控系统、驾驶人信息系统、匝道控制、侧道控制、主线控制、交叉口控制、干道控制以及城市交通控制和区域交通控制的原理、策略和方法。

（3）通道控制的目的

通道控制的目的就是通过在通道系统内有效地分配和管理交通流，在交通需求与通道通行能力之间获得最佳平衡，充分利用通道通行能力，使整个通道处于最佳运行状态。

（4）通道控制的方式和措施

通道控制可分为限制和分流两种方式。限制是控制各道路上的交通需求，使其低于通行能力；分流则是把车辆从超负荷的道路上引到尚有剩余通行能力的道路上去。通道控制的常用措施包括：采用临时性分流标志、优化各类道路交通信号配时方案、统筹制订各匝道的调节率，以及运用驾驶人信息系统和实行公共汽车、合用车优先控制等。

2.2.3 高速公路匝道控制

（1）入口匝道控制

入口匝道控制是高速公路交通控制中使用最广泛的一种控制策略。它以高速公路主线交通流为控制对象，以匝道入口流量为系统的输入控制量，通过计算匝道上游交通需求与下游道路通行能力的差额来寻求最佳入口匝道流量控制，从而使高速公路本身的交通需求不超过它的通行能力，使高速公路主线交通流处于最佳状态。入口匝道的调节方法可分为：入口匝道关闭、入口匝道定时调节、入口匝道感应（动态）调节、入口匝道汇合控制、入口匝道整体定时调节、入口匝道全局最优控制。

① 入口匝道关闭　匝道关闭就是对所有交通实行关闭匝道的操作，不允许车辆进入高速公路。匝道关闭可以是永久性关闭，或者是在高峰期间、偶发性拥挤期临时性关闭。匝道关闭虽然不能消除交通拥堵，但能将入口交通量重新分配到其他路段上。

② 入口匝道定时调节　定时调节是指预设调节速率，并在一定时间内固定操作。这种控制方法不能适应交通流的随机变化，但当交通流在一段时间内波动很小时，这种控制非常有效，并且定时调整易于实现多个匝道的协调控制。此外，这种控制是使用最广泛的坡道控制形式，运行安全可靠，设备较少。该系统主要由信号灯、控制器、道路标线、坡道控制标志和可能的探测器组成。定时入口匝

道系统调节布局如图 2-4 所示。

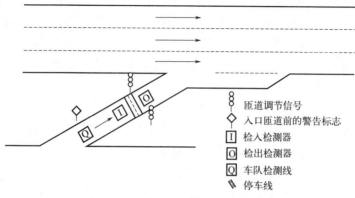

图 2-4　定时入口匝道系统调节布局

③ 入口匝道动态调节　虽然定时调节对频繁拥堵有很好的控制效果，但它不能响应交通流的随机变化。动态调节根据现场检测设备实时检测到的交通数据，通过分析和处理确定匝道调节率，可以适应交通流的随机变化，在一定程度上克服定时调节的缺点。

与定时调节系统不同的是，感应调节具有对局部交通状况作出动态响应控制的能力，因此它包含主线交通检测器。根据控制算法的不同，采集主线上邻近匝道的上游或下游或者两者的交通变量（例如交通量、占有率或平均速度），实时确定匝道上游交通需求与匝道下游容量差额，计算出入口调节率，系统构成如图 2-5 所示。

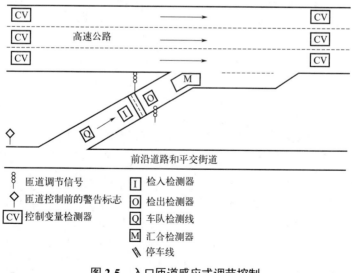

图 2-5　入口匝道感应式调节控制

交通传感调节的主要优点是能够适应交通流的变化。该调节系统有助于减少短期变化对交通流需求的不利影响，并减少事件对道路通行能力的不利影响，通常比定时调节系统获得的效益高5%～10%。为了确保有效控制，交通诱导调节系统必须有一套监测设备和备用设备。并且，为了保证有效的控制，交通感应调节系统必须具有一套监视设备和后备设备。因此，系统造价相对定时调节系统要高不少，这是它的最大缺点。

④ 入口匝道汇合控制　汇合控制是一种微观控制方法，是以安全为控制原则的。汇合控制的基本目标是通过使入口匝道车辆最佳地利用高速公路间隙来改善高速公路交通流的分布及运行。汇合控制根据高速公路外侧车道车流间隙的长度来决定能否放行匝道车辆，只有当检测到上述车流间隙长度不小于可插车间隙时，才允许匝道车辆进入高速公路，这样能保证匝道车辆及时安全汇入高速公路车流中。因此，汇合控制也属于感应控制。入口匝道汇合控制如图2-6所示。

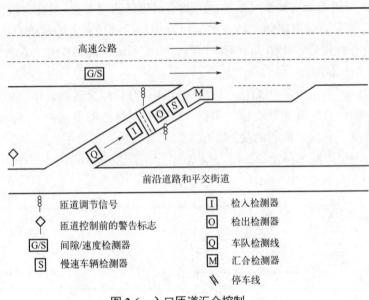

图 2-6　入口匝道汇合控制

⑤ 入口匝道整体定时调节　当一条高速公路有许多个入口匝道均进行调节时，就不能只考虑单个匝道，为实现最优控制应统筹考虑各个匝道的调节率，实行整体调节。

入口匝道的整体定时控制基于这样一个事实，即交通流的每日变化通常是一致的，因此一天可以分为几个时段（每个路段约15min或更长）。在一段时间内，交通流近似均匀，可以认为是一种稳态。然后，根据实际情况，将高速公路划分为几个路段，并将每个路段的交通流近似视为均匀的。这样，就可以建立一个描述交通流状态仅随道路空间变化的稳态模型，然后根据主线和每个入口匝道的交通需求以及每个入口匝道下游的通行能力，根据一定的性能指标，即确定每个时段的一组最优调节率，使各路段的整体交通条件达到最优。

⑥ 入口匝道全局最优控制　入口匝道的全局最优控制是对高速公路多个入口匝道的综合考虑。通过实时收集现场交通信息，集中计算控制决策，以优化全局性能。

（2）出口匝道控制

在高速公路的交通控制中，出口匝道很少受到控制。理论上，有两种方法可以控制出口匝道，即调整离开高速公路的交通量和完全关闭出口匝道。出口匝道的调控不是一种有效的方法，优点是缓解了靠近公路干线和一些街道的交叉口的交通拥堵。

2.3
高速公路交通信息服务系统

高速公路交通信息服务系统作为智能交通系统的一部分，其本质是利用各种技术，使出行者能够在出行的全过程中及时、准确、方便地掌握影响出行行为的信息，从而为出行者提供全方位、高质量的出行服务。一方面，高速公路交通信息服务系统提高了交通安全水平，缩短了出行者的出行时间，使交通出行更加顺畅稳定；另一方面，高速公路交通信息服务系统为各级交通管理部门的决策和管理提供了数据支持，提高了交通管理效率和服务水平。总之，高速公路交通信息服务系统可以有效改善现有路网的运行，提高道路的有效利用率和交通流量，降低交通拥堵程度，减少交通事故的发生率，缩短交通拥堵和事故引起的出行时间，通过进一步加强交通系统中人、车、路、环境等交通要素之间的联系，降低油耗和废气排放污染，有利于提高高速公路的整体服务水平，实现可持续发展[1,10]。

2.3.1 出行前和出行中信息需求

（1）出行前信息需求分析

出行前阶段是出行的规划阶段。公路使用者通常倾向于提前收集信息，包括道路现状、备选路线和指定路线的行驶速度、服务区的情况、当前和未来各种交通事件的进展，以及当前和预测的未来天气条件。

(2) 出行中信息需求分析

在出行方式上，旅行者关注和需求的焦点是通过视频或音频获取关于出行选择和车辆运行状态的准确信息，以及路况信息和警告信息。不熟悉地形的驾驶员更喜欢使用导航功能获取信息。

2.3.2　驾驶员和乘客信息需求

(1) 驾驶员信息需求

驾驶员是车辆行驶的主导者，是高速公路应用的主体人群。按照驾驶员单次出行的时间顺序，可以把驾驶员信息需求分为出行前和出行中两个阶段。

① 出行前　了解路径信息、超限信息、气象信息、交通管制信息、当前正在发生的对交通有影响的事件信息、危险路段及其历史事故信息、交通流信息及其历史信息、预测信息、路况、重要交通设施的分布情况、辅助服务设施信息。

② 出行中　了解救援服务信息、当前正在发生的对交通有影响的事件信息、应急路径选择信息、重要交通设施的实时状态信息、估计后续行程时长、交通流状态、最近服务区的位置和距离。

(2) 乘客信息需求

乘客的信息需求也可分为出行前和出行中两个阶段。

① 出行前　了解路径信息、气象信息、交通管制信息、正在发生的对交通有影响的事件信息、交通流信息及其历史信息、预测信息、路况、辅助服务设施信息。

② 出行中　了解救援服务信息、当前正在发生的对交通有影响的事件信息、转乘路径选择信息、重要交通设施的实时状态信息、估计后续行程时长、交通流状态、最近服务区的位置和距离。

2.3.3　综合信息服务

(1) 信息查询

语音信息查询处理流程如图 2-7 所示。

信息查询主要包括以下几个方面：

① 黑名单维护　黑名单维护操作包括修改、删除、查询、策略制定及各种样式报表的打印。

②IVR 热线统计　IVR（Interactive Voice Response）即互动式语音应答。IVR 热线统计操作包括 IVR 热线的查询、修改、删除及各种样式报表的打印。按小时、时段、年、年段进行统计，并打印饼图、人工服务日期、日期条状图、曲线图及

相关统计数据。

③ 人工服务　人工服务流程如图 2-8 所示。

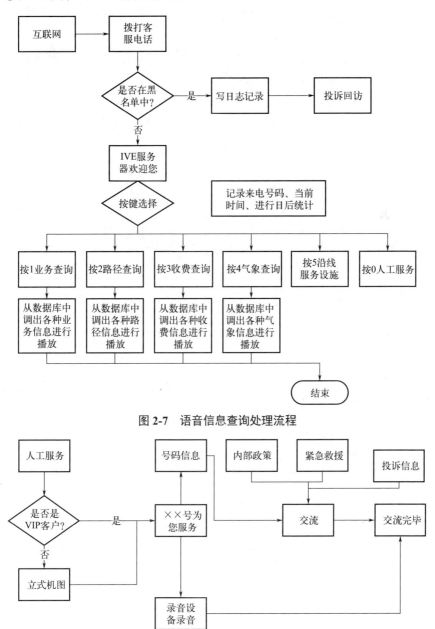

图 2-7　语音信息查询处理流程

图 2-8　人工服务流程

④ VIP 客户数据库　VIP 客户数据库操作包括增加、修改、删除、查询及各种样式报表的打印。按小时、时段、日期、日期段、年、年段进行统计，并打印

饼图、条状图、曲线图及相关统计数据。

⑤ 用户呼叫记录　用户呼叫记录操作包括增加、修改、删除、查询及各种样式报表的打印。按小时、时段、日期、日期段、年、年段进行统计，并打印饼图、条状图、曲线图及相关统计数据。

⑥ 转紧急救援　若用户呼叫事由为紧急救援类型，则单击计算机上的"转紧急救援"按钮，转入紧急救援工作流程。

⑦ 投诉申告　若用户呼叫事由为投诉申告，则单击计算机上的"转投诉申告"按钮，弹出投诉界面，转入投诉原因及投诉人信息，转入内部投诉处理流程。

（2）交通投诉

交通投诉处理架构与流程如图 2-9 所示，其主要功能包括以下几个方面。

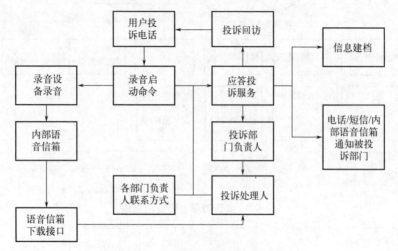

图 2-9　交通投诉处理架构与流程

① 来电自动接入；

② 数字化录音；

③ 以多种方式（如电话、短信、内部语音信箱等方式）通知被投诉人或部门的负责人；

④ 录音回放；

⑤ 部门、个人汇总投诉量，并以图形方式显示；

⑥ 自动提示一定时期内的投诉回访信息。

（3）语音应答与语音留言

① 语音应答　语音应答操作流程如图 2-10 所示。

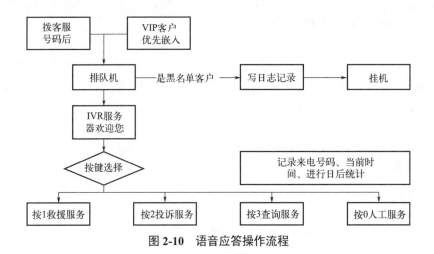

图 2-10　语音应答操作流程

② 自动连接与语音留言信箱　根据投诉人的信息，服务员可以通过在电子地图上选择"自动连接"得到被投诉单位的详细信息，并且服务系统可以根据用户需要自动建立多方电话会议。如果被投诉人或其他联络人暂时无法联系，用户可以通过语音应答的引导进行留言。自动连接与语音留言信箱如图 2-11 所示。

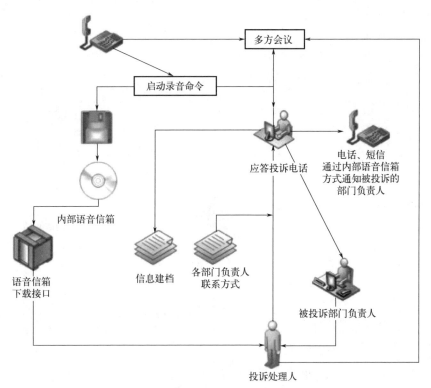

图 2-11　自动连接与语音留言信箱

2.3.4　个性化信息服务

除了获得旅行前和运行中所需的信息外，一些旅行者还希望获得有关旅行的社会综合服务和设施的信息。这些信息包括餐厅服务场所、停车场、汽车修理厂、医院等地址和营业或办公时间等。出行者个性化信息服务需求如表 2-1 所示。

表 2-1　个性化信息需求分析

信息类别	主要需求内容
公共服务设施信息	汽车修理厂、加油站、宾馆等服务设施信息，到达目的地的优化行车路线等信息
公共服务	车票预订、宾馆预订、餐饮预订
旅游景点信息	当地旅游景点、相关公交车辆、公园及商店和饭店的营业时间

2.3.5　车辆救援服务

（1）事故处理流程
① 确定事故已经发生；
② 发出事故通报到高速路上的可变信息板，以提示驾驶员注意；
③ 系统根据基础参数设置援救方案。

车辆救援服务流程如图 2-12 所示。

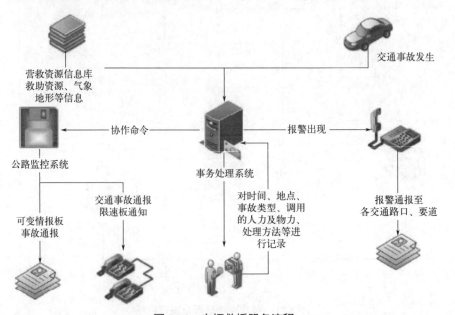

图 2-12　车辆救援服务流程

（2）紧急救援方案的决策

应急救援预案的决策是根据实际情况，选择事先研究提出的各种可行方案的过程。在知道异常交通现象的发生后，我们应该根据异常交通现象的类型和程度快速作出决策。

（3）事后处理

救援结束、救援人员归队后，对异常交通现象发生的时间、地点，所属类型，调用的人力及物力，处理方法等进行事件录入，系统对当前交通事件结合系统自动分析得出的数据进行存档。

2.4
高速公路电子收费系统

2.4.1　高速公路电子收费系统概述

根据功能的不同，高速公路电子收费系统大致可以分为四个部分：收费结算中心、收费分中心、收费站和收费车道。ETC 作为一种新型的智能交通电子系统，主要涵盖了信息处理技术、自动控制技术、图像识别技术和传感器技术等众多高新技术，代表了公路收费未来的发展方向。ETC 的应用不需要停车缴费，这不仅提高了公路收费站的交通效率，缩短了车辆的等待时间，改善了公路收费站的拥堵，还减少了车辆废气的排放，降低了车辆的油耗[10,11]。

电子收费系统的种类比较多，并且还在发展当中，下面介绍三种主要的电子收费系统的形式。

（1）ETC 自动收费系统

ETC 自动收费系统主要由 ETC 收费车道、收费站管理系统、ETC 管理中心、专业银行和传输网络组成。它可以自动完成整个收费过程，而无须司机停车和其他收费员采取任何行动。

（2）RFID 不停车收费系统

射频识别技术（RFID）是近年来发展起来的一种现代自动识别技术。基本的 RFID 系统由射频标签和读卡器组成，它们彼此不接触，使用感应、无线电波或微波进行数据通信，以达到识别的目的。RFID 最突出的特点是非接触式读取（读取距离可以从 10 厘米到几十米）、识别高速移动物体、抗恶劣环境、保密性强以及同时读取多个识别物体。

（3）GPS 不停车收费系统

GPS 不停车收费系统是公路不停车收费系统、移动通信、卫星定位等技术的高度集成，可以实现不受出入口控制的联网收费。通过 GPS 接收卫星信号来定位车辆的当前位置，并将定位数据与电子地图相结合，以确定车辆的当前位置是否属于收费公路。例如，如果车辆位于收费公路上，则记录虚拟入口时间和入口站号，然后等待出口。通过 GPS 定位，记录车辆离开道路时的出口时间和出口站号，通过入口站号和退出站号查询数据库中的其他属性信息，并添加收费记录。

2.4.2　高速公路电子收费系统应用技术

（1）专用短程通信

专用短程通信（DSRC）是实现电子不间断收费的核心部分。它实现车载单元（OBU）和路侧单元（RSU）之间的信息交换，并完成收费过程。DSRC 是一种高效的无线通信技术，它可以在特定的小区域（通常为数十米）内实现高速运动下运动目标的识别和双向通信，如车辆的"车路"和"车车"双向通信，实时图像、语音和数据信息的传输，将车辆和车道有机地连接起来，通过计算机网络控制车辆移动并在系统中收取通行费。

（2）自动车辆识别和自动车型分类

① 自动车辆识别　　自动车辆识别（Automatic Vehicle Identification，AVI）是运用射频识别技术，借助安装在路侧门架或路侧的微波收发天线、信号处理装置以及计算机软件系统来辨别通过车辆。在车辆自动识别技术的发展过程中，人们测试并实现了许多不同的自动识别技术，如感应线圈识别技术、声表面波识别技术、条形码识别技术、红外通信识别技术和射频识别技术，但最终主流是采用射频识别技术作为非停车收费系统的自动车辆识别技术。

② 自动车型分类　　由于高速公路收费的费率与车型有直接关系，所以自动车型分类的引入十分必要。自动车型分类技术是通过自动收费车道上的检测设备，高速自动地检测出通过自动收费车道的车辆的各种特征，如车长、车高、周长、面积等，然后对所得的参数进行核对比较后，算出车辆类型。

自动车型分类的工作流程如图 2-13 所示。

（3）视频稽查系统

视频稽查系统是 ETC 车道中一个独特的子系统，它是指使用收费系统的各种硬件和处理程序来捕捉逃避或未能正确付款的车辆，并准确提取车辆信息的系统。

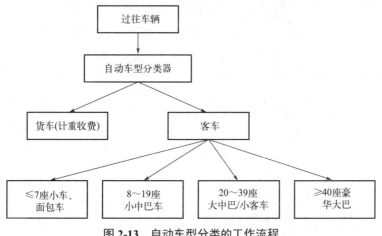

图 2-13　自动车型分类的工作流程

目前，大多数视频稽查系统使用数字图像捕获和存储技术。使用数字技术的系统的特点是可以将图像数字化，用计算机技术存储并将其传输到远程存储单元。此外，数字摄影技术与车牌识别技术的结合可以提高系统的使用价值。车牌识别技术（LPR）可以自动确定图像中的车牌号并保存，从而避免使用人工处理逃费，大大降低了劳动强度，降低了电子收费系统的运行成本[10]。

2.4.3　不停车收费（ETC）

ETC 电子收费系统又称电子不停车收费系统。该系统的应用原理是利用安装在汽车挡风玻璃上的终端设备和安装在公路、桥梁收费站的微波设备进行特殊通信，了解车辆的里程信息，并根据公路收费标准确定车辆收费。

（1）ETC 系统构成

ETC 系统的设计相对复杂，主要由前台系统和后台系统组成，它们各自履行职责，共同工作。

① 前台系统　前台系统主要指 ETC 收费车道，ETC 收费车道的主要设备包括控制器、自动栏杆、天线、交通灯、摄像头、识别系统、显示器等。可以说，前台系统基本上包括了收费系统的所有硬件。

② 后台系统　后台系统由三部分组成：ETC 结算管理中心、收费站子系统和合作银行。后台系统主要负责监控系统的正常运行、交易数据的处理以及资金的清算和结算。ETC 系统构成如图 2-14 所示。

（2）ETC 的使用功能

ETC 的使用功能可以分为以下几个方面：第一，确定车辆是否配备了电子标签。收集车辆信息，并为带有电子标签的车辆进行车辆信息的采集、录入。第二，当车辆进入 ETC 车道时，抓拍车辆后识别车牌，同时保存获取的信息。第三，当车辆进入 ETC 车道时，车辆的基本信息已输入系统。当车辆离开高速公路并行驶到 ETC 出口车道时，将根据前台系统收集的基本信息自动计算和核算车辆通行费，然后完成收费功能。第四，如果车辆出现异常情况，ETC 车道不会自动释放，工作人员需要手动释放车辆[11]。

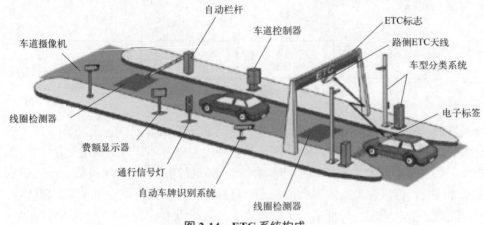

图 2-14　ETC 系统构成

(3) ETC 的特点

① 通行顺畅：每辆车通过收费站进口和出口只需要约 3s，相比人工收费口约需 30s 的时间，则大大提高了收费站的通行能力。

② 绿色环保：ETC 专用车道每小时可处理 1200 辆收费车辆，解决了因人工收费造成排队而引起的能源消耗和环境污染等问题。

③ 安全高效：可以做到无人值守，最大限度地提高通行能力，减少运营成本，有效避免了错收、漏收及收费作弊等行为。

(4) ETC 的效益

① 更低的运营成本　与传统意义上的人工收费形式相比，ETC 收费可大量减少收费人员，降低人工收费管理成本，提高运营效益。还可缩小收费站规模，节约基建费用。

② 更顺畅的通行条件　ETC 收费系统是解决高速公路拥堵和提高高速公路通行效率的有效技术手段。根据科学计算，ETC 收费比普通人工收费要节省 1/6 的时间，优势相当明显。

③ 更低的尾气排放　ETC 系统因其通行顺畅，极大地降低了收费口的噪声和

尾气排放，对环境保护起到了一定的作用。

④ 更便捷的付费服务　推广电子支付手段可以方便用户支付，降低收费劳动强度，降低收费成本，保证收费安全，减少收费过程中作弊的可能性。

⑤ 更准确的运营数据服务　ETC 在使用过程中，通过计算机网络连接了银行账户，使得车辆在通行过程中的数据被很好地保存。其中，对保存好的数据进行有效的分析和利用，可以很好地杜绝一些司机在行驶过程中的违规行为的出现。

(5) ETC 的工作流程

高速公路 ETC 系统的工作具体包括以下流程。

① 车辆进入识别范围后，地下触发线圈将及时反馈，然后启动前台系统的天线。

② 天线和电子标签之间的通信是通过信息交换实现的。接收到这些信息后，天线将在系统中自动判断。当电子标签处于无效状态时，车道将关闭，系统将自动发出警报，提醒工作人员引导车辆。

③ 在检测车辆信息的过程中，当没有卡或无效卡车辆时，工作人员应采取应急预案，迅速启动栏杆拦截车辆，并及时疏通收费车道，以避免出现冲卡的现象。

④ 检查数据并完成交易后，系统将自动打开栏杆，此时信号灯将变绿。显示屏还将显示车辆的交易信息、费用等。

⑤ 当车辆通过拍摄区域时，系统将自动拍摄车辆，然后通过字符叠加器叠加车辆的基本信息和拍摄的图像。

⑥ 车辆通过落杆圈线后，拦截车辆的栏杆将自动下降，ETC 系统车道的信号灯将从绿色变为红色。

⑦ 最后，系统将自动保存车辆的交易信息，并将其发送到收费服务器以完成收费过程。

2.5

高速公路应急管理系统

由于突发事件是高速公路应急管理的唯一诱因，且高速公路具有双向分隔行驶、完全控制出入口、全部采用立体交叉的公路特点，一旦发生突发事件，必将造成重大人员伤亡和较长时间的救援等待。因此，高速公路应急管理需要作出快速、有效和机动的应对处置。

2.5.1 高速公路应急管理概述

(1) 突发事件与高速公路应急管理

应急管理是针对突发事件发生的问题提出的。应急管理是针对突发事件作出的提前预防、及时决策、快速处置及快速善后的过程。突发事件一般情况下主要分为4大类，即自然灾害、事故灾害、公共卫生事件和社会安全事件，就高速公路管养单位而言，大体可分为如下10种类型：

① 恶劣气候条件下的交通管制；

② 因道路交通事故造成人员死亡；

③ 危险化学品运输车辆事故，造成泄漏污染和生态破坏；

④ 危及高速公路安全、畅通的自然灾害；

⑤ 隧道（火灾）事故；

⑥ 因故即将引发或已引发的群众堵塞高速公路等群体性事件；

⑦ 公共卫生安全事件；

⑧ 突发性大流量；

⑨ 高速公路成为国家紧急救灾重要通道；

⑩ 交通肇事逃逸案件查缉。

为了保障高速公路的快速、畅通、安全，高速公路应急管理就显得十分必要。高速公路应急管理就是针对上述10种突发事件进行的应急管理。通过对不同的突发事件建立不同的应急方案，以达到在事件发生前及时预防，事件发生时快速反应，应急预案及时使用，事件发生后善后的目的。

(2) 高速公路应急管理系统

高速公路应急管理系统是在高速公路应急管理结构上，用管理信息系统的方式实现对高速公路突发事件的有效预防、处置与善后工作。通过管理信息系统实时、全面地掌握高速公路各类型动态信息，为及时做好事件预警提供帮助；利用地点、时间、附近执法人员或相关人员以及事件性质，及时获取并实施相应的应急预案，以完成事件的及时处理；事件善后工作完成后，将人员伤亡、车辆与交通设施损坏等信息上传至应急管理系统。

高速公路应急管理系统实现了多个管理信息系统的协作和信息交互的高效运行，使管理决策者能够实时、全面地掌握事件的现场信息，并实现可视化。

(3) 物联网下的高速应急管理框架

高速公路应急管理系统是基于物联网架构设计的，分为三层：物理感知层、网络传输层和系统应用层。整体架构如图2-15所示。

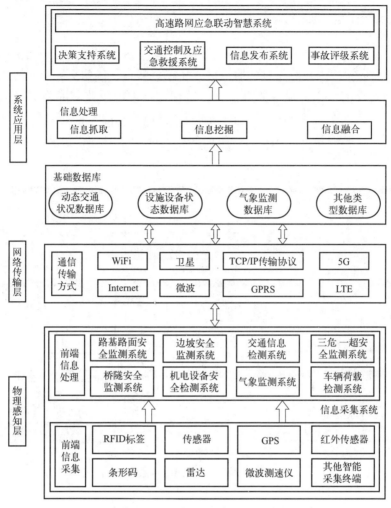

图 2-15　高速公路应急管理系统框架

物理感知层包括前端信息采集和前端信息处理。前端信息采集采用多种传感器、微波、地磁感应检测设备、视频监控设备等交通信息采集手段，结合 RFID 技术、GPS 和通信传输技术，实现公路交通信息、设施设备状态信息和气象信息实时、准确、全面的采集。

网络传输层通过通信网络（如 GPRS、5G、WiFi 等）、互联网、卫星通信等实现对信息的稳定传输。

系统应用层包括高速公路应急管理系统公共信息平台和各应用子系统。公共信息平台以收集的基础数据库为基础，通过整合不同的数据信息（如交通流量、速度、道路交通状况、路段天气状况、事故处理等），为不同的用户提供交通信息和服务。

2.5.2　高速公路综合监测

高速公路综合监测融合高速路政、养护、服务区、收费站、交通协调、治超等业务管理数据，以及收费站、服务区、桥梁、隧道、摄像头、交通协调站、治超站等基础设施数据，提取关键指标，采用指挥大屏、监测屏幕、移动终端等方式，实现高速公路基础设施、路网运行、路政、养护、服务区、通行状况、超限、气象、视频等一体化监测，全面掌握高速公路运行状况及交通变化态势，如图 2-16 所示[12]。

基础设施	路政监测	养护监测
路网运行监测	服务区监测	超限监测
通行监测	气象监测	视频监测

图 2-16　高速公路综合监测

2.5.3　高速公路应急决策

高速公路应急决策过程主要是完成高速公路应急管理系统数据的提取、分析和挖掘，让其能够为交通控制及事故处置系统提供决策服务支持，从而有利于高速公路应急管理系统的高效运行。决策过程包含以下几个步骤：

① 通过信息采集系统对高速公路交通信息、设施设备状态信息、气象监测信息及突发事件相关信息的收集，形成相关的数据库，完成决策支持系统数据部分的填充。

② 根据基础数据库中的数据，通过对交通流量、车速，突发事件发生的时间、地点和程度，设施设备状态参数，气象状况数据等进行提取、分析和挖掘，从而得到突发事件数据库，其中包括高速公路拥堵程度数据、交通事故现场数据、

设施设备状态变化数据及气象状况变化数据。

③ 根据突发事件数据库存放的相关数据，通过分析当前事件状况，充分运用决策支持系统中已建立的应急管理预案、专家应急处置策略库，以及各种计算模型、设施设备安全处置模型、气象状况影响交通模型和交通流量控制模型等，并通过数学模型对数据进行计算并做定性分析，综合事故处理专家的主观判断、分析，通过计算机屏幕显示交通控制及应急救援的决策方案。

高速公路应急管理系统的决策过程，能够方便地为高速公路管理者提供最佳的交通控制及应急救援决策方案，通过各相关部门的协调配合，完成对高速公路交通的调度和控制，快速及时地处理事故，并有效地利用事故现场救援资源实施紧急救援。高速公路应急决策过程数据流程如图 2-17 所示。

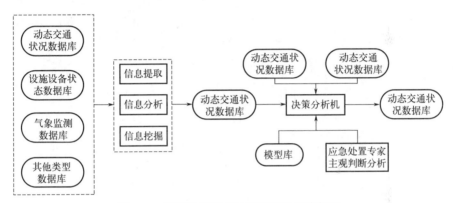

图 2-17　高速公路应急决策过程数据流程图

2.5.4　高速公路应急救援

我国在高速公路交通控制及应急救援工作方面已经取得了较大的进展，但是高速公路交通事故仍然居高不下，而其他突发事件更是严重影响高速公路的运行，如何保障高速公路的安全、畅通仍是现如今急需解决的问题。高速公路突发事件处置的滞后主要体现在缺乏实时、全面、准确的数据，以及高效的联动机制和协调策略。物联网技术的出现促进了高速公路交通控制及应急救援的智能化发展，基于物联网的高速公路交通控制及应急救援就是利用各种信息采集设备，实时、准确地采集各种高速公路异常信息，然后通过应急管理决策进行分析决策，形成交通控制及应急救援方案，经决策者同意后快速地调用各种应急救援资源，并在短时间内进行人员抢救、故障清除、恢复交通等工作，并及时进行交通控制，以避免二次事故发生，降低人员的死亡率，减少经济损失，为出行人员提供安全、畅通的服务[11]。

高速公路交通控制及应急救援系统包括事件信息获取、事件监测与确认、应急处置方案确定、交通控制、应急救援及信息发布等。工作流程如图 2-18 所示。

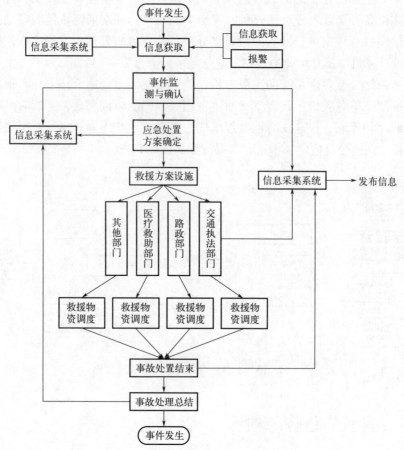

图 2-18　交通控制及应急救援工作流程

（1）信息获取

当高速公路上发生紧急情况时，交通流将发生变化。使用信息收集系统收集交通流信息并将其移交给应急管理中心，然后判断是否发生交通事故；高速公路监控中心可以使用视频监控系统发现其覆盖区域内的紧急情况；事故当事人或目击者可以使用高速公路上的应急电话报警；路巡人员如果巡查到事故发生区域，也会通知应急管理中心。

（2）事件监测与确认

应急管理中心接到报警及信息采集系统收集到的关于交通流的信息急剧变

化之后，立即记录事故信息（时间、地点、事故类型等），并使用视频监控系统、GPS 系统等定位事故，然后对事故进行确认。

（3）应急处置方案确定

根据获取的事件发生时间、地点、类型、严重程度等信息，决策支持系统自动生成最佳的应急处理方案，并上报决策者，获取到决策方案并确认后提供给交通控制及应急救援系统执行实施。

（4）交通控制

获取到应急处置方案后，高速公路交通执法部门执法出警，对现场进行管制，保障救援工作的实施，并对积压的车辆进行疏导分流。

（5）应急救援

接到救援方案的确认后，调动相关的各个部门快速参与到救援工作中，通过各方的协调配合完成救援工作。

（6）信息发布

通过信息发布平台对信息进行发布，交通执法部门参与到应急处置中，进行交通控制时发布相关的信息；事故处置完成后将发布通行恢复信息。

2.6
高速公路自动驾驶系统

2.6.1　高速公路自动驾驶概述

自动驾驶技术的突破是影响汽车行业未来发展的最大变数。随着无人驾驶技术的成熟和商业化，汽车不再是从属于人类的驾驶工具，而成为自主导航的运输机器人，推动了真正共享汽车时代的到来，并重新定义了用户出行体验、汽车销售模式和价格分布模式。目前，有两种技术路线：自主驾驶和车辆基础设施协同自主驾驶[13]。

单车智能自动驾驶主要依靠汽车自身的视觉、毫米波雷达、激光雷达等传感器、计算单元、线控系统进行环境感知、计算决策和控制执行。在单车智能自动驾驶的基础上，车路协同自动驾驶通过车联网将"人 - 车 - 路 - 云"交通参与要素有机地联系起来，帮助自动驾驶汽车提升环境感知、计算决策和控制执行的能力，加速自动驾驶的成熟应用。

2.6.2 高速公路车-路协同自动驾驶关键技术

从系统角度来看，车-路协同系统可分为智能车载、智能路侧、交通监控中心等子系统。智能车载系统主要由车载信息采集、车载通信和车载报警控制子系统组成。智能路侧系统由路侧信息采集、路侧通信、信号和信息发布子系统组成。交通监控中心由数据处理、分析、决策等子系统组成。车-车通信和车-路通信技术是车-路协同系统的核心。车-路协同系统的关键技术主要涉及智能车载系统、智能路侧系统、车-路/车-车通信技术、智能信息处理和车-车/车-路控制技术等关键技术。

（1）智能车载系统关键技术

智能车载系统主要通过对车载单元的分析和处理为驾驶员提供信息服务，如车辆行驶状态信息、周围环境信息和各种传感器获取的车辆信息。智能车载系统还可以通过与路侧系统的通信接收控制中心发送的信息和指令。智能车载系统技术可分为车辆精确定位技术、车辆行驶安全状态与环境感知技术和车载集成系统集成技术。

① 车辆精确定位技术　在车-路协同系统中，车辆位置信息是最重要的环节。只有知道车辆对象的位置，才能进一步实现车辆监控、辅助驾驶、在线调度、路线优化等相关功能。目前，对车辆定位技术的研究很多，但如何准确定位车辆，尤其是在复杂的城市环境中，仍然是一个难点。研究基于各种卫星定位和导航系统、惯性传感器、通信网络等手段的环境传感技术，以及高精度多模式车辆综合定位、惯性导航和轨迹估计、高精地图及其匹配，从而实现车辆的无缝全天候精确定位，这将是车辆精确定位技术发展的主流方向。

② 汽车驾驶安全现状与环境感知技术　车辆驾驶安全状态和环境感知是智能车辆发展的基础，也是基于多传感器机器感知的车-路协同系统中车辆辅助安全驾驶的核心问题。涉及的主要技术有：车辆制动、转向、侧倾等自操作安全状态参数的实时采集和传输技术，驾驶员危险行为的在线监测技术，以及基于多传感器的驾驶环境检测技术（其他车辆信息、障碍物检测等）。基于上述技术，可以对复杂路况下车辆的危险状态信息、驾驶行为和驾驶环境状态进行实时监测、采集和感知，从而更有效地评估潜在危险，优化智能车载信息终端的功能。

③ 车载集成系统集成技术　该技术包括交通安全预警与控制、基于智能交通信息服务的安全控制等相关技术。在车-路协同系统的应用中，车辆处理自身感知的信息、从车-车通信和交互中获得的信息以及从车-路通信中获得的信息（通过路侧设备收集），以提供危险状况预警等相关服务，辅助控制车辆运动、动态交通诱导、停车诱导等。危险状况预警是最基本的安全保障方法。通过分析各种来

源的信息，对危险情况进行量化和分级，并根据不同级别提供不同的预警信息，并给出解决方案。车辆状态辅助控制是一种更高级别的安全保证措施。在对车辆运动进行辅助控制的过程中，我们不仅要考虑调整车辆的运动状态以达到紧急避险的效果，还要确保调整过程中车辆状态的变化对驾驶员和乘客的影响尽可能小。基于智能交通信息服务的安全控制集成了车辆运行状态、周围环境信息以及车辆传感器获取的周围车辆和交通信息，以控制车辆运行状态，从而确保车辆行驶安全。

（2）智能路侧系统关键技术

智能路侧系统使用设置在道路上的各种监测系统来获取道路状况、路面状况、交通拥堵、旅行时间等信息。多通道交通状态信息的识别与采集是智能路侧系统的核心技术，可分为多通道交通信息采集技术、多通道路面状态信息采集技术、路侧设备集成技术等。

① 多通道交通信息采集技术　实时准确的交通信息采集是实现车 - 路协同系统主要应用的前提和关键。在车 - 路协同中，交通信息采集侧重于动态交通信息中的交通流信息，如车流、平均速度、车辆定位、行驶时间等。目前，交通信息采集的主要方法有感应线圈检测、微波检测、红外检测、视频检测、基于 GPS 定位的采集技术、基于蜂窝网络的采集技术、基于 RFID 的采集技术等。然而，每种采集技术都有其优缺点。根据应用要求，结合各种采集技术的优势，综合各种信息采集技术，提高路网交通状态的实时检测精度。

② 多通道路面状态信息采集技术　良好的路况是保证车辆安全运行的基本条件之一。需要收集的道路状况信息主要包括：路面状况（积水、结冰、下雪等）、道路几何状况（车道宽度、曲率、坡度等）、道路异常事件信息（非法车辆、会车、碰撞事故、非法占用车道的障碍物等）。单个传感器无法满足实时采集多传感器道路状态信息的要求，因此，有必要整合雷达、超声波、计算机视觉和无线传感器网络等多传感器信息，实现车辆之间、车辆与道路之间的信息交换，从而实现路况信息的实时采集。

③ 路侧设备集成技术　智能道路基础设施包括路况信息传感设备、道路标志电子设备、基于道路的各种车路协同设备、信息传输终端等，以满足车 - 路协同系统的要求，可以集成多种信息采集技术，实现路侧设备的无线通信和数据管理的集成。

（3）车 - 路 / 车 - 车通信技术

车 - 车、车 - 路基础设施间的无线通信是实现车路协同系统的各种具体应用的基础，由于车辆移动速度快，导致隐藏点问题、信道捕获问题等问题更严重，故要求车 - 车 / 车 - 路之间的通信具有高可靠性和可扩展性。同时由于车辆高速移动，导致网络拓扑结构变化快，因此，车 - 路 / 车 - 车通信技术应能适应通信时延要求低、提供快速信道接入与对等通信的要求，以满足道路安全应用的短时数据交换的需求并避免对通信基础设施的依赖性。目前国际上选用 IEEE 802. 11p协议作为车 - 路 / 车 - 车通信的协议，以符合智能运输系统中相关应用的需求。IEEE 802. 11p 协议是由 IEEE 802.11 标准扩充的无线局域网标准，是对 IEEE 802.11 协议的物理层和 MAC 层提供功能上的增强。

车 - 路协同系统的通信安全也是车 - 路 / 车 - 车通信技术重点要考虑的方面，通信安全技术和公共基础设施是车路协同系统保护用户隐私数据和防止通信攻击的必要手段。车 - 车 / 车 - 路网络具有无中心、自组织等特点，传统有线网络中成熟的安全保障机制无法得到直接应用，这使得车 - 车 / 车 - 路网络更容易受到来自恶意节点的安全威胁。为了保证车 - 车 / 车 - 路网络的安全，需要考虑合法用户认证、合法公共安全车辆身份认证、防止消息截获、消息加密等，同时系统还需要具有一定的鲁棒性，以保证系统在存在攻击的情况下仍然可以正常工作以及对个人隐私进行保护。

（4）智能信息处理及车 - 车 / 车 - 路控制技术

车 - 路协同系统不仅涉及多个节点，还可能有多种业务同时运行。因此，车 - 路协同系统需要考虑使用云计算或并行处理来提高计算能力。车 - 路协同系统收集的交通信息量巨大。如果这些数据没有得到有效的处理和利用，它们将很快被信息抹去。因此，我们需要使用数据挖掘、人工智能等方法来提取有效信息，同时过滤掉无用信息。考虑到车辆在驾驶过程中需要依赖的信息具有很大的时间和空间相关性，一些信息处理需要非常及时。此外，车 - 路协同系统的许多应用与车辆的速度和当前位置密切相关。因此，非常有必要基于速度和位置进行运动预测，并建立业务自适应触发机制。

车 - 车 / 车 - 路控制技术可以利用全时空交通信息对交通系统进行协同控制，为交通控制提供了一种新的技术方法，主要分为效率导向的控制技术和安全导向的控制技术。以安全为导向的控制技术包括转角打滑 / 侧翻事故预警、智能车速预警与控制、无隔离带弯道安全交叉、车间距离预警与控制、临时障碍物预警等技术。以效率为导向的控制技术包括基于车 - 路协同信息的交叉口智能控制技术、基于车 - 路协同信息的集群诱导技术、交通控制与交通诱导协同优化技术、动态协同专用车道技术、精确停车控制技术等。

2.6.3 高速公路车 - 路协同自动驾驶发展趋势

目前，高级自动驾驶的大规模商业化仍面临许多困难和挑战。首先，自动驾驶的安全性仍然是影响自动驾驶商业化的关键原因。在低水平自主驾驶方面，许多汽车公司已经商业化批量生产，但许多高级驾驶辅助系统（Advanced Driving Assistance System，ADAS）功能仍然存在应对能力不足和在特定场景中失败的风险。例如，恶劣的天气、隧道环境、幽灵探测器等，现有的自动驱动系统无法很好地解决这些问题，需要提高自动驾驶仪的可靠性和处理这些极具挑战性的交通场景的能力[13]。

其次，还有尚未解决的单车感知长尾问题。感知长尾问题是限制单车智能自主汽车运行设计领域的主要原因之一。受车辆末端传感器安装位置、检测距离、视场角度、数据吞吐量、校准精度、时间同步等限制，车辆在繁忙十字路口、恶劣天气、小物体感知和识别时，仍难以完全解决准确感知和识别以及高精度定位的问题，这些长尾问题严重制约和影响了自主驾驶的大规模商业着陆，而这些感知到的长尾问题仅通过车辆末端传感器融合传感很难解决。

最后，自主驾驶的经济问题尚未完全解决。经济性是自动驾驶规模商业化过程中必须考虑的一个实际问题。

车-路协同自主驾驶通过信息交互与协作、协同感知和协同决策控制，可以极大地扩展单车的感知范围，提高感知能力，引入以高维数据为代表的新的智能元素，实现群体智能。它可以从根本上解决单车智能自动驾驶遇到的技术瓶颈，提高自动驾驶能力，从而保证自动驾驶的安全性。车-路协同自动驾驶（Vehicle Infrastructure Cooperated Autonomous Driving，VICAD）是自动驾驶（Autonomous Driving，AD）的高级发展形式，是一个由低到高的渐进发展过程，可分为三个主要发展阶段：

① 第一阶段：信息交互与协作，实现车辆与道路之间的信息交互与共享。

② 第二阶段：协作感知。在第一阶段的基础上，发挥路侧感知定位的优势，与车辆进行协同感知定位。

③ 第三阶段：在第一阶段和第二阶段的基础上，车辆和道路可以实现协同决策和控制功能，这可以确保车辆能够在所有道路环境中实现高级自动驾驶。

其中，第一阶段可以实现有条件协同决策控制：在自动驾驶专用道、封闭园区等环境下实现协同决策控制，或实现 AVP（Automated Valet Parking）自主泊车；而第二阶段、第三阶段可以实现完全协同决策控制：在任何时间、任何道路和交通环境下，都可实现车路全面协同感知、协同决策控制功能。

我国车路合作的研究和发展迅速。第一阶段，车路合作在多个城市进行了大规模的测试、验证和试点示范，并逐步开展了商业运营试点；第二阶段还对部分城市进行了施工部署和测试，充分验证了道路的协同感知能力，并对部分场景的基础设施协调控制进行了探索。然而，总的来说，第二阶段不足以支持高级自主驾驶的大规模商业着陆。

参考文献

[1] 于泉，李美涛，梁锐.高速公路智能交通系统 [M].北京：人民交通出版社，2018.

[2] 吴兵，李晔.高速公路管理与控制 [M].北京：人民交通出版社，2005.

[3] 张建，赵佳军，季锦章，等.智慧高速公路指挥调度系统建设与运营 [M].北京：人民交通出版社，2015.

[4] 于德新，张伟，林赐云，等.高速公路智能交通信息平台顶层设计与关键技术 [M].北京：化学工业出版社，2016.

[5] 缪和匠.高速公路二次事故预防关键技术研究 [D].重庆：重庆交通大学，2009.

[6] 李国文，程金良，郭晶，等.高速公路交通安全设施的作用分析及其在交通安全管理中的需求 [J].上海公路，2009（04）：12，18-22.

[7] 卢军.高速公路智慧服务区建设与发展思考 [J].交通世界，2021（19）：13-14.

[8] 晏秋.高速公路管理与控制 [M].成都：西南交通大学出版社，2016.

[9] 高利，吴绍斌，赵亚男，等.智能运输系统 [M].北京：北京理工出版社，2016.

[10] 黄志坚.智能交通与无人驾驶 [M].北京：化学工业出版社，2018.

[11] 李柏，葛雨明.智能网联汽车协同决策与规划技术 [M].北京：机械工业出版社，2020.

[12] 杨燕玲，周海军.车联网技术与应用 [M].北京：北京邮电大学出版社，2019.

[13] 王庞伟，王力，于贵珍.智能网联汽车协同控制技术 [M].北京：机械工业出版社，2019.

第3章

智慧高速公路建设

3.1
智慧高速公路建设概述

3.1.1　智慧高速公路建设的概念及要求

（1）智慧高速公路建设的概念

在我国，"智慧高速公路"这个名词来源于智慧城市。2011年，浙江省开展智慧城市建设试点工作，将智慧高速公路建设作为2012年首批启动的13个示范试点项目之一。2014年初，交通运输部提出加快推进"四个交通"（综合交通、智慧交通、绿色交通、平安交通）发展，各地的智慧高速公路建设试点项目明显增多，比如，湖南和云南都是在省政府领导的直接要求下，于2014年启动智慧高速公路试点工程[1]。

智慧高速公路构建以数据为核心的高速公路协同管控与创新服务体系，利用"人的智慧思维＋先进的技术手段＋协同的运行机制＋创新的模式"实现对高速公路管理与服务的提升。在服务功能上，智慧高速公路是为充分发挥高速公路的功能属性，集成应用先进的感知技术、传输技术、信息处理技术、控制技术等，形成开放共用的基础平台；它以安全、高效、便捷、绿色为目标，结合多样、开放的运营管理与服务模式，为人和货物的快速运输提供可靠的网络化通行服务，为车 - 车/车 - 路交互提供自由的通信管道服务，为应急事件提供全时可响应的应急服务，为出行者提供精细化、自主化的出行服务。在管理功能上，智慧高速公路将管理过程通过计算机、互联网进行方案定制，从而实现日常工作的智能化管理模式、实现数据互通、资源共享，效率高质量提升以及对安全的保障[2]。

（2）智慧高速公路建设的要求

① 强调对现有先进技术的集成应用　智慧高速公路的智慧能力（或智慧化水平）都需要几种技术集成后才能体现出来，比如：高速公路车道级管控能力（包括对车辆的车道级导航能力）需要应用基础设施数字化、高精度电子地图、厘米级高精度定位、低时延无线通信、大数据实时分析和云控制系统等多项技术，且涉及路侧设备、车辆侧终端和云控中心侧数据信息和控制指令的处理传递逻辑。自由流收费、准全天候通行、危险路段安全预警等功能实现都需要多项技术集成应用。因此，通过集成应用感知、通信、信息、云计算、大数据、人工智能和绿色能源等先进技术，来实现其整体智慧能力，是智慧高速公路建设在技术支撑方面最显著的要求。

② 以实现更加安全、快速、绿色的人员出行和货物运输为根本目标　智慧高速公路是新一代高速公路，其功能目标不仅是实现人和物的位移，而是要在确保安全的前提下，能够实现更加快速、绿色的人员出行和货物运输，这是智慧高速公路在功能实现方面最显著的特征，也是智慧高速公路的根本性特征。

③ 对正在发生的道路交通颠覆性变革具有先导和引领作用　具体表现为智慧高速公路支持自动驾驶技术应用落地，探索"聪明的车＋智能的路"这种未来公路交通模式的实现路径。

④ 不同等级道路的协调运行　具备高速公路路段内不同业务之间、高速公路路段之间、高速公路与普通道路之间、高速公路与载运工具之间、高速公路与交通参与者之间实现互联与协同联动的能力，有助于提升管理效率和服务水平[3]。

⑤ 综合感知条件下的智能分析与瞬时精确控制　具有全面、智能、实时、准确感知高速公路沿线设施、运载车辆、作业环境等的能力，能够主动感知异常情况，及时作出准确响应，全面提升高速公路管控水平，确保安全以及高速公路运营有序顺畅[3]。

目前，全球已形成广泛共识：未来道路交通的基本形态是"智能汽车＋智慧道路"，车辆拥有量、交通组织、人员出行和货物运送等方面的道路交通模式和方式将发生深刻改变。智慧高速公路的车-路协同能力现在可以支持自动驾驶车辆在专用车道上编队行驶（自动驾驶 L3 级别）。积极支持自动驾驶技术应用，探索"智能汽车＋智慧道路"未来道路交通模式的具体实现路径，是智慧高速公路的时代要求，也是智慧高速公路表现出具有先导和引领道路交通颠覆性变革的鲜明特征。

高速公路从电子信息化进入数字时代。高速公路以 ETC 自由流收费为起点，未来将继续向智慧高速公路发展。数字化是智慧高速公路的基础，主要侧重于路网的"感知＋认知"，在感知和认知的基础上，逐步构建智慧道路网络，最终实现人、车、路的互信协同。智慧高速的发展历程如图 3-1 所示。

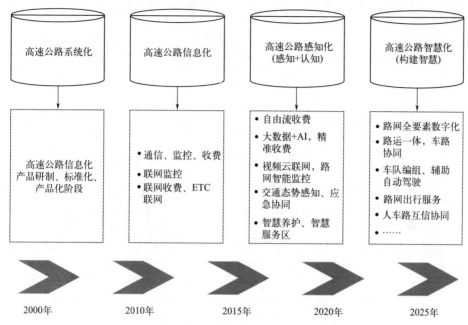

图 **3-1** 智慧高速的发展历程

3.1.2 智慧高速公路框架及技术体系

智慧高速公路技术体系是智慧高速公路建设、维护和运营所需的各种主要技术及其交互连接实现用户服务的技术整体[1]。

（1）用户服务

智慧高速公路可提供的创新服务主要包括：高精度信息服务、自由流收费服务、自动驾驶货车编队服务、车-路协同式安全预警服务、准全天候交通服务、电动汽车续航服务、应急处置服务、高速公路精准管控服务、智慧隧道以及智慧服务区，详见表 3-1。智慧高速公路的用户可以按照用户和管理者进行分类。

表 **3-1** 智慧高速公路用户服务内容列表

服务名称	服务内容及功能
高精准信息服务	高效精准的路径诱导及导航服务
	个性化微观车辆信息服务
	高精准宏观交通流状态信息服务

服务名称	服务内容及功能
自由流收费服务	基于 ETC 的自由流收费服务
	基于射频、视频等技术综合应用的自由流收费服务
	基于车路通信或高精度北斗移动定位技术的完全自由流收费服务
自动驾驶货车编队服务	自动驾驶专用车道服务
	营运车编队自动驾驶服务
车 - 路协同式安全预警服务	在分合流区等事故多发地，提供车路协同式安全预警服务
	为自动驾驶车辆提供车 - 路协同式安全控制
	实现车 - 路协同式自动驾驶及货车编队行驶的示范应用
准全天候通行服务	部分路段或专用车道的"准全天候"通行
	高速公路全线的"全天候"快速通行
电动汽车续航服务	静态充电服务
	移动充电服务
应急处置服务	紧急交通事件快速发现、快速反应和快速处理
	紧急交通事件快速感知，结合数据处理、辅助决策、智能化调度
	区域路网协调联动应急指挥调度与处置
高速公路精准管控服务	"客货分离""分车道限速"等管控措施
	基于云控平台精准计算和决策对交通流进行管控
	对全路网交通流及车辆精准管控
智慧隧道	隧道内、隧道间智慧照明
	隧道出入口、隧道内安全预警与控制
	隧道交通事件预警与紧急救援
智慧服务区	车辆管控服务、停车诱导服务
	服务能力动态信息发布
	高速公路动态信息服务

(2) 智慧高速公路逻辑框架

根据用户服务内容和具体服务功能需求，建立的智慧高速公路逻辑框架图如图 3-2 所示，用于描述用户服务内容与技术支持能力的对应关系和联系。

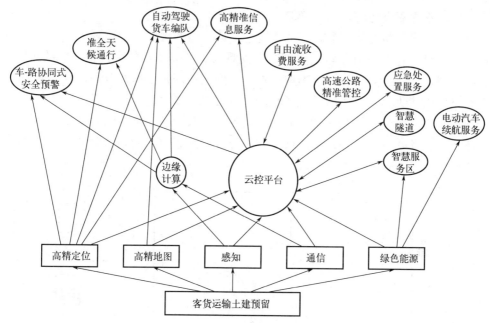

图 3-2　智慧高速公路逻辑框架简要示意图

　　通过对智慧高速公路逻辑框架的分析，提取各连接关系的共同要素，定义数据流联系和数据内容，形成以智慧高速公路云控中心、边缘控制中心、智能路侧终端、智能车载终端等四个部分为典型组件的数据流关系和数据内容定义，如图 3-3 所示。

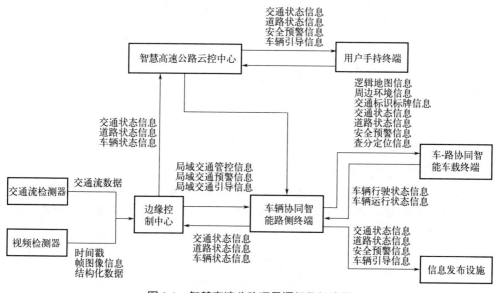

图 3-3　智慧高速公路顶层逻辑数据流图

（3）智慧高速公路物理框架

智慧高速公路的物理框架是上述智慧高速公路逻辑要素的物理表达。基于逻辑元素，考虑各个逻辑元素的数据流向关系，从如何实现各个逻辑功能的角度，将各个逻辑元素组合形成一个物理元素，得到该物理元素框架流。智慧高速公路将在路侧构建集感知、通信、边缘计算、决策于一体的智能路侧系统，并在中心侧部署与智能路侧系统相连的云管理计算平台。针对车-路协同、自动驾驶、自由流收费、准全天候通行、车道精准管控等智慧高速公路的创新服务设计具体的物理框架如图3-4所示。

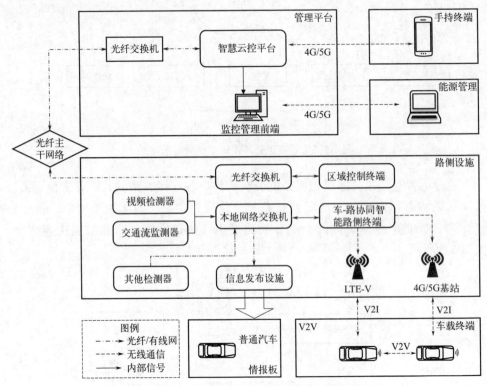

图 3-4　智慧高速公路总体物理框架

（4）智慧高速公路技术集

根据智慧高速公路逻辑框架中的云控制中心、边缘控制中心、智能路侧终端、智能车载终端四要素及其间的数据流向关系，浓缩了数据传输发布和信息交互两个技术子集。通过对智慧高速公路物理框架的分析，将路侧技术子集和中心侧技术子集进行了凝聚，形成了面向创新应用的集成技术子集。进一步分析各技术项的能力要求，形成技术指标约束的智慧高速公路技术集。

3.1.3 国内外智慧高速公路建设对比分析

我国智慧高速公路是一个大概念，涵盖建设、管理、维护、运营和出行服务等方面，而智慧高速公路侧重交通管控，是我国智慧高速公路的重点建设内容之一，也是目前仍然需要向国外借鉴学习的要点之一。本节将重点介绍英国的智慧高速公路建设以及与我国的对比[4]。

（1）英国智慧高速公路的类型

英国是世界上较早开始建设智慧高速公路的国家，智慧高速公路分为受控型高速公路、硬路肩动态管控型高速公路、全车道行驶型高速公路3种类型，如图 3-5～图 3-7 所示。

图 3-5　受控型高速公路

图 3-6　硬路肩动态管控型高速公路

图 3-7 全车道行驶型高速公路

如图 3-8 所示，英国的智能高速公路通过以下设施及技术的支持提高了基础设施性能，包括：可变限速标志和车道指示器、交通流量感知和交通信号自控设施、视频监控设施、交通执法摄像机、带有路侧紧急电话的紧急停车区。

（2）英国智慧高速公路提供的服务

① 快速提示　高速公路路侧设置的提醒设施主要有：禁止在封闭车道行驶（红色"×"）；遵守限速要求；如果硬路肩未显示限制速度信息，非紧急情况请勿使用硬路肩；如果将硬路肩作为行车道，则在紧急情况下使用指定的紧急停车区；如果车辆出现问题，请尽可能驶出高速公路；如果车辆发生故障，请打开危险指示灯。

② 确保故障车辆安全　车辆发生故障时，可采取以下措施：驶入左侧车道并打开危险灯；在下一个匝道离开或进入服务区；跟随"SOS"标志前往紧急停车区，使用路边免费紧急电话呼救；高速公路区域管控中心一旦掌握情况，就会调整车道指示灯并关闭车道，以确保故障车辆的安全，如图 3-9 所示。

③ 利用红"×"标志保障安全　红色"×"标志可以帮助事故处理或道路施工，为道路使用者和道路建设者提供更安全的环境，如图 3-10 所示。

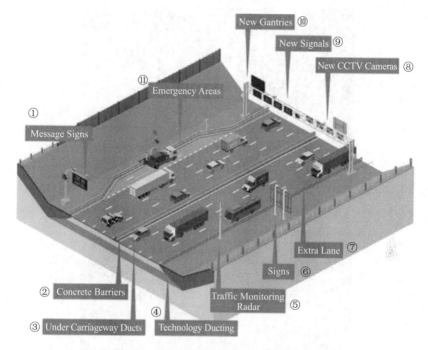

图 3-8　英国智慧高速公路的设施及技术

① 信息标志（Message Signs）：交通信息标志用于向驾驶员提供道路交通状况、重要信息和指示。它们通常安装在公路上，以便驾驶员及时获得必要的信息。② 混凝土障碍物（Concrete Barriers）：混凝土障碍物通常用于分隔车辆行驶方向或作为防护设施。它们可以用于划定车道、保护施工区域或减少交通事故的风险。③ 路下管道（Under Carriageway Ducts）：路下管道用于布置和保护电缆、管道和通信线路等基础设施。它们位于道路的下方，确保这些设施得到良好的维护和管理。④ 技术管道（Technology Ducting）：技术管道用于布置和保护各种交通技术设备，如电缆、传感器和通信线路。它们帮助将这些设备连接到道路基础设施，并保持其正常运行。⑤ 交通监测雷达（Traffic Monitoring Radar）：交通监测雷达用于监测和收集路段的交通数据。它们可以测量车辆的速度、流量和拥堵情况等信息，为交通管理提供准确的数据支持。⑥ 标志（Signs）：标志在道路上用于指示行驶方向、警示危险、提供信息和警告驾驶员。它们是道路交通规则的重要组成部分，帮助驾驶员安全行驶。⑦ 额外车道（Extra Lane）：额外车道是在现有道路上增设的车道，用于缓解交通拥堵或提高道路通行能力。它们可以增加车辆通行的容量和效率。⑧ 新闭路电视摄像机（New CCTV Cameras）：新的闭路电视摄像机用于监控交通状况和道路安全。它们可以用于监视交通违法行为、事故处理和安全管理等方面。⑨ 新信号灯（New Signals）：新的信号灯用于控制交通流量和指示驾驶员停车或行驶。它们根据交通需求和信号计划操作，提供有序的交通控制。⑩ 新门架（New Gantries）：新的门架通常用于悬挂交通标志、信号灯、摄像机等设备。它们位于道路上方，提供交通信息和指引。⑪ 应急区域（Emergency Areas）：应急区域是设立在高速公路或快速道路上的安全区域。它们用于驶离道路以进行紧急维修、停车或应对突发事件。

图 3-9　车辆安全保障

路边的标志　　　　　　　　　　　车道上方标志

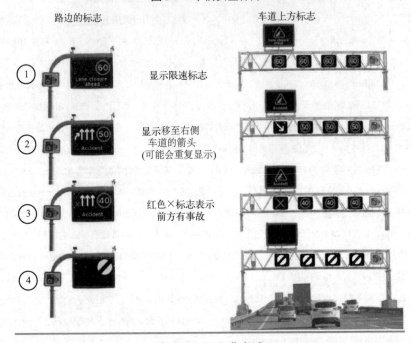

① 显示限速标志

② 显示移至右侧车道的箭头（可能会重复显示）

③ 红色×标志表示前方有事故

④

图 3-10　红"×"标志

④ 提示硬路肩是否可用　当且仅当高速公路上的硬路肩明确标识为开放使用时，驾驶人才能将硬路肩作为可使用的行车道，如图 3-11 所示。

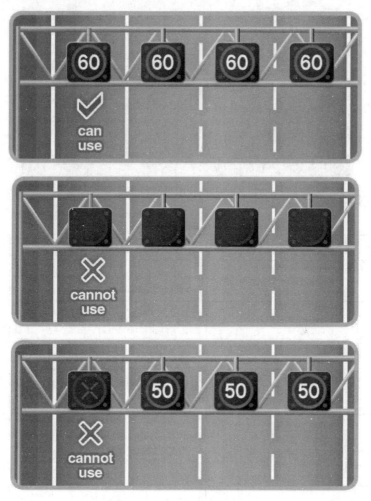

图 3-11　硬路肩使用要求提示

⑤ 实行可变限速　高速公路管理部门通过调整某些路段的限速以平滑交通流，从而减少因交通拥堵而导致的停车。在交通繁忙时段启用可变限速设施，与红色"×"标志一起用于交通事故或交通事故管理。交通流量监控传感器也可以自动激活可变速度限制，如图 3-12 所示。

（3）中英智慧高速公路对比分析

表 3-2 是中英智慧高速公路建设对比分析。总的来说，中英两国各有特色，相比之下，我国对交通工程技术的具体应用还不够精细。

图 3-12　可变限速标志

表 3-2　中英智慧高速公路建设对比分析一览

对比项	英国	中国	备注
启动时间	1995 年（首条 CM 高速公路）	2018 年（九省市开展新一代国家交通控制网和智慧公路试点）	晚 10 余年
实施机构	交通运输部主导	交通运输部负责行业指导工作，具体由省级行业管理部门组织实施	
法律法规	有较为完善的法律法规支持	关于硬路肩，《公路工程技术标准》和《中华人民共和国道路交通安全法》存在矛盾，实施硬路肩动态管控应用缺乏相关法律法规支持	
建设目标	提升道路通行能力，减少交通拥堵和交通干扰，同时最大限度地降低环境对高速公路运行的影响	安全、便捷、高效、绿色、经济	
建设理念	高度重视用户需求，强化与驾驶人的沟通	仍然是站在管理者的角度建设智慧高速公路，对用户需求的深入调查不够，高速公路出行体验亟待提升	
智慧高速公路网	初步构建形成	智慧高速公路建设取得了阶段性成果，浙江、江苏、北京、河北、云南、山东、河南、上海、广东、贵州等多个省市纷纷发布智慧高速公路建设的技术指南，探索从专业角度精准定义智慧高速建设场景与要素。	
道路基础设施	以单向三车道及以上高速公路为主，高速公路设有硬路肩和紧急停车区	单向三车道及以上高速公路占比总体较低，高速公路一般未设置紧急停车区（仅隧道内考虑设置）	

（4）英国智慧高速公路建设对我国的启示

智慧高速公路的建设，绝不是新一代信息技术和设备的简单堆砌，交通工程技术才是真正的关键基石。需要深刻理解：交通管控不仅仅是机电设备的控制，更是交通流量的控制。道路交通顺畅稳定需要主动交通管理（ATM）技术，包括可变限速控制、车道管理、匝道控制等一系列策略。这是目前国内整体上最薄弱之处。

以《交通强国建设纲要》和《交通运输部关于推动交通运输领域新型基础设施建设的指导意见》为指导，规划未来 15 年我国智慧公路网，对已建成的、交通量大、交通事故率高的高速公路进行数字化升级改造。

① 高度重视标志、标线、护栏等设施的质量提升，弥补现有公路交通安全设施的"短板"。

② 改变传统设计理念，以"用户思维"打造智慧高速公路，充分考虑驾乘人员出行需求，真正提升大众出行体验。

③ 要高度重视后评估工作，从交通安全、效率提升、公众反馈、收费效益等不同维度综合评价智慧高速公路的实施效果，为智慧高速公路的持续改进提供依据。

3.1.4　我国智慧高速公路总体建设情况

2018 年以来，随着交通部推进新一代国家交通控制网和智慧公路试点，北京、河北、吉林、江苏、浙江、福建、江西、河南及广东九省，以基础设施数字化、路运一体化车-路协同、北斗高精度定位综合应用、基于大数据的路网综合管理、"互联网＋"路网综合服务、新一代国家交通控制网六个试点主题，开展智慧公路试点应用。当前，全国约有 20 个省份开展了约 40 个智慧高速公路项目建设，呈现星火燎原、百花齐放的态势，但从整体路网成效来看，由于对智慧高速的理解和认识尚未在深层次形成统一等原因，整体路网实施效果有待提升。

（1）政策环境利好迎来发展浪潮

2018 年 2 月，《关于加快推进新一代国家交通控制网和智慧公路试点的通知》发布，2021 年，《国家综合立体交通网规划纲要》印发，我国在推动智慧高速公路发展方面陆续出台了一系列政策，如图 3-13 所示。与此同时，江苏、浙江、宁夏、山东、云南、河南等省也相继出台或正在加快编制智慧高速建设指南。

2021 年是中国"十四五"规划的开局之年。从各省发布的"十四五"规划来看，智慧公路建设十分突出，各省"交通强国"试点也是智慧公路建设。自 2018 年 2 月新一代国家交通控制网和智能公路试点项目正式启动以来，全国已建成或在建智慧公路 30 多条。

图 3-13　智慧高速政策发展环境

(2) BATH 入局智慧高速建设

我国高速公路行业信息化建设虽然起步较晚，但近年来实施了一批大项目或实现技术突破，如新一代交管网、智能道路、取消省界收费站等，大力推进了高速公路行业智能化进程。除高速公路行业主单位外，金溢、万集、招商华软、国交润万等传统企业，BATH（百度、阿里云、腾讯、华为）也纷纷入局，为智慧高速公路建设注入了新的活力。

百度推出了五个面向未来的智能高速细分场景解决方案，如重点区域的车路协同管控、全天候主动安全预警、云集成智能管理和维护、车道级精准导航、大数据云控制平台、L2 ～ L4 自动驾驶专用车道，这使得高速公路能够安全、方便、高效、绿色和经济地运行。

从 2018 年的"智慧高速公路解决方案""智慧高速公路未来 20 年发展畅想"和"智慧眼"，到 2019 年解决方案中的"高速公路自由流解决方案"和"高速不停车收费人工智能稽核方案"，再到 2020 年的"云控平台""云视频""在线计费""车路协同"，阿里云推动产品从解决方案到软硬件一体化，成为一支智能化、高性价比的大军。

2020 年 9 月，腾讯发布 We Transport 智慧交通战略，后来在 WTC2021 论坛上又发布了"数字安途"解决方案，通过雷视集成实现全息交通流感知、高并发实时流计算、主动控制和决策支持的技术措施，并精准传达给众多腾讯生态用户，实现全天候智慧高速运行模式、全过程数字化控制、综合服务的新发展模式，以及智慧高速"1+n+3"的整体架构。

华为也于 WTC2021 市长论坛上提出交通行业智能升级参考架构"交通智能体"，通过互联、云、人工智能、计算、应用等多种技术的有效融合，构建立体感知、多域协同、精准评估、持续演进的，实现云、网络、边缘和终端之间高效协作的智能系统。在"不变"的框架内，响应"万变"的商业和交通业务需求，以系统的思维支撑交通行业的智慧现代化改造。

（3）智能高速建设中的问题

① 感知基础设施薄弱。从感知方面来看，机电设施的规模和数字化、智能化程度不足以支撑和满足日益增长的运营管理和出行服务需求。

② 安全性有待提高。从交通安全的角度来看，特殊路段、特殊时段、特殊车辆、违法行为的行车安全保障措施不足。

③ 综合管控措施不足。交通拥堵已呈常态化趋势。综合管控措施落后，无法应对当前的运营状况，容易出现路网压力大、拥堵等问题。

④ 服务能力单一。从对外服务来看，日常服务和公共旅游信息服务的准确性、及时性和便利性尚且不符合最终要求。

⑤ 缺乏资产管理措施。从公路主体方面来说，没有办法管理高速公路的基本资产，容易造成资源浪费和成本增加。

⑥ 目标路径不协调。国家层面政策方向明确，目标明确，但存在从国家到行业到地区甚至到企业的效率降低的问题，导致不匹配目标在层级间错配。

⑦ 政策协调不足。区域联动难以协调，部分地区需要加强对风险问题的支持力度，否则将会限制有益探索的实施落地。

⑧ 关键技术无突破。关键技术受制于人，关键核心算法、设备能力都没有全面突破；单项能力及协同能力不达标；多种类设备的简单堆砌带来成本居高不下，包括采购、建设，也包括维护、能耗。

⑨ 商业模式尚未建立。目前，包括平台服务商在内的道路和设备提供商尚未在道路领域探索出有效且盈利的商业模式。对于技术装备企业来说，前期投入大，风险大。对于高速公路运营商来说，投资大，效果小。

（4）解决方案

① 从基础设施数字化入手，构建万物互联、全周期、全业务的数字化道路交通基础设施体系。

② 遵循四个方向，明确项目目标和问题导向，重点关注安全、路网管理和运营；撤销省界收费站工程，安保工程、高质量工程等工程目标导向明确；同时注重结果导向，对运营商和用户有效果和获得感，例如 ETC 系统等和路况导航系统。

③ 完善项目建设程序。交通运输行业有多年的信息化建设经验，但处于从属地位，独立实施。要总结近年来交通信息化、智能化示范工程的经验和与更高水准之间的差距，整合新基础设施建设的有效程序。

④ 运营方式的进一步说明。目前，智能公路设施的运营、维护和盈利模式尚不明确，有必要根据用户需求研究可持续发展和推广的运营模式。

⑤ 进一步技术研究的主要方向：基础设施状态监测和运行状态长期监测技术，雷视拟合技术数据处理的准确性、稳定性和及时性，全息感知数据与其他行业数据以及大数据分析的有效整合（利用大数据减少路侧设备），基于路侧设备的复杂诱导方法，在各种天气条件下处理和保障交通的成套技术，建设和运营过程中软硬件一体化的基础设施数字化和产业化关键技术，多模通信技术（有线和无线网络端）、车-路协同的应用场景及商业化运行等。

3.2
智慧高速建设政策环境分析

3.2.1 智慧高速建设规划总结

目前从国家层面或省（市）层面针对智慧高速公路建设并没有形成具体的规划文本，结合交通行业所颁布的一系列规划和部分省市公路"十四五"规划以及智慧高速公路建设现状来看，未来几年我国智慧高速公路建设目标有以下几个方面[7-10]：

（1）加快高速公路网络完善和通道扩能

以中西部地区为重心，加快国家高速公路待贯通路段建设，优先打通"71118"主线和省际衔接路段，进一步扩大路网覆盖，强化区际衔接，提升国家高速公路网络质量和整体效应。以东中部地区为重心，积极发挥市场作用，推进建设年代较早、技术指标较低、交通繁忙的国家高速公路路段扩容改造，优化通道能力配置，提升国家高速公路网络运行效率和服务水平。

（2）推动数字化、智能化升级改造

推进建筑信息模型、路网感知网络和公路基础设施同步规划建设，加快推进道路基础设施数字化转型，推动道路基础设施全要素、全周期数字化转型发展，强化早期主动安全关键基础设施信息的警告。加快路网大数据建设和应用，应用智能视频分析等技术，建设集监测、规划、管控、应急、服务于一体的智能路网云控平台，积极探索"ETC+北斗"开放式自由流收费、车-路协同、自动驾驶等新技术的智慧应用试点。推进"公路网大数据中心"建设，打造云网融合的智慧路网云控平台，提升高速公路大数据智能应用水平，有效支撑高速公路网运行管理与服务工作。

（3）强化高速公路应急救援能力

推动建立路网应急力量相互支持机制，建立健全与气象、应急管理、自然资源等相关部门的联系协调机制。提高运营安全水平，完善安全生产体系，增强应急救援能力，增强公路交通安全和应急保障能力。

（4）推进高速公路绿色发展

全面推进绿色高速公路建设，推进绿色服务区建设升级，加强生态选择线路，依法避开自然保护区、水源保护区等生态敏感区，开展高速公路用地范围内的绿色整治行动，积极开展生态修复。支持在高速公路服务区、客运枢纽、物流园区等区域建设充电桩和充电站，全面提升高速公路行业绿色发展水平。

3.2.2 智慧高速建设标准指南

智慧高速作为"十四五"建设的重点，国家和地方都十分重视，为了避免建设的盲目性和资源浪费，各省基于自身智慧高速公路建设实践，开始自行编写宏观指导性文件。2021年，江苏、宁夏、山东、川渝、北京等地先后出台了智慧公路建设的指导性文件，探索从专业角度精准定义场景和要素。此外，川渝联合发布全国首个智慧高速地方标准，云南、河北等地也在积极筹备。地方性标准指南主要包括智慧高速的建设目标、技术要求一级总体架构等内容，但侧重点各有不同，以下列举几个地方性智慧高速建设标准指南[11,12]：

（1）江苏省普通国省道智慧公路建设技术指南

2021年1月，《江苏省普通国省道智慧公路建设技术指南》提出了普通智慧乡村和省道的建设目标、原则、框架和内容，重点关注智慧道路的感知、控制和运营，突出全周期、全行业的网格化发展理念，提出"智能感知、智能控制、智能服务、基础支撑"的总体架构，满足国省智慧公路设计、建设、维护和运营管理的周期要求。基础设施阶段性建设需要标准化配套安全要求。关于建设目标包括以下几点：

① 普通国省道智慧公路建设的总体目标，包括提高安全性、效率和服务水平。

② 通过积极预防交通事故来提高安全性，降低道路事故的频率和严重性，并在恶劣天气和复杂环境下将交通事故率降低10%以上。

③ 通过提高路网实际容量，减少出行时间和车辆延误，及时发现道路事故，减少事故处理时间，提高交通稳定性和路网可靠性，提高关键路口和路段的通行效率，将交通效率提高20%以上。

④ 服务提升，通过构建多元信息服务渠道，打造伴随式出行服务体系，提升公众出行的体验感和获得感，路网综合运行实时信息可查询率100%，收费站、服

务区等关键节点公众出行满意度达到 95% 以上。

(2) 山东省智慧高速公路建设指南

2021 年 6 月，山东省《智慧高速公路建设指南（试行）》规定，智慧高速公路总体架构包含智慧建养体系、智慧运营体系和支撑体系三大板块，同时明确了各部分内容的建设要点与技术要求。

① 智慧建养体系包含智慧建设（勘察设计、建设管理、智慧工地、智能建造）和智慧养护（基础设施检测、基础设施监测、养护科学决策）等内容。

② 智慧运营体系包含路网管控（交通运行监测、主动交通管控、全天候通行保障、应急保障）和出行服务（伴随式信息服务、智慧服务区、车路协同与自动驾驶）等内容。

③ 支撑体系包含智能中台、信息安全、感知、通信与供电设施等内容。

(3) 川渝两地智慧高速公路地方标准

2021 年，川渝智能公路地方标准正式发布，明确了智慧高速公路建设的总体技术要求、智慧化分级、路侧设施设置规范和车 - 路协同系统的数据交换。标准分为以下四个部分：

① 总体技术要求　从整体性视角出发，围绕智慧高速公路总体要求、路侧设施、云控平台、应用服务和信息安全等方面明确智慧高速公路的定义、组成等。智慧高速公路建设内容包括路侧设施、云控平台、应用服务、基础设施数字化支撑环境、信息安全。

② 智慧化分级　按照服务能力和系统条件，将智慧高速公路从低到高分为 4 级：

a. D1 级实现目标为建设高速公路收费、通信、监控系统及运行控制中心，满足高速公路管理者对管理的要求及出行者对效率、安全和服务的要求；

b. D2 级实现目标为以道路基础设施数字化、信息化水平提升为重点，通过基础设施数字化、信息化建设，提升通行效率、安全和服务水平，为更高层级的智慧化提供基础条件；

c. D3 级的目标是充分利用新一代信息通信技术，建设车 - 路协同系统和运行控制中心，构建车 - 路协同的道路交通环境，具备支持新技术的技能，例如高级自动驾驶和编队驾驶；

d. D4 级实现目标为建设可持续、低排放、资源节约的基础设施，实现基础设施、车辆、路侧设施之间的通信和能量交换，具有自诊断、自修复功能，道路交通具有支撑抵御恶劣气象和自然灾害的能力。

③ 路侧设施设置规范　规定了高速公路沿线传感设施、通信设施、定位设施、边缘计算设施、控制设施和配套设施的基本组成和基本技术参数要求。

④ 车 - 路协同系统的数据交换　规定了车 - 路协同系统数据交换总体架构以

及路侧设施和云控平台的数据交换内容和方式。

（4）北京智慧高速公路建设指南

2021 年 12 月，北京市《智慧高速公路建设指南（征求意见稿）》对智慧高速公路总体架构、建设、管理、养护、运营、服务及支撑体系提供了建设指导与技术建议。该指南的总体架构分为智慧化感知、智慧化服务、智慧化管理、智能中台、云平台、支撑及保障六部分内容。

① 智慧化感知　包含高速公路建设工程过程中的状态感知、重点区域等基础设施感知、交通状态监测和环境感知，主要是融合应用多种监测设备实现人、车、路、环境的状态感知，为智慧化服务和智慧化管理提供数据支撑。

② 支撑保障　包含融合通信、设施供电以及边缘基础设施，为智慧化管理和智慧化服务提供基础保障。设施供电确保感知层监测设备设施、边缘基础设施以及云平台供配电。融合通信确保物理层的互联互通。边缘基础设施确保靠近用户侧的服务保障。

③ 云平台　提供云基础计算资源、存储资源、云安全资源以及数据资源层。平台具备大规模和扁平化接入能力，具有快速动态、安全可靠的计算、存储、网络资源分配。数据资源层为感知层的数据接入提供数据通用的治理以及管理，为智慧化管理和智慧化服务提供信息基础设施资源支撑。

④ 智能中台　包含知识中台和基础中台。基础中台包括算法及模型管理中台、数据服务中台和空间地理信息中台。基础中台为知识中台智慧化管理、智慧化服务提供通用的、智能的 IT 服务能力。数据服务中台封装的数据服务，打通跨系统的壁垒。

⑤ 智慧化管理　包含建设阶段的管理、运营阶段的管理和养护运维阶段的管理以及决策支持，主要面向高速公路行业管理者、运营者及所有者人员。

⑥ 智慧化服务　包含通行收费服务、车道级服务、准全天候通行、精准气象服务、伴随式信息服务和智慧服务区服务，主要面向高速公路驾乘人员等使用者。

3.3
智慧高速公路建设示范案例

智慧高速公路的建设将推动物联网在高速公路基础设施领域的创新应用和发展，构建基于 5G、云计算、人工智能等新技术的智能感知系统，与未来车 - 路协同和自动驾驶技术紧密结合。"十三五"期间，交通运输部批准组织 9 个省市开展新一代交通管制和智能交通网络试点。2017 年以来，启动了合理规划和技术论证，杭绍甬、京雄两条百公里级的智慧高速开工建设。当新一波基础设施建设迎来"十四五"，智能化、快速设计取得了前所未有的快速发展。

3.3.1 杭绍甬高速公路

杭绍甬智慧高速公路是中国第一条"超级高速公路"，如图 3-14 所示。它有四个要素：智能、速度、绿色和安全。这是一条支持自动驾驶技术应用的"智慧高速公路"，它完全支持电动汽车的自动驾驶、自由流充电和长期耐久性，是浙江省推动交通运输业智能化、数字化发展的龙头示范项目，对未来中国高速公路建设也具有明显的示范作用。

图 3-14　杭绍甬智慧高速公路

（1）服务目标

① 完全支持自动驾驶。构建路网综合运行监测预警系统，创建人 - 车 - 路协同的综合感知系统。从近期来看，支持货车在自驾专用道上的行驶；从长远来看，它将支持自动驾驶汽车在线路上自由行驶。

② 实现自由流收费。创新收费管理模式，构建基于车载终端的收费系统，近期实现封闭式站场自由流收费，远期实现开放式站场自由流收费。

③ 提高全线整体通行效率。依托客货分离和编组技术，车辆平均运行速度可提高 20% ～ 30%。从长远来看，通行能力将翻倍。

④ "全天候"快速交通。基于精准定位、车 - 路协同、无人驾驶等技术的综合应用，克服冰雪、雾霾等特殊天气条件的影响，实现分车道"全天候"通行。从长远来看，高速公路将实现雾雪"全天候"快速通行。

⑤ 提升电动汽车续航能力。利用服务区、声屏障等公路的现有场所或条件，建设光伏产能系统和电动汽车充电系统，为公路用户提供新的能源补供服务，

实现服务区光伏能源供应和充电桩充电服务；远期目标在服务区实现无线充电服务。

⑥ 更加安全。建立基于车-车、车-路协同的安全系统，为安全驾驶提供可靠的技术支持；建设路网运行安全管理体系和应急指挥控制处置体系；实施智能救援；近期减少交通事故发生；远期实现"零死亡"的愿景。

（2）建设方案

根据规划，杭绍甬智慧高速公路建设包括以下内容：

① 实时交通信息监测系统。实时交通信息监测系统检测设施的部署计划包括：交通流感知设备的部署方案、交通事件检测设备的部署方案、气象监测设备的部署方案，以及用于收集车辆微观行为信息的 RSU 设备的部署方案。

② 多网络综合通信系统。包括杭绍甬高速公路的通信信息网络；有线通信网络和新一代宽带无线通信网络，以及拟建的杭绍甬高速公路卫星通信信息网络；高精度定位系统和高精地图。

③ 云控平台。可以访问整个高速公路的交通数据，并可升级为区域云控平台。同时，应能接入公共安全、消防、气象等多源外部数据，具备海量数据存储能力、复杂任务计算处理能力、运营统一监控能力、综合管理能力；可以向用户提供相关信息服务；可以对高速分合流区域、交通事件多发路段以及全线不同层级交通运行精准管控。

④ 随行信息服务系统。以感知和预测信息为基础，为高速公路用户提供宏观运动状态信息、中微观运动状态信息、安全辅助驾驶信息服务，并提供伴随信息服务。

⑤ 车道级交通控制系统。杭绍甬高速公路的车道级交通控制旨在实现速度控制、危险条件下的车道级车辆控制和专用车道控制的服务功能。

⑥ 桥隧安全提升系统。隧道内及隧道出入口安装视频、雷达、微波等设备，实时监控交通状况、突发事件等信息。隧道根据实际情况处理加密数据，配备边缘设备进行数据处理，具有多源数据访问和本地计算能力。车道指示器与隧道内的车道对齐，提供车道限速、车道（开放/封闭等）实时状态信息。隧道出入口设置车辆与道路的协调装置，并应便于通行。更改信息板以获取安全预警信息。

⑦ 服务区智能系统。该系统的建设包括在服务区出入口部署服务信息和交通状态信息，在服务区内进行实时监控，构建高精度定位地图系统，实时交互共享数据，以及充电需求。

⑧ 自由流收费系统。完成主线收费管理计算平台、收费站车道系统、主线 ETC 门架的建设，实现主线自由流收费。

⑨ 基础配套系统及设施。包括基础设施监测设施和绿色环保设施。

⑩ 准全天候通行。

⑪ 货车编队行驶。服务包括车载雷达探测器、摄像头和自适应巡航控制系统，以固定模式控制货车在道路上的移动，驾驶员绝对控制车辆。在系统的管理下，车队可以实现车辆行驶的全同步。只要一辆车的车速发生变化，通过车 - 车通信，后续车辆会同时感知路况并相应变化，以保持车辆之间最安全的距离。

⑫ 生命周期智能养护。为了实现未来高速公路基础设施的智能管控、智能维护和基础设施生命周期监督服务，实现高速公路建设、管理和维护的一体化。

⑬ 自动驾驶支持。参考全国和省级颁布的自动驾驶汽车道路试验测试管理规范，结合公路设施自动驾驶的实际需要，进行自动驾驶车道的设计。

3.3.2 沙吴高速公路

2021 年 9 月 28 日，广西交投集团南宁沙吴高速公路建成通车。沙吴高速公路是南宁市区至吴圩机场及机场区域的第三条主要高速公路，它是西部陆海新通道的标志性部分。这是中国第一批交通强国试点项目，是交通运输部交通领域新基础设施建设的重点项目，也是广西首个智慧高速公路建设示范项目，见图 3-15。

图 3-15　沙吴智慧高速公路

沙吴高速公路致力于打造开放的智慧交通试验测试平台，拥有 26 个 4G/5G 通信宏站、6 个高精度北斗基站、3 个气象站和车路协同相关的外场设备，构建智能云控，推动 5G 通信网络服务、北斗导航定位服务、车 - 路协同、智能交通管控、新能源智能网联汽车等智能交通产业和数字经济在广西发展。沙吴高速公路具有以下特点：

① 基础设施数字化。全路段构建道路、边坡、桥梁、互通式立交桥等结构物的数字化模型，提升公路基础设施建造、养护、运行和路产管理等全要素、全周期数字化水平。沙吴高速智慧监控中心如图 3-16 所示。

图 3-16　沙吴高速智慧监控中心

② 智能化感知网。在重点路段实现全天候、多要素的状态感知，全路段视频监控，实现路段事件的精准监测和报警。路段视频监控如图 3-17 所示。

图 3-17　沙吴高速路段视频监控

③ 大数据中心。通过大数据 AI 分析、视频智能分析，提高事件识别、发布和处理速度，提高应急处置效率和道路通行安全性。

④ 智慧综合管控平台。集监测、调度、管控、应急、服务于一体，实现智能监测与预警、分车道管控、实时交通诱导和路网协同调度等功能，其应急指挥中心如图 3-18 所示。

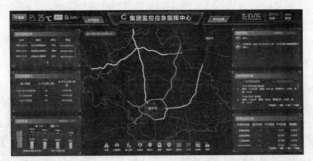

图 3-18　沙吴高速应急指挥中心

⑤ 主动式交通管控。一路三方协同指挥，提高事件处置效率，利用手机、道路信息发布设施，实现道路信息的实时共享，解决了当前用户信息传达难的问题。

⑥ 准全天候通行。与气象部门共享和交换数据，提供 72 小时以内的属地化气象预警服务；在枢纽互通路段设置自发光标志牌，在夜间、雾天、逆光等条件下指示仍然清晰；在雾区路段设置雾区行车诱导，在沙井互通主线和匝道合流区设置智慧道钉，为车辆提供汇入安全预警；采用雨夜标线，增加雨天和夜间的标线反光性能，降低交通安全事故。

同时，沙吴智慧高速还采取"匝道 ETC 设施预收费 + 出口验证"新一代收费模式，4G/5G 信号全覆盖，积极开展智慧服务区建设。

3.3.3　京德高速公路

京德高速公路作为雄安新区综合交通体系的重要组成部分，其总体目标是加快交通强国建设，推进交通基础设施的数字化改造和智能化升级，建设便捷、畅通、经济高效、绿色集约、智能化、先进化、安全可靠的新交通基础设施。已建成的京德高速公路如图 3-19 所示。

图 3-19　京德高速公路

京德高速（一期）是雄安新区"四纵三横"区域的纵四线，全长87.256km，双向六车道，设计速度为120km/h。目前，全线已完成多维智能感知设备安装，包括208个星光级摄像机、129个可变信息标志、120台超距毫米波雷达、56台气象设备（全要素气象站、能见度检测仪、路面状况检测仪）、11套智能车-路协同路侧单元，打造安全风险预警系统。11km先行示范路段率先实施全要素数字化感知、交通态势综合分析、风险管控信息发布功能。

沿京德高速全线安装的77G（Hz）毫米波雷达在我国是首次应用，具有自主知识产权，探测范围1km，可准确感知车辆行驶轨迹。事件探测器、长续航无人机和护栏机器人在陆地和空中协同工作，实现全覆盖、无盲区、快速获取事件信息，为指挥调度、决策和风险排除提供更有效的参考。在国内率先全线使用太阳能主动发光轮廓标，构建全线微光诱导环境，保证司乘人员在雨、雪、雾等恶劣天气下依然能清晰准确地识别道路边界。

以创新为先导，京德高速公路安全风险预警系统可实现对道路事故、气象环境和交通状况的风险识别，预测不同危险发生的概率和等级，从而实现对不同风险源的全域识别和研判。这是现实仿真技术首次成功应用于交通管控。该系统集成了基础设施、外场设备、交通状态和气象环境的全面数字化，实现了物理世界和虚拟世界的一对一映射；预警提示画面与系统动态控制车道画面同步移动，为国内首例；实现了"大屏幕＋小屏幕"的联动控制，完成了风险预警、路途提示和动态控制信息的联动协同；控制措施更加丰富，交通安全风险显著降低。京德高速公路安全风险预警系统如图3-20所示。

图3-20 京德高速公路安全风险预警系统

未来，京德高速公路将研发车辆碰撞风险预测仿真平台，实现分钟级实时交通状况预测，实现先进的碰撞风险预测。此外，基于安全威胁预警系统，融合云计算、大数据、人工智能等新技术，利用交通仿真平台实现全天候风险实时预测，显著降低交通事故的发生率。同时将继续研究智能网联汽车混合交通流模式下的道路安全预警系统，提供自动驾驶与常规汽车共存模式、智能网联汽车共存模式下的安全驾驶解决方案。下一代交通与常规设施共存下的风险防控取得突破，在智慧公路建设领域形成了一批先进经验和典型成果。

参考文献

[1] 岑晏青，宋向辉，王东柱，等.智慧高速公路技术体系构建[J].公路交通科技，2020，37（07）：111-121.

[2] 薛龙.高速公路建设中信息化管理平台的建设及应用[J].山西建筑，2012，38（7）：286-287.

[3] 王少飞.英国智慧高速公路建设发展的经验与启示[J].汽车与安全，2020（12）：104-109.

[4] 王虹.新基建模式下智慧高速的"破"与"建"[J].中国交通信息化，2021（07）：22-26.

[5] 交通运输部关于印发《交通运输领域新型基础设施建设行动方案（2021—2025年）》的通知.中华人民共和国交通运输部，2021-8-31.

[6] 交通运输部关于印发《数字交通"十四五"发展规划》的通知.中华人民共和国交通运输部，2021-10-25.

[7] 交通运输部关于印发《综合运输服务"十四五"发展规划》的通知.中华人民共和国交通运输部，2021-11-02.

[8] 国务院关于印发《"十四五"现代综合交通运输体系发展规划》的通知.中华人民共和国国务院，2021-12-09.

[9] 交通运输部关于印发《公路"十四五"发展规划》的通知.中华人民共和国交通运输部，2021-11-01.

[10] 江苏省交通运输厅关于印发《江苏省普通国省道智慧公路建设技术指南》的通知.江苏省交通运输厅，2021-01-05.

[11] 广西壮族自治区交通运输厅关于对《智慧高速公路建设总体设计技术指南》（征求意见稿）公开征求意见的函.广西交通运输标准化技术委员会，2022-08-01.

[12] 关于对《智慧高速公路建设指南（征求意见稿）》公开征求意见的通知.北京市交通委员会，2021-12-02.

第 2 部分

城市智能交通系统

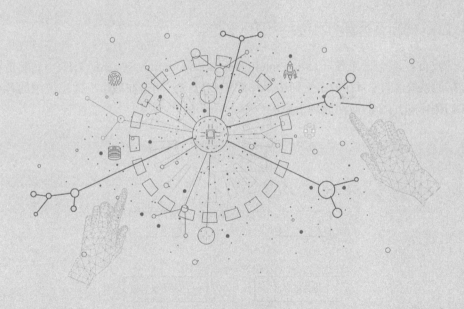

第 4 章
城市智能交通系统概述

4.1
城市智能交通系统内涵

4.1.1 城市智能交通系统的概念

城市智能交通系统（Urban Intelligent Transportation System，UITS），就是智能交通系统（ITS）在城市交通中具体的表现形式，涵盖在城市交通系统中的各种 ITS 应用。UITS 的应用原理示意图如图 4-1 所示[1]。

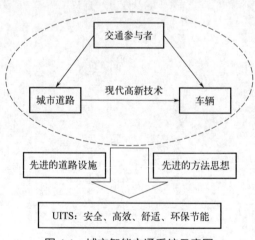

图 4-1 城市智能交通系统示意图

城市智能交通依托新一代移动通信、物联网、泛在网络及智能终端等战略新兴技术的迅猛发展，在为智能交通的发展提供便利及平台的同时，也为相关新兴技术产业的发展创造了空间。

4.1.2 城市智能交通系统的构成

城市智能交通系统的基本功能表现在缩短居民出行时间、保障交通安全、缓解交通拥堵、改善交通污染等方面，其最终目标是创建一个实时、高效、准确的交通运输管理系统。基于以上功能，城市智能交通系统包括城市交通信息系统、交通管理系统、紧急救援管理系统、收费管理系统、公共交通系统、客货运管理系统、交通信息服务系统及安全驾驶支持系统等发展重点及服务领域。

（1）城市交通信息管理系统

城市交通信息管理系统包含公共交通信息管理系统和交通数据管理系统。其中，城市公共交通信息管理系统是为城市公共交通管理部门制定的专业应用型信息管理系统，即在公交 GIS 平台基础上，根据公交行业需求和公交网络的特点，基于专业技术而设计的一种解决公交问题的信息管理系统。

（2）交通管理系统

先进的交通管理系统通过将先进的数据通信传输技术、交通信息采集技术、计算机处理技术和电子控制技术等综合应用到车辆管理系统，提高了现有路网的利用率，降低道路拥堵程度和交通事故的发生率，减少了因交通拥挤、事故等造成的出行时间延长的现象，降低油耗，减少尾气排放，是城市智能交通系统重要的组成部分之一。

（3）紧急救援管理系统

紧急救援管理系统主要可分为紧急救援预案体系和紧急事件救援管理系统两部分。其中，紧急救援预案是对于不同的突发情况所事先制定的有效的应急预案，这不仅可以突出救援部门进行日常演习和训练的重点，保证人力和各类救援物资处于良好的备战状态，还能够在交通事故发生时指导救援行动的有序展开，避免因现场混乱和组织不当引起的工作延误。

（4）收费管理系统

收费管理系统包括停车场收费系统和公共交通管理系统。两者大多采用接触式、非接触式 IC 卡，简化了收费、找零和财务管理等过程，在满足和方便居民出行的同时，提高了企业效益和服务效率。

（5）公共交通系统

公共交通系统（Advanced Public Transportation System，APTS）主要以出行者和公交车辆为服务对象。对于出行者而言，APTS 通过采集与处理客流量、交通流量、车辆位置、紧急事件的地点等动态信息和发车时刻表、换乘路线、出行最佳路径等静态信息，达到最优路径选择、错峰出行的目的。从方式上来说，APTS包括城市常规公共交通运营管理系统、快速公交运营管理系统和城市轨道交通运营管理系统。

（6）客货运管理系统

客货运管理系统包括道路运政管理系统和客货运运营管理系统。

道路运政管理系统主要是从行政许可、日常管理和监督与服务、执法监督、辅助决策、系统维护等方面进行运政管理的系统。道路运输行政管理的目的主要是维护和促进市场竞争，通过制定道路运输竞争规则，培育、发展、完善道路运输市场机制，实现运输资源优化配置。客货运运营管理系统的目标是要实现客运和货运的快速化和多式联运化。

（7）交通信息服务系统

交通信息服务系统包括停车诱导系统、实时道路交通信息发布系统、实时公交信息发布系统、多模式交通换乘信息发布系统、对外客运交通信息发布系统、定位导航系统等。

① 停车诱导系统　停车诱导系统是通过多途径对停车信息进行实时发布和告知，实现疏导停车需求，提高停车效率，减少停车等待时间，缓解因停车巡游而产生的交通拥挤、堵塞等交通压力。

② 实时道路交通信息发布系统　实时道路交通信息发布系统的主要功能是道路实时动态信息和服务信息的收集和规范处理，再通过不同的方式和途径进行发布，同时向用户提供信息查询和各种扩展功能，如最优路径选择、车辆诱导等。

③ 实时公交信息发布系统　实时公交信息发布系统是交通信息服务系统的关键组成部分，是直接面向公交出行者的窗口服务系统。

④ 多模式交通换乘信息发布系统　多模式交通换乘信息发布系统能够向出行用户发布不同运输方式的行车时刻和运行路线、换乘站点、客运站场、票价、道路状况、气候条件及相关地理信息等换乘信息。出行用户依据上述信息进行判断并选择满足自身需求的最佳出行方式、换乘方式及出发时间或中断出行计划。多模式交通换乘信息服务系统的推广可以有效提高换乘枢纽的综合效率，改善对换乘用户的服务质量。

⑤ 对外客运交通信息发布系统　对外客运交通信息发布系统是基于统一、先进的交通服务信息系统，以各类终端和媒体为载体向出行人员提供城市间客运出行信息服务，使出行者可以做到在不同的场合，通过多种渠道获得出行前、出行中的路况、气象、旅行等信息服务。

⑥ 定位导航系统　定位导航系统通过与无线通信网络、电子地图、车辆管理信息系统等相融合，可以为出行者及管理人员提供车辆跟踪、线路规划、信息查

询、话务指挥、交通流量监测、交通设施信息的采集标注、交通事故分析及行车安全管理等服务。

（8）安全驾驶支持系统

安全驾驶支持系统的主要使用者是机动车驾驶员。通过系统的实施，可实现行驶时的环境信息提供、危险警告、驾驶辅助、自动驾驶支持等功能。系统将为保障城市交通安全提供支撑。

4.1.3　城市智能交通系统的特征

城市智能交通系统作为现代城市交通的新概念，具有系统性、科学性、阶段性、思想性和目的性等特点[1]。

（1）系统性

城市智能交通系统在城市交通管理体系中的综合化和系统化能力体现了其系统性。城市智能交通系统依托系统工程和人工智能的方法，对系统本身及构成的各子系统进行技术和方案的整合，并对各交通方式之间和整个城市智能交通系统进行集成，从而实现交通信息共享一体化的交通综合管理目标。

（2）科学性

城市交通技术水平的科学化和现代化集中体现了城市智能交通系统的科学性，也符合现代技术的信息化、数字化、智能化等特征。

（3）阶段性

城市智能交通系统的发展和形成不仅是基础理论和相关技术进步的结果，也是交通需求和供给技术进步的结果。因此，其阶段性主要体现在城市交通发展过程的各个阶段中。这个发展过程由低级到高级可划分为 5 个阶段模式，即原始模式、机械模式、生物模式、智能模式、全球智能化综合模式。

（4）思想性

城市智能交通系统的思想性主要体现在对城市交通的思维方式和理解中，它不是各项技术的简单整合，而需要跳出原有的模式，通过全新的视角和思维方式去思考问题、解决问题。

（5）目的性

城市智能交通系统的目的性主要体现在挖掘发挥城市道路基础设施的潜力，缓解交通运输压力，改善出行者服务水平，保障交通安全。同时，减少污染和排放，节约能源并培养城市智能交通系统的新兴产业。

4.2

城市智能交通系统发展现状及趋势

4.2.1　城市智能交通系统发展现状

目前我国许多城市都已实施了智能交通系统的应用和管理，在信息服务水平、维持交通秩序、减少事故、减轻拥堵等方面都取得了明显的效果。我国在今后仍需积极发展城市智能交通管理、城市公共交通服务、交通拥堵状况和气象信息提示等方面，同时还需在今后应用上述各个系统的功能与效应，积极发展可以为弱势群体提供帮助的城市智能交通管理技术，及向高端用户开发自动驾驶技术、防撞报警技术等，并继续跟进世界前沿技术，努力探索适应我国城市的智能交通管理功能体系。目前中国代表性城市的智能交通发展状况如下[2,3]。

（1）上海市

近年来，上海市将智能化、信息化管理作为城市交通管理的重点发展方向，多次组织了智能交通系统相关的科研课题和应用研究。其中涉及 ITS 的框架构建、定位系统、地理信息技术、公交管理系统等，并取得了一系列研究成果，建立了一批独立的交通监控中心。

通过上海市科委组织相关的科技攻关，围绕着交通监控、交通收费和汽车智能导行等系统，许多科研成果已开始在上海市诸多重点工程中应用并取得良好的效果。主要成果包括：道路交通信号灯控制系统国产化研究；上海市智能交通框架结构的研究；城市交通管理、广播系统的应用；GPS 在公安指挥系统和公交调度系统中的应用；城市高架道路、高速公路及黄浦江工程的交通监控；上海现代化交通体系研究；汽车车内自主导行系统开发。此外，上海市还针对部分交通拥堵症结，围绕智能交通系统，同美国、日本等发达国家展开了大量的技术交流合作。

（2）广州市

广州市的智能交通系统发展战略已经得到初步体现，建成了城市公共交通"一卡通（羊城通）"系统、公共交通综合管理系统、交通监控系统、道路交通动态信息采集系统、交通服务呼叫中心及城市静态交通管理信息系统等与智能交通系统密切相关的子系统。此外，广州市已展开基于卫星定位系统的公交车自动监控及通信调度指挥系统项目的建设，该系统的落地能够对广州市公交车辆实现定位、跟踪、调度指挥，并能将公交车运行信息通过电子站牌及时发送给乘客，为市民提供及时的交通信息服务。

4.2.2 城市智能交通系统发展趋势

(1) 未来中国城市智能交通的主要工作

城市交通的智慧化发展不是一蹴而就的，需要结合未来智慧城市的建设理念，立足于我国交通发展现状，应用新兴技术手段。我国智能交通发展的重要方向是构建符合中国特色的新一代城市智能交通系统。"十四五"时期，作为我国大力建设交通强国的开局和起步阶段，城市智能交通系统的快速发展可以助力交通强国战略。对此，我国"十四五"相关规划纲要提出：发展自动驾驶和车路协同的出行服务；推广公路智能管理、交通信号联动、公交优先控制；建设智能铁路、智慧民航、智慧港口、数字航道、智慧停车场；力求在"十四五"时期取得城市智能交通重点技术领域的突破，提升城市交通的运转效率、服务及安全水平，并促进低碳高效交通战略转型[2,3]。

① 提高城市交通基础设施承载能力　积极发展基础交通设施智能化管理系统、ETC（Electronic Toll Collection，电子不停车收费）系统、城市交通应急处置系统、智能化交通管理系统、停车管理系统等，加快智能交通应用示范地的建设，充分挖掘城市交通基础设施的潜在承载能力。

② 提升公共交通服务水平　大力推广应用公交智能化，提高公交运行效率及服务水平。

③ 提高城市交通协调管理与服务水平，提升城市交通整体运行效能　建设全方位的城市轨道交通、道路、综合客运枢纽，以及城际公路、铁路、民航等交通系统的协调运行体系。通过统一、高效地组织协调各种交通方式的有效衔接，多个交通部门的相互配合，为交通运行高效有序、居民出行便捷安全提供保障，实现人、车、路及环境的和谐运转。

④ 提高出行便利化和社会化服务水平，重点发展公众便捷出行方式　智能化的交通服务技术满足公众出行多样化、个性化、动态化的交通服务需求及交通应急救援、跨行业智能化交通服务需求，整合多方式交通资源，实现交通管理由保障秩序向提供服务的转变。拓展智能化信息服务发布渠道，完善交通信息社会化服务体系，提高公共交通信息服务水平，推进公众出行个性化信息服务发展。建设形成新一代的交通信息服务系统、出租车调度服务系统、智能停车管理服务系统、汽车租赁服务信息系统和校车服务系统等，提高公众出行服务能力和水平。

⑤ 积极改善和提升交通安全性　在传统的安全管理和安全保障技术的基础

上，加强车 - 路协同系统、专用短程通信技术等核心技术研究，研究基于物联网的轨道交通运营安全监测与管理技术，建立轨道交通基础设施状态检测和安全预警技术体系，实现交通安全从"被动响应"到"主动保障"的转变。

⑥ 发展低碳、绿色交通　随着全球生态、绿色城市建设呼声的不断提高，与节能减排相关的智能交通技术将成为大家关注的焦点。在发展新能源汽车的同时，城市交通运行管理、智能化监测、智能化信号控制等领域都已经开始了减少交通污染方面的研究，全国已有多个城市明确提出了建设低碳交通城市的发展目标。

⑦ 推进城市智能交通的标准化与产业化　基于智能交通体系框架和标准体系结构，要建立和完善城市智能交通的规范和标准体系，特别要重视城市智能交通系统建设规范、基于物联网技术的智能交通标准及重点应用领域的相关标准。要建立技术、应用和资本共同引领的智能交通产业发展模式，构建产学研相结合的智能交通科技创新联盟平台，加大智能化车辆技术与新能源汽车研发相结合的应用力度，推动城市智能交通的技术开发、规模应用和产业化。

(2) 中国城市智能交通发展对策和建议

智能交通系统的发展不仅受关键技术发展水平的制约和影响，而且与政府的支持力度、道路设施建设、市场化机制的建立及人才培养储备等外部环境相关联，因此，具体对策建议可以总结如下：

① 强化国家对发展智能交通的管理和指导　在目前的体制机制条件下，国家城市建设主管部门需相关发展政策或指导意见，引导各地政府推出符合本城市发展需求的城市智能交通系统发展纲要及行动指南，并在此纲领指导下，实行各部门联合运作，共同助力城市智能交通系统的发展。特别是在前期规划阶段，就要考虑城市智能交通系统发展的实际需求，为未来智能交通系统设施预留建设的条件。

② 提高交通规划的信息化水平和交通工程设计水平　在前期城市交通的调查、分析、规划编制工作中，科学运用地理信息系统、交通信息采集技术、交通模拟及电子地图等先进技术和产品，建立城市交通基础信息数据库及中长期交通分析模型。

③ 对城市智能交通系统进行科学规划　合理制定城市智能交通系统发展规划，在规划中确定智能交通系统的功能定位，明确各个子系统的结构及相互关系，建立多元化、综合性的城市智能交通系统，通过分期实施来完成城市智能交通系统的建设。

④ 进一步加大对城市智能交通系统的研究投入　建议国家设立专项资金对城市智能交通系统发展提供长期支持，同时，充分调动企业对于城市智能交通相

关产品的研发和制造，以需求促市场，以产品带产品，保障智能交通系统的持续发展。

⑤ 增加政府财政投入及相关优惠政策支持　政府在城市智能交通系统建设方面的财政投入和政策倾斜，对促进城市智能交通系统产业化发展具有重要的意义和作用。充足的财政支持将会助力城市智能交通系统发展达到较高的起点。

⑥ 通过合理的竞争机制加快成果转化　政府要提前建立一系列政策和措施，一方面鼓励市场的竞争，另一方面要适当地保护我国自己的产业并加以扶持。中央和地方在智能交通项目审批和成果验收时，要注重成果的转化性和可应用性，政策方面扶持的力度要尽可能多地体现在成果转化和应用过程上。

⑦ 培育城市智能交通系统技术人才和咨询业　鼓励高校和相关科研院所培养未来可从事城市智能交通系统研发的综合性人才，并积极引进优秀毕业人才投入城市智能交通系统研发工作。加快城市交通领域科研中的配套设施建设，为研究人员提供良好的工作环境和条件。

⑧ 推进城市智能交通系统标准化工作　在城市智能交通系统的建设过程中，相关部门和企业所提供的产品和设备需要统一的标准和规范来生产。因此，国家需进一步加强城市智能交通系统标准化工作。

⑨ 因地制宜推动城市智能交通系统建设　我国地域广阔，同时区域经济发展不平衡现象非常显著。因此，不同城市必须因地制宜，根据城市自身现实状况和发展需求，坚持"统筹规划，分步实施"的原则，确定近期和远期城市智能交通系统的建设目标及发展策略。

4.3
城市智能交通关键技术

4.3.1　大数据处理技术

城市交通在高速发展过程必然形成海量、动态、实时的交通大数据。在先进的平台技术支持下，通过对城市交通大数据的采集、传输、存储、挖掘和分析，将通过平台达到交通行政监管、交通企业运营、居民出行服务的集成化管理的目标，实现城市交通一体化。因此，以大数据处理技术为基础的城市交通信息服务必然对未来城市智能交通系统的发展起到无可或缺的作用。其中，以大数据为基础搭建的城市智能交通运输系统技术流程如图4-2所示。

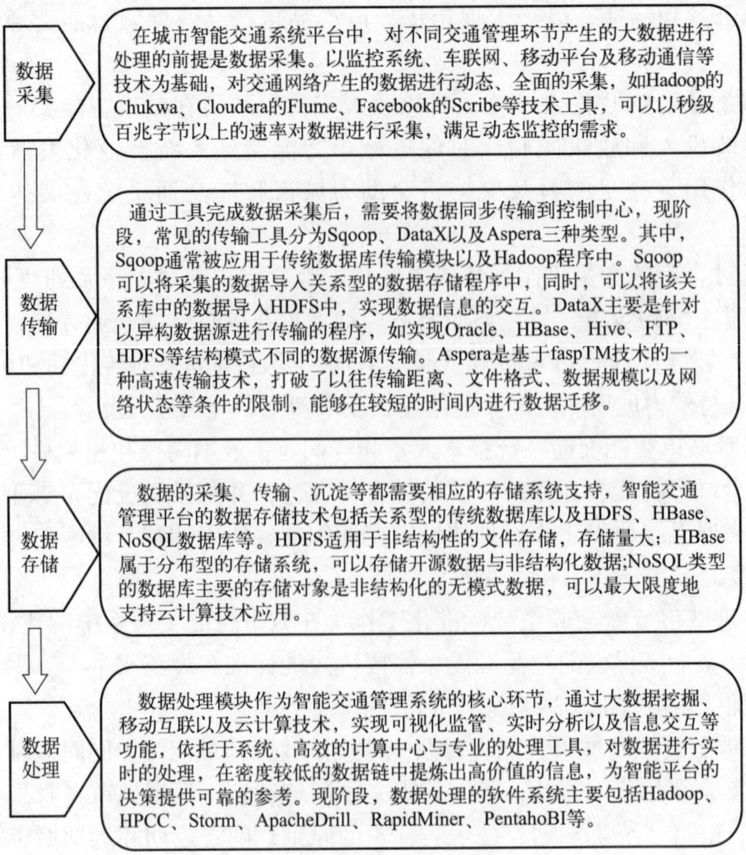

| 数据采集 | 在城市智能交通系统平台中，对不同交通管理环节产生的大数据进行处理的前提是数据采集。以监控系统、车联网、移动平台及移动通信等技术为基础，对交通网络产生的数据进行动态、全面的采集，如Hadoop的Chukwa、Cloudera的Flume、Facebook的Scribe等技术工具，可以以秒级百兆字节以上的速率对数据进行采集，满足动态监控的需求。 |

| 数据传输 | 通过工具完成数据采集后，需要将数据同步传输到控制中心，现阶段，常见的传输工具分为Sqoop、DataX以及Aspera三种类型。其中，Sqoop通常被应用于传统数据库传输模块以及Hadoop程序中。Sqoop可以将采集的数据导入关系型的数据存储程序中，同时，可以将该关系库中的数据导入HDFS中，实现数据信息的交互。DataX主要是针对以异构数据源进行传输的程序，如实现Oracle、HBase、Hive、FTP、HDFS等结构模式不同的数据源传输。Aspera是基于faspTM技术的一种高速传输技术，打破了以往传输距离、文件格式、数据规模以及网络状态等条件的限制，能够在较短的时间内进行数据迁移。 |

| 数据存储 | 数据的采集、传输、沉淀等都需要相应的存储系统支持，智能交通管理平台的数据存储技术包括关系型的传统数据库以及HDFS、HBase、NoSQL数据库等。HDFS适用于非结构性的文件存储，存储量大；HBase属于分布型的存储系统，可以存储开源数据与非结构化数据；NoSQL类型的数据库主要的存储对象是非结构化的无模式数据，可以最大限度地支持云计算技术应用。 |

| 数据处理 | 数据处理模块作为智能交通管理系统的核心环节，通过大数据挖掘、移动互联以及云计算技术，实现可视化监管、实时分析以及信息交互等功能，依托于系统、高效的计算中心与专业的处理工具，对数据进行实时的处理，在密度较低的数据链中提炼出高价值的信息，为智能平台的决策提供可靠的参考。现阶段，数据处理的软件系统主要包括Hadoop、HPCC、Storm、ApacheDrill、RapidMiner、PentahoBI等。 |

图 4-2　大数据处理技术流程

4.3.2　人工智能技术

借助于信息技术背景下的大数据、人工智能等技术，将人工智能融入汽车中，结合监测内容，车辆有效实现自动化管理操作功能的车祸避免能力，从而全面降低车祸数量。结合交通拥堵问题来看，利用人工智能技术，可以对交通状况来进行实时监测，结合车流量、车辆速度等信息来进行拥堵问题的判断，并能更加科学地规划新的路径。比如，可以结合实际来进行信号灯的调整，并记录数据，以便后续化的调整处理。结合智慧交通的特点来看，人工智能主要利用模拟的方法，结合大量案例中的数据信息，提供一种脱离人类的自主解决方式。结合数据分析来较为准确地获得交通情况信息，并能据此提供有效的处理方案，其中还会涉及大数据的信息采集，以及如何利用云计算进行数据处理等方面的内容。

4.3.3　交通云计算技术

随着交通数据规模从 TB 级向 PB 级，甚至向 ZB 级的发展，所需部署的服务器数量变得越来越庞大，而服务器的平均利用率却处于较低的水平，并且以企业服务器为主的 IT 基础结构模式不能快速有效地调配系统资源，适应业务需求变化。而云计算技术以自动化 IT 资源调度和快速部署为目标，具有优异的扩展能力，将成为整合交通资源、提供 ITS 所需的各种硬件及软件支持的重要技术手段。交通数据和云计算构成了交通信息云，给交通信息化带来了一个全新的发展。如海量的交通数据通过通信技术被存储到网络上构成交通信息云，由于其特定的性质，它的存储和计算能力不会受到限制，可以进行交通信息的交换，也可以为用户提供计算平台，实现交通数据的共享，提高数据利用率。

交通云计算系统的架构建设以共建共享为目的，整合交通运输行业信息、业务资源、现有业务系统，搭建交通运输云服务平台集成开发环境，提供云计算平台计算资源、存储资源、网络资源等基础设施整合，将数据中心、中间件、集成架构、公共服务、交通基础业务服务等能力整合，为交通运输行业信息、业务服务的快速接入、组合、交付提供基础。该整合的目的是将 IT 相关的能力以服务的方式提供给用户，用户则可根据需求在网络访问共享的可配置资源。

交通运输云计算平台以服务为核心，通过深度整合交通运输行业信息、业务资源、现有业务系统，为政府部门、企业、公众用户提供多项应用服务。同时，平台搭建交通运输云计算平台集成开发环境，为开发人员提供应用开发平台。

整个平台分为：基础设施服务（aS）层、应用平台服务（PaS）层、应用软件服务（SaaS）层、用户层以及云运营支撑平台。

4.3.4　交通信息技术

（1）城市交通信息采集技术 [1]

交通信息是城市交通规划和交通管理的重要基础信息，通过丰富、精确、全面交通信息，不仅可以全面地掌握城市道路交通的发展状况，而且可以对未来城市交通发展的预测提供翔实的数据支持，为城市交通规划及管理的正确决策提供科学依据。

智能交通信息采集技术主要是指对动态交通信息的采集技术。随着电子技术和交通监测技术的发展，车辆检测设备采用了大规模集成电路、微处理机技术及多功能综合技术。它不但能检测车辆，对车辆进行计数，还能检测车辆的存在及一些主要动态交通参数。目前，交通信息采集技术主要分为基于传感器的交通信息采集技术、基于视频的交通信息采集技术、基于定位技术的交通信息采集技术。

此外，蓝牙、手机、遥感技术、射频识别（Radio Frequency Identification，RFID）技术等近年来在交通信息采集中的应用也越来越广泛。

（2）城市交通信息传输技术

在城市交通信息管理与服务系统中，城市交通信息传输具有重要作用，没有先进的交通信息传输技术，就没有城市智能交通系统。智能交通系统中常用的通信方式主要包括车车间通信（Inter-Vehicle Communication，IVC）、车路间通信（Vehicle Infrastructure Communication，VIC）和车（路）与指挥中心间通信。

（3）城市交通信息处理技术

城市交通信息处理主要就是管理交通流信息的流通，将其存储为可利用的形式，然后由用户以实时或存档的形式利用。城市交通信息处理技术包括数据质量控制技术、数据集成与融合技术、数据存储技术和数据挖掘技术等。

（4）城市交通信息发布与显示技术

对于交通的管理者和使用者来说，利用互联网查询交通信息可以极大地提高交通系统的管理能力和服务水平。一方面，出行者可以在家里、单位、旅行途中或一些旅行中转的公共场所通过手机用户端，利用互联网便捷地查看交通地图、实时路况、公交线路等交通出行信息，在出行的各个阶段了解交通信息，作出合理的出行决策。以北京市公安局公安交通管理局网站为例，它是一个综合的交通信息发布及交通事务办理网站，主要内容是将北京交管局现有丰富的实时路况信息及时向社会发布，使实时路况信息高效地服务于公众，满足公众的道路状况知情权，有效地均衡路网交通流量，缓解道路交通拥挤。同时，也能够实现公安部门与其他政府部门和社会单位交通信息的交换与共享，如图 4-3 所示。

图 4-3　北京市公安局公安交通管理局网站

除上述网页信息服务外，调频广播及可变信息标志（Variable Message Sign，VMS）、信息亭、车载终端、手机 APP（如百度地图）等终端显示技术渠道作为交通信息发布方式逐渐得以应用。

4.3.5 自动驾驶技术

自动驾驶控制系统通常被分为环境感知、决策规划、控制执行三个部分。其中，环境感知是通过自身搭载的传感器去感知车辆周围的环境信息，常用的传感器包含了摄像头、激活雷达、毫米波雷达、组合导航等。目前常见的主流技术路线主要是以摄像机为主导的多传感器融合方案，或以激光雷达为主导、其他传感器为辅的技术方案。

车辆基于上述感知设备的信息采集再通过相应的智能控制算法，结合驾驶员意图、当前车速、外部环境等状态计算规划驾驶指令、规划路径，最后由线控底盘系统来执行驾驶指令、控制车辆运行。自动驾驶涉及的关键技术包括了环境感知和传感器融合、智能网联 V2X、高精地图、规划决策等关键技术。

（1）环境感知

自动驾驶的传感系统主要通过获取周边道路环境的信息，然后作出相应的决策。环境感知的内容包括车辆自身状态感知、道路感知、行人感知、交通信号感知、交通标识感知、交通状况感知、周围车辆感知。其中，车辆自身状态感知包括车辆速度、行驶方向、行驶状态、车辆位置等；道路感知包括道路类型检测、道路标线识别、道路状况判断、是否偏离行驶轨迹等；行人感知主要判断车辆行驶前方是否有行人，包括白天行人识别、夜晚行人识别、被障碍物遮挡的行人识别等；交通信号感知主要是自动识别交叉路口的信号灯、如何高效通过交叉路口等；交通标识感知主要是识别道路两侧的各种交通标志，如限速、弯道等，及时提醒驾驶员注意；交通状况感知主要是检测道路交通拥堵情况、是否发生交通事故等，以便车辆选择通畅的路线行驶；周围车辆感知主要检测车辆前方、后方、侧方的车辆情况，避免发生碰撞，也包括交叉路口被障碍物遮挡的车辆。在复杂的路况交通环境下，单一传感器无法完成环境感知的全部，必须整合各种类型的传感器，利用传感器融合技术，使其为自动驾驶汽车提供更加真实可靠的路况环境信息，如图 4-4 所示。

（2）车用无线通信技术（V2X）

车用无线通信技术（Vehicle to Everything，V2X）是将车辆与外界互联的新一代信息通信技术，其中 V 代表车辆，X 代表任何与车交互信息的对象，主要包含车、人、交通路侧基础设施和网络。V2X 交互的信息模式包括：车与车之间

（Vehicle to Vehicle，V2V）、车与路之间（Vehicleto to Infrastructure ，V2I）、车与人之间（Vehicle to Pedestrian，V2P）、车与网络之间（Vehicle to Network，V2N）的交互。V2V 技术允许车辆通过转发自身及前方的实时信息来预防事故的发生，从而减少驾驶时间，最终实现改善交通环境、减少交通拥堵的目的。V2I 技术通过无线的方式帮助车辆和路侧的交通设施实现数据交换，主要应用包括交叉路口安全管理、车辆限速控制、电子收费、运输安全管理，以及道路施工和限高警示等。这项技术会推动交通设施智能化，包括禁止驶入灯标、天气信息系统等交通设施都可进化为通过多种算法可识别高风险情况并自动采取警示措施的智能交通设施，如图 4-5 所示。

图 4-4　自动驾驶环境感知技术

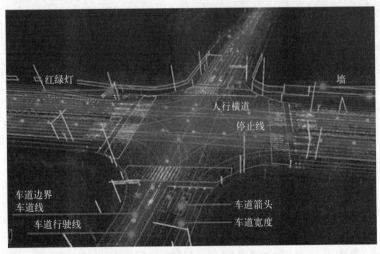

图 4-5　自动驾驶车用无线通信技术

（3）高精地图

高精地图拥有精准的车辆位置信息和丰富的道路元素数据信息，可以帮助汽车预知路面复杂信息，如坡度、曲率、航向等，和传统地图相比具有更高的实时性。由于道路路面经常发生变化，如道路整修、标识线磨损或重漆、交通标识改变等，这些改变都要及时反映在高精地图上。高精地图将更强调空间的三维模型以及精度，将精度从米级降到厘米级，必须非常精确地显示路面上的每一个特征和状况。

（4）规划决策

规划决策是体现自动驾驶智能化的核心技术，它通过综合分析环境感知系统所获取的信息及高精地图的寻址结果，对当前车辆的驾驶行为进行规划，并制定相应的决策。同时规划技术还需依据车辆自身的机械特性、运动学特性、动力学特性等。目前，常用的决策技术主要有专家控制、隐马尔可夫模型、贝叶斯网络、模糊逻辑等。

（5）车载网络总线技术

目前汽车上广泛应用的网络有 CAN、LIN 和 MOST 总线等，它们的特点是传输速率小、带宽窄。随着越来越多的高清视频应用进入汽车，如 ADAS、360°全景泊车系统，现有通信总线的传输速率和带宽已无法满足需要。车载以太网顺应未来汽车行业的发展趋势，即开放性兼容性原则，最有可能进入智能网联汽车环境下工作，它采用星形连接架构，每一个设备或每一条链路都可以专享 100M 带宽，且传输速率达到万兆级。目前车载以太网已经有部分场景开始应用。

（6）信息安全与隐私保护技术

自动驾驶汽车通过车辆网接入网格的同时，也带来了信息安全的问题，在应用中，每辆车及其车主的信息都将随时随地地传输到网络中被感知，这种显露在网络中的信息很容易被窃取、干扰甚至修改等，从而直接影响智能网联汽车体系的安全，因此在自动驾驶车辆的研发中，必重视且考虑到信息安全与隐私保护技术的研究。

（7）人机交互技术（HMI）

人机交互技术，尤其是语音控制、手势识别和触摸屏技术，在全球未来汽车市场上将被大量采用。自动驾驶汽车人机交互大屏的设计，其最终目的在于提供好的用户体验，增强用户的驾驶乐趣或驾驶过程中的操作体验，它更加注重驾驶的安全性，这样使得人机界面的设计必须在好的用户体验和安全之间做好平衡，很大程度上安全始终是第一位的。自动驾驶汽车人机界面应集成车辆控制、功能设定、信息娱乐、导航系统、车载电话等多项功能，方便驾驶员快捷地从中查询、设置、切换车辆系统的各种信息，从而使车辆达到理想的运行和操纵状态。未来车载信息显示系统和智能手机将无缝连接，人机界面提供的输入方式将会有多种选择，通过使用不同的技术允许消费者能够根据不同的操作、不同的功能进行自由切换。

自动驾驶车辆未来商业化，除了解决以上技术外，还需要解决功能安全、信息共享、辅助驾驶等其他重要技术。目前的自动驾驶还是停留在实验室阶段，技术成熟度还达不到要求，随着技术的进步和升级，自动驾驶需要的各种关键技术将会被一一突破解决，到那时自动驾驶汽车才可以真正地走入生活。

4.3.6 车辆高精度定位与导航技术

高精度定位技术是实现车辆安全应用和个性化交通信息服务的基础。随着北斗系统亚米级精度定位技术的逐渐成熟，同时通过与道路基础设施上安装的WLAN 信号定位、射频无线标签定位等无线定位技术相结合，有利于将高精度定位技术直接应用于城市交通规划和管理、智能公交、车辆安全和辅助驾驶、智能出行等各个领域，从而推动智能公路的技术升级。

在未来的智慧城市中，对道路中的大规模车辆进行实时高精度定位，有助于精细化的交通流特性刻画及精准控制，有利于城市交通的实时监控和车流引导控制，使车辆可以根据当前位置信息和变道、超车、运动方向纠正等微观运动识别，实现异常行为的自动辨识和碰撞预警。

4.3.7 无线充电技术

无线充电技术（Wireless Charging Technology，WCT）是指在不通过实体电线连接的情况下，通过电磁场或电磁波等方式对用电设备进行充电。相较于传统的充电方式，无线充电具备安全性高、使用便捷、无接触损耗、受天气影响小等优点。图 4-6 为车辆进行无线充电的示意图。

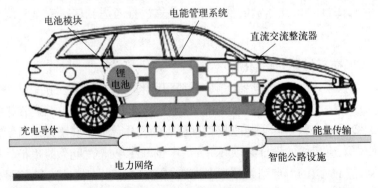

图 4-6　无线充电技术的应用

目前，无线充电技术尚待解决的问题仍有很多。未来将无线充电设备安装在智能道路上，实现电动汽车的动态无线充电，同时太阳能等新能源的电力供应将是未来无线充电技术主要攻克的热点问题。以上技术的实现，不仅可以大幅减少电动汽车配备的电池容量，提高车辆空间的使用率，也有利于节能减排，降低车辆的使用成本。

4.3.8　F5G 城市全光路口

交通路口是城市交通的关键节点。传统路口信号机建设普遍存在线缆多，挖沟埋缆施工困难，且过街电缆常因施工、鼠咬、老化而中断，导致信号灯失效等问题。全光路口技术将信号机从模拟电缆升级为数字光纤，从集中式控制改造为分布式控制，在路口通过"1 根光缆 +1 根电缆"的方式取代传统 30 多根过街线缆，大幅降低红绿灯路口的建设、改造、抢修的工程难度，加速路口信息化设备的联网联控，也奠定了道路交通的智能化管理运维、流量调优的基础。

参考文献

[1] 陈旭梅 . 城市智能交通系统 [M]. 北京：北京交通大学出版社，2013.

[2] 艾峰 . 城市智能交通系统的发展现状与趋势 [J]. 智能城市，2021，7（20）：140-141.

[3] 杨洋 . 城市智能交通系统的发展现状与趋势探讨 [J]. 城市建设理论研究（电子版），2020（11）：53.

第 5 章

城市智能交通子系统

5.1

交通管理系统

先进的交通管理系统（Advanced Traffic Management System，ATMS）是 UITS 的重要子系统之一。该系统将交通信息采集技术、数据通信传输技术、电子控制技术和计算机处理技术等综合应用到交通管理系统和车辆，对提高路网利用率，缓解道路拥堵程度，减少交通事故的发生，缩短因事故、拥堵造成的出行延迟时间等方面起到重要的作用。

从功能系统划分来说，先进的交通管理系统包括交通需求管理、交通事件管理、交通信息管理、道路基础设施管理，以下分别加以介绍[1]。

5.1.1 交通需求管理

交通需求管理（Transportation Demand Management，TDM）是一种主动式管理策略，相较于传统的使供给适应于需求的被动式管理，它在适度的运输供给规模下，控制运输需求总量，通过削减不合理的运输需求、分散和调整运输需求等措施优化交通结构，提高交通系统效率，保证系统有效运行。

交通需求管理在城市道路交通中的典型策略有合乘管理（Car Pooling）策略、高乘载率（High Occupancy Vehicle，HOV）车道策略、高乘载收费（High Occupancy Toll，HOT）车道策略、可变收费策略、动态路径诱导策略（Dynamic Route Guidance System）、机动性管理（Mobility Management）策略、响应需求的公共交通策略、购车指标限制策略、机动车限行策略等。

（1）合乘管理策略
合乘管理策略是通过合乘代替单独驾车的方式，为居民日常出行，特别是通勤出行所搭建的一种乘车匹配服务平台。

（2）HOV 车道策略

HOV 车道是在规定时间段为多人乘用的车辆提供通行权的车道，保证高乘载率车辆快捷、方便通行。

（3）HOT 车道策略

HOT 车道策略是指在车辆乘载率低的情况下，通过付费的方式使用合乘车道，这种策略通过提供高峰时段部分车辆新的出行选择，不仅可以缓解普通车道的交通压力，也可以充分利用 HOV 车道富余的通行能力。

（4）可变收费策略

可变收费策略是指对于不同路段及客流时段实施差异化收费，通过事先向驾驶员告知实时交通信息和价格信息，引导驾驶员避开拥堵路段，从而起到疏导交通流的作用。此外，还可以通过区分单人乘车和多人合乘制定差异化收费来鼓励合乘。

（5）动态路径诱导策略

动态路径诱导策略是指融合新一代高新技术，依据出行者的需求，为驾驶员提供最优行驶路径，实现交通流合理诱导的更高级交通运输需求管理手段。通过它可以使交通流更加平稳，实现交通系统的整体优化[2]。

（6）机动性管理策略

机动性管理策略是一种旨在通过鼓励部分团体或个人的行为改变而减少道路交通量的管理方法。机动性管理策略的主要方式包括：为出行者和货运公司提供有效的信息，影响交通方式的选择，使居民倾向于选择可持续的交通方式。

（7）响应需求的公共交通策略

响应需求的公共交通策略是指根据个体出行者的实际出行需求，所提供的门到门公共交通服务，这是一种更先进、更便捷的公共交通方式。

（8）购车指标限制策略

购车指标限制策略是指为了缓解城市机动车保有量过高而带来的拥堵问题，通过限制购买机动车以控制城市机动车总量。

（9）机动车限行策略

机动车限行策略是指为公共交通发展赢得时间和空间，保持道路交通基本顺畅，政府及交通管理部门推出的机动车按车牌尾号在某些区域、某个时段限制通行的交通管理措施。通过限制机动车的出行，从根源上控制交通需求，达到缓解交通问题的目的。

5.1.2　交通事件管理

交通事件管理是通过有效利用现有的人力和物力，增大信息的发布范围和渠道，提高相关部门的运行效率，减少延误和事故反应时间，达到提高道路安全性目标的管理方式。交通事件管理的应用可以加快事件处理、降低对环境的影响、降低运行成本，以及提高事件当事人、事件处理人员和其他道路使用者的安全程度。交通事件管理主要可以分为以下步骤：

（1）事件检测

交通事件的及时检测是交通事件管理的关键性问题，事件检测子系统用来实现检测并确定事件性质的功能。事件检测技术是事件检测子系统的理论基础，它不仅关系到监控系统（硬件部分）的作用能否充分发挥，而且对事故的处理也具有极重要的意义。

（2）事件分析

事件确认是事件分析过程中的首要事宜，考虑到事件检测过程存在一定的误差和误报，同时所提供的属性数据可能不够完善或残缺，因此事件分析之前需对事件的有无进行判读，而后需要借助各种预先设计的模型、预案及专用的数学算法对事件进行归类分析，最终得出事件的特征信息、严重程度、影响指数等重要参数。

（3）事件决策

决策分析是交通事件管理的难点，它负责生成救援方案并通知相关救援部门派遣救援资源。该模块利用交通检测系统采集的信息及分析子系统的初步结果生成救援策略，包括车道控制策略、匝道控制策略等。

（4）救援执行

因为救援过程所涉及的部门比较多，所以尽管在对策决策中对各个救援部门的出救点、资源配置和行车路线都进行了决策，在具体的执行过程中还是需要一个统一的指挥中心，对各个救援部门进行统一管理和协调，从整体上提高应急的效率。

（5）事件评估

事件评估是对交通事件处理的效果进行评价，通过救援执行过程的实施，发生的交通事件或者被及时地解决，或者没有获得有效的解决，或者根本没有起到减少事件损失的效果。评价的内容包括对事件本身的评价和对事发路段交通状况的评价，如果效果没有达到规定的要求，则将具体不符合要求的信息反馈给相应的子系统，进行重新分析、决策和救援。如果评价结果达到要求，则对此交通事件进行结案处理，将整个事件的相关信息（包括事件发生时间、地点、类型、严重程度、应急方案、延续时间、消耗的应急资源、应急效果等）录入城市交通事件的档案管理子系统中，形成历史案例数据库，为日后的交通事件管理提供有用的参考。

（6）档案信息管理

档案信息管理是城市交通事件管理系统的智力仓库，包括交通事件管理的模型库、知识库、历史数据库，这些数据库对交通事件的管理具有切实有效的参考价值，建立和完善交通事件的档案管理系统对于交通事件管理有着重要的意义。

5.1.3 交通信息管理

（1）公共交通信息管理

公共交通信息管理是客运管理的基础，为提升公共交通管理水平和出行服务质量提供支持，当前公交信息化已经成为发展趋势。根据城市公共交通数字化的需求，在对公共交通信息分类时应考虑以下原则。

① 规范化原则　公共交通信息的规范化是推行公共交通系统信息化的基础，其规范化应从专业词汇、专业术语、信息分类和编码做起，逐步地拓展到图形输出、数据交换、数据结构等，以保证城市公共交通的基础信息具有普遍性。

② 系统性原则　为了便于实时收集、处理和检索公共交通信息，需将信息进行系统化处理，即按一定的顺序将其进行组织，以形成更合理的分类系统。在这个系统中，每个分类都是唯一的，既反映出它们之间的区别，又反映出彼此之间的联系。

③ 可延性原则　为满足智能公共交通系统调整和升级的需要，需要在建立信息分类体系时留有足够的空间，以便安置新出现的信息，而不至于打乱已建立的公交数字化分类体系。与此同时，还应考虑到底层级子系统延拓、细化的可能性。此外，还应注意信息分类的完整性、实用性和服务性等因素。从公交出行者的角度来说，公共交通出行信息需求分为出行前、出行中和个性化信息需求3类，如表5-1所示。

表 5-1　系统所需提供的信息分类

系统所需信息分类		信息内容
出行前信息需求	票务信息	票价、购票地点、检查方式
	时刻、班次信息	班次时刻表、首末班的时间
	站点信息	所经站名、路网衔接状态、主要换乘点等

系统所需信息分类		信息内容
出行中信息需求	引导乘车信息	站点布局引导、乘车方向引导、地图引导、警告性引导等
	车辆运行信息	车辆到离站信息、间隔信息、运行正点信息、实时位置信息、行程时间信息等
	服务信息	车内拥挤程度、高峰时段信息、是否有座位等
	换乘信息	公交（地铁、轻轨等）线网内换乘信息、多方式的换乘信息
	紧急信息	当出现事故及特殊事件时的相关疏散信息等
个性化信息需求	公共服务设施信息	前往政府机关事业单位的乘车及转乘信息等
	沿途景观信息	城市旅游景点的乘车及转乘信息等
	天气、新闻信息	天气信息、新闻信息、休闲娱乐信息等

（2）交通数据管理

ITS 处理、管理的数据对象包括空间定位数据、图形数据、遥感图像数据、属性数据等。数据库是 ITS 的重要组成部分，其主要功能是信息检索，并且能对专题数据进行覆盖分析和其他统计评价等决策支持，这是 ITS 其他功能的基础。

5.1.4 道路基础设施管理

道路基础设施包括与道路相关的所有物理设施，除道路本身以外，还包括道路所有的附属设施，如标志、标牌、护坡、排水系统、桥梁、涵洞、附属建筑物等。

随着我国公路建设的快速发展，道路设施管理工作日益成为保障道路提供优质、快速的交通服务的重点。同时，对公路管理信息化的建设，为提高我国公路管理工作的水平提供了技术支持和高科技手段。物联网、云计算、卫星遥感、地理信息、MEMS 传感器等新一代技术，结合具有自主知识产权的国际领先的人工智能交通气象预报算法和自主研发的气象、桥梁位移动态监测等物联网采集系统，综合运用交通科学、系统方法、人工智能、知识挖掘等理论与工具，以全面感知、深度融合、主动服务、科学决策为目标，进行数据的采集、分析、整理、存储、整合、应用等，使交通系统在道路、城市甚至更大的时空范围具备感知、互联、分析、预测、控制等能力，以充分保障交通安全、发挥交通基础设施效能、提升交通系统运行效率和管理水平，为通畅的公众出行和可持续的经济发展服务。

5.2
交通信息服务系统

交通信息服务系统（Advanced Traveler Information System，ATIS）也可称为先进的出行者信息系统，是通过通信装置收集相关的交通信息，分析、传递、提供信息，从而使出行者的交通行为更具科学性、计划性和合理性的ITS子系统[1]。

5.2.1　交通信息服务系统结构框架

交通信息服务系统结构框架如图5-1所示。

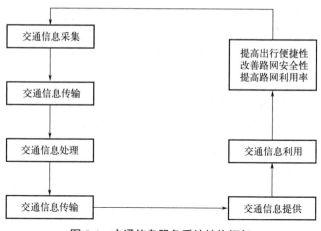

图5-1　交通信息服务系统结构框架

5.2.2　交通信息服务内容

（1）出行前信息服务

利用先进的通信、互联网、多媒体等技术，使出行者在出行前可通过多种媒体，在任意出行初始地访问出行前信息服务系统，以获取出行路径、方式、时间、当前道路明细等多重系统信息，为规划出行提供决策支持。具体包括出行前公共交通信息、出租车预约服务信息、出行规划服务信息、交通系统当前状态信息共四项服务领域。

（2）行驶中驾驶员信息服务

通过视频及音频等多种媒体方式向驾驶员提供关于出行者选择及车辆运行状态的精确信息及路况信息和警示信息等，向对道路环境陌生的驾驶员提供向导服务的功能。具体包括的服务领域如图5-2所示。

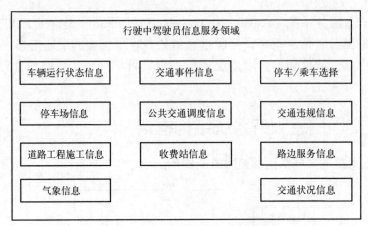

图 5-2　行驶中驾驶员信息服务领域

（3）途中公共交通信息服务

利用先进的通信、定位和互联网技术，使出行者在途中（路边、公交车站、公交车辆上）通过多种媒体获取实时公交出行服务信息，以便乘客在出行中能够对其出行路径、交通方式、和时间做出适当的选择。具体包括换乘信息、车辆运行信息、调度信息、票价信息共四项服务领域。

（4）路径诱导及导航服务

利用先进的信息采集、处理和发布技术，以及通道、控制和电子技术等，为驾驶员提供实时、精准的道路信息，引导其选择最佳的路径，以减少基于当前路网中车辆的滞留时间，从而达到缓解交通压力，以减少交通阻塞和延误的目的。具体包括自主导航、动态路径诱导、混合模式路径诱导等服务领域。

（5）合乘匹配与预订服务

合乘匹配和预订服务是一种特殊类型的信息服务。该种交通信息服务是由出行者、驾驶员提出合乘请求，后台管理中心为双方匹配最合理的对象并进行通知。

该项信息服务不仅可以有效提高车辆的乘载率，还可以降低出行总费用和道路拥挤程度。

5.3
智能公共交通系统

先进的公共交通系统（Advanced Public Transportation System，APTS）就是在公共交通网络分配、公交调度等关键基础理论研究的前提下，利用系统工程的理论和方法，将现代通信、信息、电子、控制、计算机、网络、GPS、GIS等高新科技集成应用于公共交通系统，并通过建立公共交通智能化调度系统、公共交通信息服务系统、公交电子收费系统等，实现公共交通调度、运营、管理的信息化、现代化和智能化，为出行者提供更加安全、舒适、便捷的公共交通服务，从而吸引公交出行，缓解城市交通拥堵状况，有效解决城市交通问题，创造更大的社会和经济效益[3]。

5.3.1 智能公共交通系统体系架构

依据国内外关于智能公共交通系统的研究和表述，其系统结构需包含以下内容：

（1）城市公交系统优化与设计
对公交线网布局、线路配置、站点布置、发车间隔确定、票价的制定等进行优化和设计，从规划方面提高公交服务水平。

（2）城市公交自动化调度系统研究
包含公交车辆定位系统、电子站牌和控制中心的监视及通信系统。其功能主要是实现公交车辆的自动调度和指挥，保证车辆的准点运行，并使出行用户能够在电子站牌了解车辆的到达时刻，以此提高城市公交服务质量，缩短出行者的等待时间。

（3）城市公交信息服务系统
利用可变信息牌、互联网、信息平台等多种媒体将出行线路、换乘点、票价等公交信息发布出去，提高公交出行者信息获取的便捷性，吸引更多出行者选择公共交通出行。

（4）城市公交服务水平评价

构建城市公共交通服务水平评价体系，不仅可以作为公交系统的评价标准，也是公交系统建设的依据。利用该套标准可以对公交系统的经济效益、社会效益、服务质量等方面进行评价。

结合上述子系统的构成，APTS 的体系结构如图 5-3 所示。

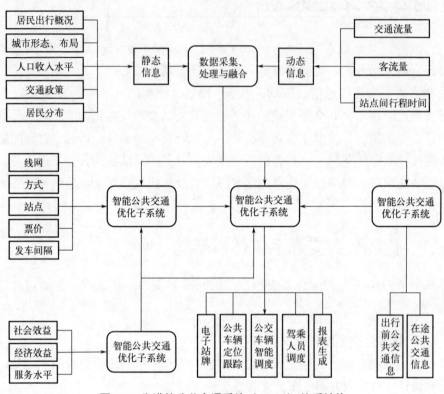

图 5-3 先进的公共交通系统（APTS）体系结构

5.3.2 智能公共交通系统功能

（1）智能公交调度管理

公交车辆调度管理是智能公交系统的核心，依托先进的信息通信技术，获取城市道路交通的实时信息，并进行分析后依据结果合理规划车辆的行驶路径及出行时间，以便于充分利用有限的交通资源，提高公交车辆的使用效率。同时也能及时掌握车辆的运行状态，实现公交智能排班、电子路单下发、自动发车、实时调度管理。其中实时发车调度调整功能如图 5-4 所示。

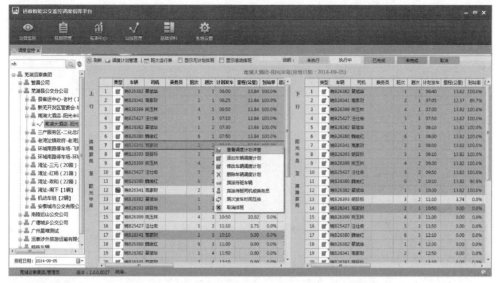

图 5-4 实时发车调度调整

（2）智能公交运营监控

城市公交系统有人流量大、流动性高的特点，在这种人流密集、人员复杂、活动物体多的地方，需要一套应急指挥系统来保障其安全、稳定运行。监控系统无疑是其中最重要的部分，公交系统监控面向城市公共交通，在运行、安全、服务等方面进行动态监测与管理，包括车辆运行监测、客流动态监测等。除了传统的公交系统外，许多大中城市纷纷建设快速公交（BRT），主要监控重点是公交车、停车场、维修点等，以采集城市实时交通状况，如交通流量、速度、通畅程度以及安全系数等视频信号，及时掌控监控点周围交通突发事件的细节和交通堵塞情况，并进行集中调度、统一管理，达到消除各种隐患的目的。线路车辆实时监控如图 5-5 所示，任务执行实时监控如图 5-6 所示。

（3）智能综合分析

对采集的公交基本信息进行统计和数据挖掘，生成汇总统计报表和数据分析报表，按照已选取的相关时段，对公交企业、线路、站台、单车进行统计和梳理，分析指标包括客运量、运行趟次、运行里程、客运收入、正点率、正班率、正线率、车辆事故、车辆故障、应急抢险救援、事故处理、车辆甩站及投诉、车辆非正常运行、站台客流量及流向、站台安全、重点区域、高峰时期线路、客流等，为管理部门进行宏观管理决策和运营质量监测等提供基础数据支持，以求达到数据和业务信息最有效的利用、分析，给企业提供决策支持。

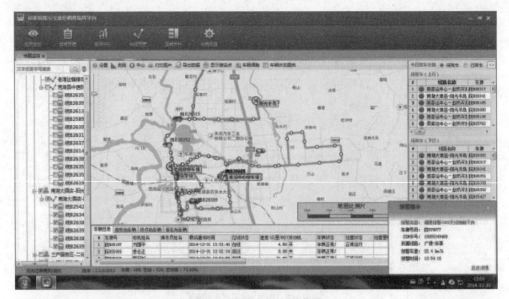

图 5-5 线路车辆实时监控

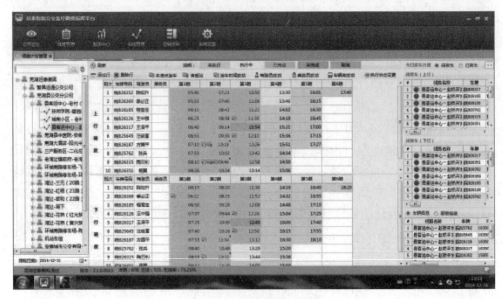

图 5-6 任务执行实时监控

（4）智能公交 ERP 管理

公交 ERP 综合信息管理进行公交基本信息的系统录入管理及权限配置管理工作，实现物资管理、加油管理、车辆维修管理、技术管理等子系统的实施应用，提高办公效率，提升企业的精细管理、科学管理水平。包括：物资管理、车辆基础管理、加油管理、人力资源管理、档案管理、建议管理等。如图 5-7 所示为汽车保养信息管理。

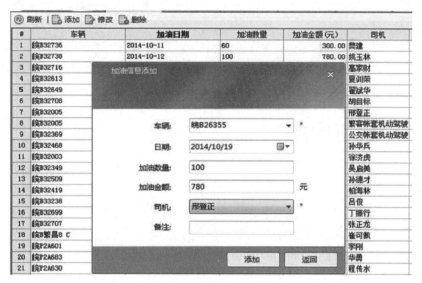

图 5-7　汽车保养信息管理

（5）智能公交移动管理

管理人员通过移动手机端管理软件实现对公交运营的实时监控和调度，提供辅助管理，包括电子路单下发、查询、运营统计查询和报警信息推送提醒等。

（6）公众出行信息服务

① 公交出行服务网站　通过网站建设给公众提供准确、及时、全面、翔实的综合出行服务信息，满足社会公众对多样化、个性化信息服务的需求。

② 掌上公交　乘客可以免费下载相关应用程序，通过应用程序能够查询公交车辆定位信息、到站信息、线路班次信息，并提供通过调取车内图片查询车辆拥挤状况等服务。

③ 智能公交电子站牌　智能公交电子站牌是城市智能公交系统所配套的信息服务产品。它借助先进的无线通信技术、微处理控制技术和计算机网络等技术，通过调度中心将公交线路上的车辆位置、车辆运行时间等信息及时、精确地在电子站牌显示给正在候车的乘客。这不仅可以极大地方便乘坐公交的出行者，也有利于改善城市的整体形象。

（7）智能公交乘客客流特征分析

数据驱动的智能公交规划与运营管理是近年来国内外学术界的研究热点。借助于相关的运营大数据，可实现公交车辆运营分析、公交客流需求估计和预测，以及公交客流分析等功能，为城市公交线网优化调整和车队运营管理提供数据和决策支撑。现有研究基于公交卡刷卡数据分析了乘客的出行偏好，并重点关注公交服务水平对乘客出行行为产生的影响以及影响客流量的关键因素，取得了一些研究进展。同时，智能公交服务（如定制公交、需求相应型公交、自动驾驶公交等）也引起了学者们的广泛关注，相比传统公共交通，这些智能公交服务在灵活性方面更有优势。

5.3.3　城市智能公交平台

城市智能公交平台是基于全球定位技术、无线通信技术、地理信息技术等的综合运用，可实现公交车辆运营调度的智能化、公交车辆运行的信息化和可视化，实现面向公众乘客的完善信息服务，通过建立电脑营运管理系统和连接各停车场站的智能终端信息网络，加强对运营车辆的指挥调度，推动智慧交通与低碳城市的建设。该平台搭载的功能主要有：

（1）实时车辆指挥调度功能

通过先进的地理信息技术和定位技术为公交公司提供与公交车辆进行实时沟通的功能，借助该功能，调度中心可以依据情况及时下发指令，甚至进行远程控制。其调度功能主要包括车辆定位监控、车辆实时调度、求救和越界报警、车辆信息查询、设备管理及统计信息查询等。

（2）移动视频监控功能

监控中心通过 5G 无线网络可实时传输公交车辆高清画面、运行位置、运动轨迹。当车辆发生紧急事件时，监控中心可通过实时监控前端迅速作出反应，做到事件的及时处理。

（3）报警及转发功能

车载前端设备可向视频监控指挥平台发出报警信号，再由其转发给服务器，启动相关联动控制业务。值班室负责监控的工作人员在发现警情时也可以发出报警信息，并将其传送到公安专网上进行处理。

（4）车载录像功能

车载前端监控设备具有录像功能，可对公交车辆监控画面及音频进行存储，并作为公安部门执法取证的重要依据。

（5）电子站牌信息发布

电子站牌是通过光纤等方式进行信息交互，通过电子显示设备向公交乘车用户提供信息的产品。借助电子站牌，出行者在乘用公共车辆时，可以提前获取下一班车辆的位置、预计到站时间、车辆满载状况及目的地到达时间等信息。

以杭州壹象出行公司搭建的智能公交平台为例，常见的城市智能公交平台主要由以下四个公交云平台构成：

（1）公交运力云平台

公交运力优化解决方案是面向公共交通运营全景，结合指标体系标准和业务场景，提供可视化数据展示，从宏观、微观进行多角度分析和管理。运力云平台能融合现有的智能调度业务平台，实现从推荐排班到自动排班的智能调度。基于公交客流量检测仪上传的客流信息和位置信息的大数据分析平台，不仅能实时展示运营车辆的运行信息，而且能自动对沉淀的数据进行多维度的分析。平台体系如图 5-8 所示。

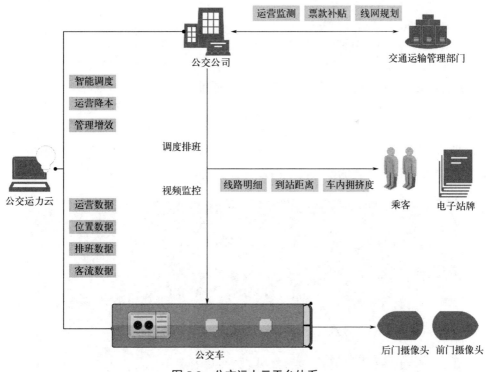

图 5-8 公交运力云平台体系

具备如下功能：

① 自动生成线路客流分析报告 采用公交客流量检测仪全天候实时采集客流数据，统计精度高，且运力云平台可以根据月度、季度、年度等时间段生成 PDF 格式的线路客流分析报告。

② 动态监控客流优化线路排班　运力云平台可以将实时的运营数据和自动生成的排班优化方案推送至公交公司调度中心，由调度人员结合实际情况优化现有的车辆排班计划，提高公交公司调度效率，降低公交公司运营成本。

③ 大幅度提升公交出行分担率　运力云平台在分析客流的基础上，根据生成的乘客 OD（Origin Destination，交通出行量）信息和城市客流热力信息，推送至交通运输管理部门，使政府部门在做线网优化或新开辟线路站点时有充足的数据依据，优化城市公共交通资源，提升公交出行的分担率。

能够准确统计公交客流大数据，提高公共交通服务质量，为城市公交线网的科学化规划提供强有力的数据支撑，进而加强政府、企业不同层级的公交线网规划实现综合实施，帮助公交企业科学制定运营指标，实现数据采集、存储、管理和共享，进一步增强城市公交的竞争力，降低公交运营成本，提高公交运行效率，解决公交公司与交通运输业相关的能源和环境等问题。

（2）公交安全云平台

系统通过接收由 ADAS 和 DSM 设备上传的车辆安全信息进行统计分析，运用国内先进的人工智能图像处理技术，人脸特征识别分析技术，车道检测、车辆检测和无线通信技术，全球卫星定位技术，实现对驾驶员和车辆的实时安全预警。基于对驾驶员自身情况、车内相关状况、车外路况信息及车辆本身的安全情况，依托"互联网+"和大数据、人工智能等技术，通过平台实时反映所有在网运营车辆驾驶员及车辆的实际情况，为公共安全管理提供统筹研判、预防预警、应急处置、协同调度等功能服务，构建一体化的公共安全防控。公交安全云平台如图 5-9 所示。

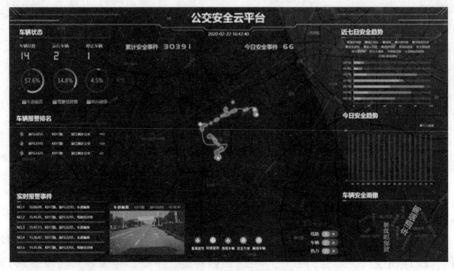

图 5-9　公交安全云平台

通过结合指标体系标准和业务场景，提供司机安全驾驶的可视化数据展示，从宏观、微观针对公交公司安全管理进行多角度评分和考核，且安全云平台可根据年度、季度、月度等时间段生成 PDF 格式的线路或者车辆安全分析报告。

（3）公交调度云平台

基于车载智能调度终端上传的位置数据，实现公交车辆的实时调度、驾驶员每日运营情况的考核的在线处理，实现对城市内公交车的运营情况的全景化监测，有效提高城市内公共交通的运行效率，是公交企业智能化管理的保障，如图 5-10 所示。

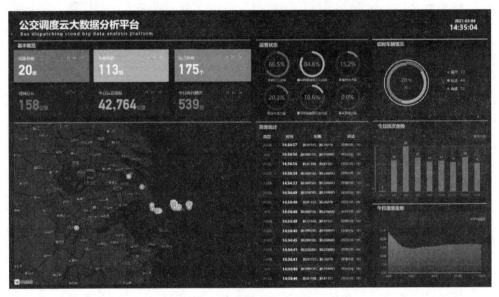

图 5-10　公交调度云平台

（4）公交监控云平台

基于车载视频监控终端上传的视频数据，实现公交车辆的实时位置监控、道路状况监控及驾驶员的驾驶状态查看等，实现对城市内公交车运营情况的全景化实时监测，是公交企业安全化管理的保障。

5.4
智能交通信号灯控制系统

智能交通信号灯控制系统通过雷达、视频等检测器来获取道路流量数据，结合车辆轨迹数据，通过大数据分析技术、深度融合技术来实现交通流状态的全面感知，通过人工智能、云计算等技术实时获得最优的信号控制方案，实现科学决策与控制。同时，可基于移动互联网技术实时调整交通信号控制方案来适应波动的交通流。智能交通信号灯控制系统通过单点交叉口信号控制、主干道绿波控制、区域交叉口协调控制实现从局部到区域整体的交通控制，有效调控路网交通流量。

5.4.1　智能交通信号灯控制系统功能

在原有交通信号控制系统的基础上，运用交通工程学、自动控制、信息网络技术以及系统工程等理论技术，通过对系统软件、硬件的升级改造，对系统控制策略的优化调整，进一步提升系统对交通状态的全面感知能力，发挥系统调控交通流状态、缓解交通拥堵的潜能。智能交通信号灯控制系统的主要功能包括：

（1）交通状态感知
通过微波检测器、无线地磁检测器或地感检测器检测车辆的速度、流量、排队长度、道路占有率、车辆密度等交通实时数据，来实现对交通状态的感知。

（2）单点定时控制
系统以单点交叉口为对象，根据历史数据获得的交通需求，计算交叉口信号周期时长、绿信比等控制参数，形成单点控制配时方案。

（3）单点自适应控制
通过线圈检测器、视频检测器等实时采集交通流量、占有率等交通数据，然后通过算法优化信号周期时长和绿信比等参数，提高交叉口通行效率。

（4）交叉口排队溢出控制
当检测到交叉口排队溢出时，系统自动进入饱和控制模式，通过减少上游交叉口绿灯时长、增加下游交叉口绿灯时长，防止死锁现象发生，避免造成大范围拥堵。

（5）交叉口溢出拥堵控制
当交叉口已达到拥堵极限时，对上游交叉口采用红灯控制，减少到达该交叉口的交通流量，直待阻塞的车辆全部驶离出交叉口后，重新恢复区域交叉口正常信号控制方案。

（6）特勤线路控制
信号机可立即或按时间表方式执行特勤控制功能，也可完全由中心进行控制。

系统能够按预定时间和预定路线进行绿波信号推进，以满足各种重大活动、重大事件及特殊警卫勤务的通行需求。系统能响应特殊情况下的警务、消防、救护、抢险等特种车辆的紧急请求，使车辆迅速通过沿线路口。信号机还提供对各种突发事件和交通需求的控制管理功能。

（7）干线动态双向绿波控制

根据主干道上的实际交通量、路段行车速度、相序组合方式，利用时距分析方法建立干道绿波协调控制模型，并通过混合整数线性规划方法生成干道交叉口的最佳相序组合与信号配时方案，实现主干道的绿波协调控制功能。

（8）无缆线协调控制（区域绿波控制）

无缆线协调控制方式通过设定相位差来实现道路上不同交叉口之间交通信号的协调，但各信号机之间不进行通信，要求信号时钟完全同步——通常采用GPS卫星校时。

（9）区域协调控制

将重点区域及相关联交叉口划为同一个子系统，由多个子系统组成一个区域，子系统内各个交叉口均配备交通流量检测器。系统能够根据检测的交通流信息自动进行交通控制参数的优化并执行优化后的配时方案，实现区域协调控制，提高区域通行能力，从区域层面缓解交通拥堵。

（10）远程手动控制

智能手机通过互联网连接到控制机，可实时对运行状态进行监控，以及对控制机进行参数设置、修改等操控。当运行状态出现异常时，控制机除向控制中心汇报外，还自动向预设手机号码发出短信提示，便于及时维护处理。系统具有手持无线警卫控制功能，即可控制特定的方向亮绿灯，有效距离500m。

（11）降级协调控制

当系统网络或者上位控制机出现故障时，系统可以降级到单点感应控制方式，进一步降级为单点定周期或黄闪控制。

（12）故障自动检测及上报功能

系统配备独立的故障检测模块，对内、外设备进行故障监测、自诊断和记录，当发生线路老化、损坏，红绿灯损坏等故障时，系统自动报警，并将故障信息传送到后台服务器、指定维护人手机等设备。控制柜内烟雾浓度、水位、温度、湿度超过设定值或者控制柜遭到撞击或倾斜时，控制机自动向控制中心上传报警信号。

（13）系统安全性设计

系统具有网络数据安全保障，断电可保存，充分保证数据的安全性和可存性、查询性；具有加密狗功能，能充分保障系统运行安全；具有防盗功能，能够自动报警，自动摄像并上传至控制中心；具有备用电源，当出现电路故障时，能自动切换供电，能够保证交叉口信号灯的正常运行。

5.4.2　智能交通信号灯控制系统构成

（1）硬件部分

① 智能交通信号灯控制系统体系结构　智能交通信号灯控制系统由中心控制、区域控制及交叉口控制等三级控制结构实现城市交叉口运行调控。中心控制级主要包含中心服务器、数据库服务器、通信服务器等设备，负责整个系统的协调控制、主控平台的运行以及各类控制算法的实现。区域控制级主要包含通信服务器和算法服务器等设备，负责各区域内信号机通信以及区域内部的协调控制。交叉口控制级主要包含集中协调式信号控制机、信号控制灯、倒计时器、各类检测器，实现单个交叉口的控制。智能交通信号灯控制系统体系结构如图 5-11所示。

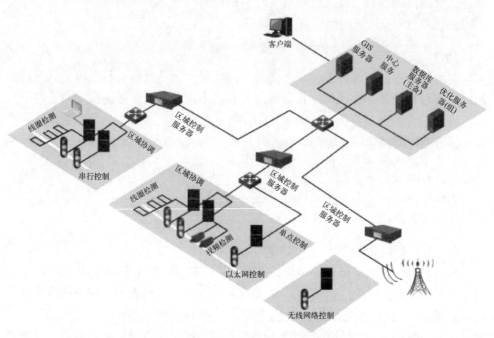

图 5-11　智能交通信号灯控制系统体系结构

② 智能交通信号灯控制系统硬件设备

a. 服务器设备。提升数据传输、处理能力，在实时检测交通流状态的基础上快速生成信号灯控制方案，是提升智能交通信号灯控制系统控制效果的重要一步。因此，服务器设备在智能交通信号灯控制系统中必不可少。根据服务器用途，可将其分为中心服务器、数据库服务器、通信服务器及算法服务器。服务器设备如图5-12所示。

b. 信号控制机。信号控制机是实现交叉口信号控制的基础设备。当控制中心下发特殊控制方案时，完成控制中心下发方案的执行；当控制中心无下发方案时，信号机在信号周期结束的前两秒内，读取自身连接的车辆检测器检测到的数据，计算并保存相关信号控制参数，并通过网络与相邻交叉口信号机交换数据，最后用参数动态调整信号相位的绿信比，最终实现交叉口交通信号灯的自适应控制。智能交通信号控制机如图5-13所示。

图5-12　服务器设备

图5-13　信号控制机

c. 信号控制灯。信号控制灯负责交通信号的显示，是系统对外输出的直接体现。

d. 车辆检测器。图5-14所示的车辆检测器主要负责完成道路交叉口交通参数的采集和上传。大量运用电磁传感技术、超声传感技术、雷达探测技术、视频检测技术、计算机技术、通信技术等高新科学技术，可以实时获取道路交通流量、平均运行速度、车辆间距、车头时距、车道空间占有率、车道时间占有率、车辆排队长度等交通参数，保证各类交通控制。

图5-14　车辆检测器

（2）软件部分

智能交通信号灯控制系统的软件部分是系统发挥功能的内核，良好的控制策略和性能优良的优化算法配合硬件部分在时空上分配交通流的通行权，提升区域整体通行效率。软件部分主要由控制算法构成，主要包括：单点定时信号控制优化算法、单点自适应信号控制优化算法、特殊车辆优先控制算法、绿波控制算法、区域自适应控制算法。

① 单点定时信号控制优化算法　单点定时信号控制优化算法是交叉口信号控制的基础形态，基于历史数据分析的交通状态和预测的交通需求，设计定时信号控制方案，确定交叉口周期时长、绿信比等控制参数，作为交叉口最底层的控制策略。

② 单点自适应信号控制优化算法　基于实时感知的交通状态和预测的交通需求，实时调整交叉口信号周期时长、绿信比、相位相序等，以适应交通流变化，进一步利用交叉口时空资源，提升交叉口通行效率。

③ 特殊车辆优先控制算法　保证特殊车辆（警务用车、消防用车、救护用车、抢险用车及公交车等）顺利通行，在保护居民生命财产安全方面具有重要的意义。通过严格的优先等级划分，设计对应的车辆优先控制策略，通过相位相序、绿灯时长调整等手段，为特殊车辆提供通行权，保证其快速通过，并尽可能小地减少对社会车辆的干扰。

④ 绿波控制算法　基于实时感知的干道交通流状态及预测的交通需求、考虑沿线交叉口分布设计绿波控制算法，确定沿线交叉口信号周期时长、绿信比、相位差等控制参数，使得受控道路上的车辆能够持续以绿灯状态通过交叉口，提升干道的通行能力。

⑤ 区域自适应控制算法　区域交通信号自适应控制由原来的单一交叉口控制升级为城市片区的交叉口信号协调控制，基于实时感知的交通流状态及预测的交通需求，以区域通行效率、安全性等为目标，设计区域自适应控制算法，确定区域内各交叉口的周期时长、绿信比、相位差等信号控制参数，提升区域整体通行效率，减少区域内车辆停车次数及延误时间。

5.4.3　城市智能交通信号控制平台

交通信号控制平台一般包含宏观监测、问题诊断、方案优化和特勤优先等模块，可以对实时交通态势、交通流变化规律、路口运行情况进行检测，并对交叉口、路段、区域中存在的问题进行研判，通过对时段划分、绿信比、干线绿波协调、路口/路段等参数的优化，并将优化方案下发及校验，也可以对特勤路线进行管理。根据实时车流量和车速变化，自适应控制路口通行方案，减少车辆行车延误时间，提高道路整体服务水平。同时不同的信号控制开发企业还依据不同的场景和需求搭建了不同功能集成的智能平台。下面介绍几个国内城市智能交通信号控制平台。

（1）海信信号灯智能平台

海信信号灯智能平台的主要功能有：

① 一键式控制，全线绿灯通行　通过信号灯智能平台的多路口控制、勤务预案控制等功能，警方可以对一条道路多个路口实行一键式远程控制，实现全线绿灯通行，达到迅速排解交通流量的效果。

② 根据交通流量，优化信号灯配时　城区信号灯路口的每个导向车道内均设置了流量检测器，信号灯智能平台可以实时自动采集、自动统计和自动分析交通流量，并根据交通流量实时自动优化路口信号灯绿灯时间。目前，智能化信号灯的优化方式主要有：自适应优化、线协调优化、区域优化。

③ 路口车流量超标，自动报警提醒　信号灯智能平台可 5min 自动轮巡和比对所有信号灯路口的交通流量，一旦某个方向的流量超过预设的预警值，系统就会自动报警并在地图上定位到该路口，信号灯工程师可以通过平台视频查看通行情况，直接远程控制路口信号灯增加绿灯时间，且可以远程图形化修改路口信号灯时间，再下发路口运行，保证路口信号配时的科学性。

④ 拟识别公交车，保证优先通行　信号灯智能平台对满足优先条件的公交车，采取 3 种优先信号控制策略实现公交优先通行：第一种策略，同方向车辆放行相位即将结束时，遇有当前信号绿灯阶段内未通过路口的公交车辆，可适当延长该相位绿灯时间（5～10s）；第二种策略，采取缩短其他相位绿信比的方法，使公交车辆所在相位绿灯提前启亮，实现公交优先通行；第三种策略，路口遇有公交排队超过一定长度（≥6 辆），可采取插入公交专用信号相位的方法实现公交优先通行。

（2）康安达软件

该软件主要包括基础信息管理、控制方案管理、交通数据、单点控制方案生成与优化、协调控制方案生成与优化五大模块，主要实现对交叉口初始道路及交通流信息进行储存与查询、对现有的交叉口信号配时方案进行储存与查询、根据需求与路口道路信息与交通流信息生成或优化单交叉口的信号控制方案、多交叉口的协调方案生成与优化等功能。系统主界面如图 5-15 所示。

① 基础信息管理　基础信息管理模块中主要包括路口信息管理、信号机信息管理、路段信息管理和电子地图四个功能。其中，路口信息管理功能可将初始化现场调研的交叉口系统基础信息录入系统中，进行存储和查询。信号机信息管理实现对信号机信息的配置，配置信息包括：信号机 IP 端、端

口、类型、经纬度，以及路口进口方向与信号机方向的映射关系。此外，康安达软件中的路段信息管理功能可设置交叉口之间连接路段的基本属性，包括路段方向、车道数、路段长度、设计速度等。电子地图部分能够实现对已添加信号机的经纬度信息的拾取、地图缩放级别的设置以及地图与卫星图之间的转换等。

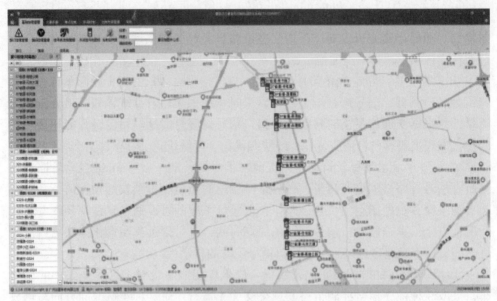

图 5-15　系统主界面

　　② 控制方案管理　控制方案管理主要是对初始现场化调研所获得的交叉口的信号控制方案进行管理，包括交叉口的相位方案、相序方案、配时方案、时段方案和周方案，将其存储在系统中，并可进行查询，查询结果可导出。

　　③ 交通流数据　软件能够实现对交通流数据的导入与查询，主要包括日小时流量、时段流量、导入数据三大功能，可根据路口名称、日期查询导入系统中的日小时流量。

　　④ 单点控制方案生成与优化　基于前期存储的初始化现场调研信息，选择需要优化的交叉口和相位，设置优化参数后，生成优化后的信号配时方案。此外，该模块还可以查询每个交叉口的优化历史，并查看优化前后的效果。

　　⑤ 协调方案生成与优化　借助基础子区管理功能，可以针对路网中的交叉口进行子区划分。先设置子区参数优化（如协调速度、单向/双向协调等），然后对划分后的子区进行再优化，并同步生成协调优化方案及参数，包括相位时间、相位差、绿波带宽度以及协调速度。此外，还可以导出协调优化方案的时距图，对历史协调方案进行查询。

（3）博研智通平台

① 精细化控制框架　如图 5-16 所示是博研智通开放型城市智能交通信号统一管控优化平台的精细化控制框架。

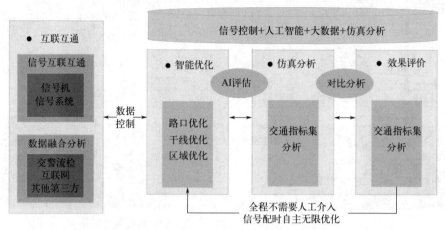

图 5-16　开放型城市智能交通信号统一管控优化平台精细化控制框架

博研智通针对目前信控行业存在的一些问题，依托多年来深耕智能交通行业对业务的深入研究及理解，提出了"信号控制 + 人工智能 + 大数据 + 仿真分析"的整体控制框架：

a. 在国内主流信号机及信号控制系统完成互联互通的基础上，对交警流检系统、互联网数据及其他第三方数据完成数据的互联互通；

b. 在智能优化模块上采用基于深度学习的人工智能算法进行信号优化；

c. 产生的优化方案提交给仿真分析模块进行各项交通指标集的仿真预演分析，并择优执行；

d. 执行完成后对各项交通指标集进行评价分析；

e. 结合预评估的指标集数据进行对比，并提交至智能优化模块进行模型校正，形成"预评估 - 后评估 - 模型校正"的良性反馈机制。

② 平台架构　基于以上控制框架，城市信号互联互通的开放型城市智能交通信号统一管控优化平台架构见图 5-17。

a. 信号控制层：通过接口翻译器接入各种标准的信号机和信号控制系统，完成信控设备的对接。

b. 数据层：可以接入互联网数据、运营商数据及流检系统数据。

c. 平台功能：包括信号设备的实时管控、优化控制、效果评价、统计及决策支持、设施运维等模块，并支持通过 1049 标准协议与上位平台进行对接。

③ 功能展示　如图 5-18 所示是开放型城市智能交通信号统一管控优化平台主界面。

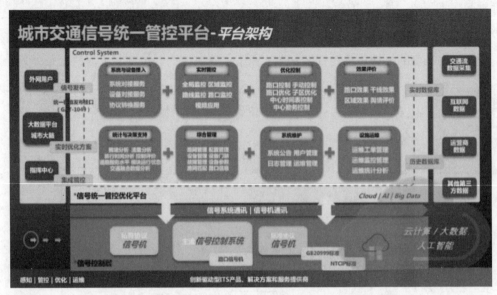

图 5-17　开放型城市智能交通信号统一管控优化平台架构

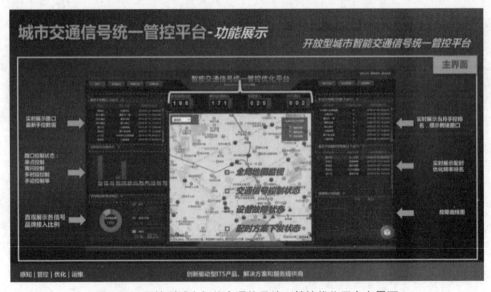

图 5-18　开放型城市智能交通信号统一管控优化平台主界面

　　a. 平台主界面接入所有的信号设备，结合地图全局监视信号设备的控制状态、故障状态及配时方案下发状态，也可以根据业务需要及操作习惯，展示信号设备不同状态的统计数据及对比分析图。

　　b. 平台可通过统一界面进入路口信控设备的状态监视，摒弃信号系统之间的差异，统一展现设备运行状态、方案运行进度，可直接对信号机进行步进、锁相、方案配置等操作，数据协议转换由平台统一实现，可极大地减轻系统使用及维护的学习压力并降低时间成本。

c. 以交警常用的勤务控制功能为例，通过统一管控平台，可通过统一界面进行手动控制、跳相控制、步进控制等操作，使用者无须知道所控信号机品牌和实现方法。

d. 平台也可以对互联网、流量采集等数据进行融合，为绿波带控制、区域协调控制提供决策依据，生成信号优化控制推荐方案。同时也开放标准接口对接外部系统的信号优化数据，直接进行信号优化。

e. 平台支持从路况预测、数据融合、信号控制、状态评价等四个维度进行信号优化评价。信号控制效果评价模块支持路口评价、主干道评价、区域评价三个维度，其中路口评价指标包括：各方向通行能力、排队长度和绿灯利用率等。主干道评价指标包括：平均通行速度、协调方向停车次数和行程时间。区域评价包括：区域平均速度和平均延误时间等。

④ 功能特点　如图 5-19 所示是开放型城市智能交通信号统一管控优化平台的功能特点。

图 5-19　开放型城市智能交通信号统一管控优化平台功能特点

整体来讲，开放型城市智能交通信号统一管控优化平台可以实现信号接入统一、业务管理统一、优化控制统一、效果评价统一。

截至目前，博研智通的以互联互通为基础的信号统一管控平台已在海口、南宁、乌鲁木齐、盘锦、十堰、杭州、上海等全国多个城市相继落地使用。

5.5

智慧停车场系统

5.5.1　智慧停车场系统概述

智能停车场系统是现代化停车场车辆收费及设备自动化管理的统称，是将停车场完全置于计算机统一管理下的高科技机电一体化产品。它以感应卡IC卡或ID卡（最新技术有两卡兼容的停车场）为载体，通过智能设备使感应卡记录车辆及持卡人进出的相关信息，同时对其信息加以运算、传送，并通过字符显示、语音播报等人机界面转化成人工能够辨别和判断的信号，从而实现计时收费、车辆管理等目的。

5.5.2　智慧停车场系统功能

（1）停车场管理

停车场管理功能是对停车场信息集中汇总、综合处理、智能反应的核心功能，管理者通过停车场管理功能全面掌控停车场各项信息指标，实现综合发布、统一调度、自动备份、报警提示等功能[4-6]。

（2）车位引导

通过短信查询、网上查询、终端显示等多种方式向驾驶员提供停车场的车位占用状况、内部行驶路线等信息，以优化、便捷的方式引导驾驶员找到停车位。该功能能够减少为寻找车位而耗费的时间，平衡停车在时间与空间上的竞争，改善由寻车位造成的车流拥堵。同时，对提高停车设施使用率、优化停车场经营管理以及促进商业区域的经济活力等方面有着极其重要的作用。

（3）反向寻车

在商场、购物中心等大型停车场内，车主在返回停车场时往往由于停车场空间大、环境及标志物类似、方向不易辨别等原因，容易在停车场内迷失方向，找不到自己的车辆。反向寻车功能通过智能终端或手机短信查询车辆所停的位置及引导路线，方便用户尽快找到车辆停放的区域。

（4）特殊车辆管理

特殊车辆管理是智能停车场的一项重要升级功能，利用车位感知、视频识别、智能读卡等技术手段，为特殊车辆提供专属权限，停车场入口能够主动识别特殊车辆身份，自动引导进入专属车位。当特殊车辆的车位被非法占用时，系统自动予以报警。

（5）图像对比

对车辆和持卡人在停车场内流动时进行图像存储。文字信息的采集并定期保存以备物管处、交管部门查询。车辆进出停车场时，MP4NET 数字录像机自动启动摄像功能，并将照片文件存储在电脑里。出场时，电脑自动将新照片和该车最后入场的照片进行对比，监控人员能实时监视车辆的安全情况。

5.5.3　城市智慧停车云平台

智慧停车云平台以云计算、物联网、大数据处理等先进信息技术为手段，通过可持续运营的商业服务模式，面向各类停车场实现跨区域、多层级的集中监控和管理，为政府、主管部门和运营企业提供远程监管、决策支持、统计分析和数据展现等服务，同时可面向公众提供多渠道停车实时讯息，是提升公众停车信息服务水平，提高政府决策管理能力，推动智慧停车产业可持续发展的整体解决方案。智慧停车云平台由以下内容组成[7]。

前端信息收集管理系统：智慧停车云平台前端信息收集管理系统是通过每个停车场装置的信息采集终端，对停车场的车场信息实时采集，采集停车场车位、价格等动态信息，并通过传输系统将相关数据传输到综合服务云平台，最终将动态数据及时推送到车位诱导屏及移动端等。前端信息收集管理系统的主要设备有：车检器、接收器、集中器、中继器、无线网关、PAD 设备、车位诱导屏、POS 机等。

云平台运营管理后台：智慧停车云平台运营管理后台主要提供日常运营管理、资源调配、数据分析、财务报表等服务，为决策提供数据支撑。云平台运营管理后台的功能主要有：车位管理、用户管理、任务调度、订单管理、财务管理、资源监控、预警提醒、数据分析、系统设置、第三方平台接口等。

综合服务云平台：利用物联网技术、云计算、移动互联网技术等通过线上线下整合，实现对设备、车位、人员、费用结算等的规范管理，把分散的停车场数据和分散的停车需求有效地联系在一起。综合服务云平台的主要功能有：呼叫中心服务、网站运营服务、微信公众号、手机端 APP、车位诱导、短信邮件提醒、其他出行服务。

智慧停车云平台：利用云停车服务平台来打破单个停车场信息孤岛现状，让人们停车实现无处不在的车位查询、预定、停车导航、在线支付、错时停车等功能，利用这些功能来缓解人们的停车问题，从而提高停车服务质量和智慧化管理水平。智慧停车云平台相比传统停车场具有成本低、优质的体验、云端式管理、安装方便等优势，另外突破了地域性的限制，实现了大范围内远程管理，完成了停车场的资源整合，提高了资源利用率。以下介绍国内几种智慧停车服务平台：

（1）国内尚安停车 SaaS 服务平台

① 平台技术架构

a. 通过互联网手段连接停车场。将传统的手工停车管理道闸升级为高清识别通道，并通过互联网技术手段对不同停车场的停车道闸设备进行平台化统一管理。同时建立自主收费系统，能够快速、有效地满足停车场服务需求。建立服务集群，通过分布式系统设计，将现场管理、在线订单系统、财务清算结算、会员体系等系统进行平台化集成。

b. 为停车服务人员提供移动服务支持。通过多种移动设备为现场停车服务提供支持：现场秩序引导、车辆查询、临时停车订单支付等。

c. 为 C 端用户提供更好的停车体验。通过车辆高清识别技术、车位引导技术、车位控制技术、反向寻车、现场服务支持等手段，提高用户停车服务的体验，同时提高停车场通行效率。

② 平台业务组成

a. 平台入口多样。平台 C 端用户可以通过"口袋停车"APP、多个微信公众号、支付宝、扫码付等多种形式建立与平台的连接。平台 B 端用户可以通过 PC 浏览、管理 APP、短信等手段提供停车服务及平台相关支持。

b. 用户管理。平台通过手机动态验证码为用户提供快速注册及使用通道，提供钱包充值服务，便于用户进行无感支付进出场。为用户提供完整的临时停车缴费、月租车辆缴费及产权车辆缴费服务。平台为用户提供全部订单的评价功能，从而掌握更多的反馈信息。

c. 车场管理。平台对于不同停车场内的固定车辆进行有效管理，并为停车服务人员及停车管理人员提供灵活的权限支持。对于停车场内的设备进行互联网化连接，能够及时、有效地对设备情况进行掌控，及时进行保养及维护。对于住宅小区提供业主管理服务，便于对住宅停车提供访客管理、代泊等服务。平台现已开通 APP 支付、微信支付、支付宝支付、支付宝免密无感支付、钱包支付、线下现金及自助缴费机支付等多种支付手段，同时建立了完整的财务清结算系统。

d. 服务商管理。平台建立了完整的服务商管理体系，店铺及相关服务人员进行平台注册管理，对于各自品类及服务均提供自助的服务管理支持。

e. 订单管理。平台建立了稳定、可靠的订单服务系统。系统中对主体停车缴费服务所产生的订单进行严格管理，同时在技术实现上多次突破，满足了不同停车场、不同网络环境下、多种支付场景并发的订单支付需求。

f. 促销管理。平台为停车服务建立了互联网化的优惠券领取方式，大幅度提高了优惠券使用的便利性，节约了线上优惠券服务所产生的诸多成本，同时有效地杜绝了传统优惠券的多种弊端。

g. 服务支持。平台为了同时满足 C 端用户及服务商的服务支持工作，正在逐步完善站内搜索、统一的在线客户服务系统、通过社区交流与种子用户交流停车服务体验，建立完整的停车服务帮助中心，让不同用户在解决常规问题时都能够得到帮助。

h. 业务支持。为了满足平台庞大的服务体系，平台引进了多种业务支持模块，有效地为平台用户提供各种服务。完整的车型数据库服务和保养周期表，满足车辆信息需求；车后服务体系，建立标准配件体系，满足车后服务的设置；与多家设备厂商进行高清道闸设备合作；引用外部推广系统与广告管理系统，为站内流量变现提供支持；过滤敏感词，保证平台的健康环境。

i. 外部连接。平台中提供的各种服务引用了大量当前先进的、稳定的、高效的第三方服务接口。呼叫中心使用外部呼叫系统，直接引入 SaaS 平台。

（2）基于 ETC 及视频双模识别的智慧停车云平台

① 平台组成　基于 ETC 和视频双模识别的智慧停车云平台主要包含三大部分内容，即运营管理系统、岗亭管理系统和移动端应用系统（管理 APP/ 车主手机 APP/ 微信公众号 / 小程序）。该平台总体架构如图 5-20 所示。

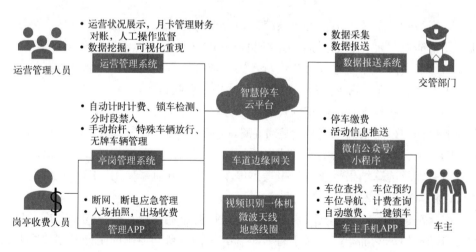

图 5-20　基于 ETC 及视频双模识别的智慧停车云平台总体架构图

② 系统功能实现

a. 运营管理系统。利用物联网、云计算、大数据、互联网等先进技术和理念，结合长沙黄花国际机场停车场的现状，整合停车场资源，连接人、车、场，打造智慧停车运营管理系统，提高停车场管理效率，提高车位利用率，提升用户感知度，包括：资源管理、云端值守管理、运维管理、会员管理、报表管理、财务管理、系统管理、大屏可视化系统。其中，大屏可视化系统呈现界面如图 5-21 所示。

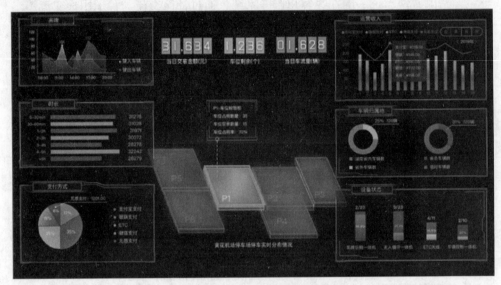

图 5-21　基于 ETC 及视频双模识别的智慧停车云平台大屏可视化系统呈现界面

　　b. 岗亭管理系统。融合支付系统：融合支付将 ETC、银联卡、扫码、分期付款以及智能支付硬件，通过后端系统将不同的支付方式提供给停车场运营主体。停车场运营主体不需要逐一对接银行、银联或第三方支付公司，就可以在移动支付、线下收单、互联网支付等多种支付场景中实现收付款业务。

　　ETC 电子扣费信息由停车场管理云平台生成扣费流水统一上传到 ETC 运营商系统平台，ETC 运营商系统平台负责记账；同时，场内对账系统生成 ETC 扣费报表。ETC 运营商系统平台清算完成，返回清算结果，停车场管理云平台根据 ETC 扣费报表以及清算结果生成清算报表供停车场管理方对账使用。ETC 运营商将按照协议将停车费转入业主方对公账户。

　　岗亭车道系统：内部员工用户或贵宾用户的车辆在出入停车场时，出入口摄像机自动抓拍车辆的车牌。对于有效车牌的车辆，自动道闸的闸杆升起放行并将相应的数据存入数据库中。若为无效车牌的车辆，则不给予放行。

　　对于外部临时车辆，则车辆在进入停车场时，入口摄像机自动抓拍车辆的车牌，保存车辆图片后，自动开闸放行；驶出停车场时，通过自动触发 ETC 微波读写设备进行电子标签的检测，若是 ETC 用户，则进行优先 ETC 扣费处理后道闸自动开闸放行，否则出口摄像机自动抓拍车辆的车牌，保存车辆图片后，与进入时的抓拍图片进行比对，根据对应的计费规则进行算费，车主扫码或现金缴费后，道闸自动开闸放行。

c. 移动端应用系统。移动端应用系统按照角色分为管理端、用户端、商户端和掌上电脑（PDA）端，采用 APP、微信公众号以及小程序等多种渠道提供高品质服务。

参考文献

[1] 陈旭梅 . 城市智能交通系统 [M]. 北京：北京交通大学出版社，2013.

[2] 徐锡杰 . 动态路径诱导系统的研究 [D]. 西安：西安电子科技大学，2013.

[3] 王世杰 . 基于北斗定位和 3G 通讯的公交信息发布系统研发 [D]. 长沙：湖南师范大学，2015.

[4] 孙晓波 . 智慧停车：物联网背景下的城市停车管理与运营模式 [M]. 北京：电子工业出版社，2014.

[5] 中国智能交通协会，国家智能交通产业技术创新战略联盟 . 2017 智能交通产品与技术应用汇编 [M]. 北京：电子工业出版社，2017.

[6] 张海波，赵琦，等 . 城市智能交通系统工程设计及案例 [M]. 北京：机械工业出版社，2020.

[7] 杨丽君，韩英杰 . 智慧停车场管理系统的设计与实现 [J]. 科学技术创新，2021（07）：95-96.

第6章

城市智能交通智慧化服务

6.1

城市智能公共交通

　　智能公共交通系统作为智能交通系统的重要组成部分之一，将现代通信技术、信息技术、电子控制技术等高新技术集成应用于公共交通系统，实现公共交通调度、运营、管理的信息化、现代化和智能化，为广大出行者提供更加及时、便捷、有效的公共交通服务，从而提高公交出行的吸引力，是解决我国城市日趋紧张的交通供需矛盾的根本途径。

6.1.1　城市智能公交应用场景

　　智能公共交通应用场景从其服务的对象角度划分为三大类，分别为智能＋乘客端服务场景、智能＋运营企业端场景、智能＋城市交通管理场景[1]。

　　（1）智能＋乘客端服务场景

　　① 出行前服务　在用户出行前，利用智能线路规划及智能出行时间规划功能，借助路况分析预测向出行者提供车辆的到站时间、预估行程时间等信息，辅助乘客安排合理的行程，减少乘客在站点候车等待时间，提高用户对公共交通出行方式时间可控性的认知。与此同时，公交公司也可基于用户出行需求进行分析研判，并提前进行智能车辆调度，使得公交运力资源与用户需求达到匹配。

　　② 场站服务　公交场站内的票务及安检服务分别基于居民线上支付功能和线上信用体系，实现缩短安检、购票时间的目的。除此之外，结合智能调度及智能场站客流分析功能，还可以在高峰时段及时增加发车频率或增派车辆，提高公共交通出行舒适度。同时，智能场站还可基于用户消费喜好及所处位置，为用户提供个性化消费场所推荐，提高用户出行购物的便捷性。

③ 在途服务　车辆在行驶过程中，智能车辆设备状态监控及车辆驾驶状态监管功能将为乘客的出行安全提供更加全面的保障。此外，智能＋公共交通服务将对局部易形成拥堵路段进行车路协同指挥协调，且相比于低乘载率车辆拥有一定的优先通行权，提高公共交通的通行效率。

（2）智能＋运营企业端场景

① 服务优化　利用智能车辆调度及智能线路规划功能，可以对城市居民日常出行需求进行量化分析，重新配置供给端运力资源以最大限度满足公众需求，以实现减少公交绕行、用户换乘的频次，提高公共出行直达性。

② 安全管理　利用智能公交设备维护功能，可以通过机器人进行车辆及轨道巡检，提高检测效率，减少因故障导致的突发性停车，提高公共交通车辆出行可靠性。除此之外，利用智能安全管理功能，可以基于场站与车辆内的客流分析与全貌监测，降低公共交通场站人群拥挤度，避免踩踏事故的发生，实现对公共安全事故的提早感知及应对，提高公共出行服务的安全保障。

③ 盈利探索　在商户智能营销功能的支撑下，通过建立场站线下商户与用户间的数字化对接，可以对出行者采取用户分层、智能推荐转化复购等营销手段，实现场站周边智能商业体引流，拓展公共交通企业盈利渠道的目的。

④ 运营模式创新　将打通公共交通运营服务企业内部 ERP、HR、OA、财务系统、线下票务、场站管理、周边商业体等环节，实现企业日常运营决策数字化，提高企业内部运营效率。

（3）智能＋城市交通管理场景

以智能公共交通管理平台为载体，为城市交通管理者提供智能道路交通分析预判、智能道路疏导、智能规划决策、智能交通量化评估等辅助管理功能。其中，"分析判断 - 决策定制 - 量化评估"动作将形成闭环，对城市交通体系服务进行持续性优化，提高城市交通运转效率。

6.1.2　城市智能公交应用案例

长沙智能公交 315 线是湖南省开通运营的第一条智能公交线路。在海信智能网络技术的支持下，通过对公交车、交通灯、路边设备等的全方位智能改造，调控信号灯的配时，实现公交优先通行的目的 [2]。

海信智能网联＋公交车优先控制方案基于 C-V2X 技术，通过"信号机＋RSU+OBU"车路协同通信的方式，实现公交车与信号机之间的双向通信。具体来看，依托先进的车路协同技术，"路端"可实时获取智能网联公交车辆的速度、具体位置、乘客数量、驾驶状态等信息，并与交通信号控制系统实时通信。当公交车辆行驶至交叉口时，信号灯可结合当前状态及公交车辆通行相位的需求来调整绿灯延长、红灯截断或相位保持等机制，确保公交车辆无等待通过路口。

该方案经实地测验，在全程 10.7km 的测试路线上，共途经 24 个信控路口，测试车辆行程平均时间共减少 14.7%，效果显著，其优点总结如下。

（1）车路协同深度应用，"公交优先"更科学

相比传统的"公交优先"，"智能网联 + 公交"控制方案更具备主观能动性。借助海信信号机的内置算法，结合采集的公交车速度、实时位置、满载率、早晚点时间路口拥堵状况等多源数据，系统可自动计算并划分公交车的优先需求等级，并制定优化控制方案。

（2）搭建平台实时监管，车辆调度更精准

除考虑公交车辆通畅程度外，准点率也是智慧公交所需要具备的特征之一。

海信智能网联汽车创新交通监管平台，可通过平台可视化展示公交车辆的行驶状态、行驶路段、信号灯控制方案等信息，并进行监测，如图 6-1 所示。这既保障了公交车辆的准点率，又能为突发事件的处理提供支撑。

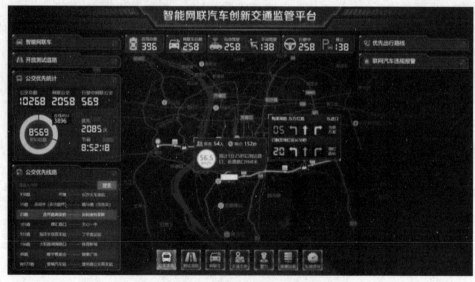

图 6-1　智能网联汽车创新交通监管平台

（3）"优先"状态可视化，市民体验更直观

① 公交车内置的 LED 显示屏可以实时展示公交优先执行策略及信号灯状态等信息。同时，路口新增的 LED 诱导屏也能够实时地对优先方案进行播报。

② 当公交车到达终点时，海信信号机还能够对全程"公交优先"所节省的时

间进行发布，增加市民乘坐智能公交的体验感。

图 6-2、图 6-3 所示为"公交优先"可视化效果图。

图 6-2　信号灯保持效果

图 6-3　绿灯延长效果展示

6.2
城市智慧停车

6.2.1　城市智慧停车建设目标

智慧停车能够实现停车位资源的实时更新、查询、预订与导航服务一体化，实现停车位资源利用率的最大化、停车场利润的最大化和车主停车服务的最优化。根据我国国民经济"十五"计划至"十四五"规划，国家对智慧停车行业的支持政策经历了从"加快智能型交通的发展"到"加快交通等传统基础设施数字化改造"的变化。

根据智慧停车相关政策规划，目标是到 2025 年在全国大中小城市基本建成以配建停车设施为主、路外公共停车设施及路内停车为辅的城市停车系统，逐步形成社会资本广泛参与、信息技术与停车产业深度融合、城市停车高效有序的社会共治局面，满足医院、学校、商业中心、交通枢纽等重点区域的停车需求。到 2035 年，全面建成布局科学、供给充足、智能高效、便捷利民的城市停车系统，为智慧城市建设提供有力支撑。

6.2.2　城市智慧停车经典案例

近年来，各城市针对停车难问题不断进行了各项探索。深圳市于 2006 年起就开始智慧停车的探索实践，并经历了重点片区停车诱导、停车场内部停车信息诱导等阶段的建设。2018 年深圳市启动了智慧停车云平台建设，在当地企业——捷顺科技及旗下智慧停车一体化服务平台捷停车的参与和技术支持下，深圳已有大部分停车场应用世界领先的"硬件 + 平台 + 服务"一站式服务，并采用"捷停车·云托管"无人值守服务方案辅助深圳市智慧停车快速发展。

（1）深圳宝安国际机场

作为国内重要的国际枢纽机场之一，深圳宝安国际机场于 2019 年起，逐步上线捷停车·云托管服务功能，将停车场的管理与运营工作交由专业团队"代管"，去掉岗亭与收费人员，用智能硬件代替服务岗亭，现已完成部分停车场的升级改造。

升级后的停车场提供电子发票、云坐席、无牌车扫码入场、多种支付方式等服务，车牌识别准确率提升至 99.9%，通行速度提升 67%，大大提升了旅客通行体验。云托管还能支持不同岗位工作人员在 PC 端查看相关数据报表，开展远程办公管理，让车辆进出管理更智慧高效。

（2）深圳书城中心城

2020 年，捷顺科技公司为深圳书城中心城打造的全流程一站式智慧停车系统投入使用，以连通人、书、物、场的一站式服务理念，为深圳书城中心城提供捷停车·云托管全程无人值守 + Ⅶ型车位引导为主的整体解决方案。同时，该系统还可以为市民提供出行导航、线上缴费、线上月卡及会员办理、错峰停车等便捷的智慧停车服务，为中心城停车场管理运营降低成本、增加收入带来显著效果。

①捷停车·云托管实现全流程无人化车场管控　深圳书城中心城位于福田区福中一路，周边人流量巨大，建筑面积 8.2 万平方米，是目前全国最大的书城。地下层设停车区，有近 600 个停车位。

捷停车·云托管无人值守方案采用前端 99.9% 的高精度车牌识别率 + 微信 / 支付宝 / 扫码 / 被扫 / 无感支付等线上支付方式，前端岗亭的常规收费工作已经全部线上化。市民通过书城小程序入口，即可完成在线缴费、优惠减免、开具电子发票以及月卡线上续费等操作；遇到极小概率的无法自动识别开闸的情况，云端的座席人员会在被呼叫或客户停留一定时间后主动接入，通过前端设备的可视对讲与后端智能计算、环境监控，远程为车主开闸放行；对于车场断网断电等大事件，系统还会自动提醒车场巡逻岗人员，及时到现场解决。同时，云托管模式还颠覆传统的运维模式，提供"AI 大脑"24 小时自动监控、智能运维，解决车场稳定运行的后顾之忧。

在后端管理层面，管理人员在手机端或 PC 端，可以实时查看车场的运行情况，包括车位情况、缴费情况、优惠减免、设备情况等多个维度，并生成分析报表供管理人员决策。

② 车位引导、错峰停车智慧停车效果显著　通过将中心城的车场车位联网上线，中心城还能将平台上的车位数据对公众开放，市民出发前可通过书城小程序入口，实时查看停车场车位信息，动态导航到车场，合理安排出行计划；为进一步缩短车主的找位时间，让来去书城的体验更流畅，中心城还上线了捷顺的Ⅶ型车位引导系统，车主不仅在出入口引导屏上可实时看到场内空位数量，入场后还能看到每个方向的空位指引，使用寻车机或小程序定位车辆等，提升场内的车位利用率和车位周转率；通过合理安排、分配停车资源，实现场内错峰停车。中心城智慧停车系统上线一年多来，降本提质效果明显，客户的体验感也显著提升，停车场如图 6-4 所示。

图 6-4　书城停车场

③ 打通人、物、生活购书停车一站式　除了将人、车、位在线上拉通，中心城还以"书"为中心，打通了书店、购书客户与车场，实现一站式服务：通过捷顺捷易商平台，入驻书城的商户可以自动减免停车费；客户凭借购书小票，直接用手机扫小票上的二维码减免停车费，或者在会员服务系统自动抵扣停车费，大大省去了客户在商场四处兑换的麻烦。

6.3

智能城市共享出行

智能共享出行具体是指，在共享出行的方式上，以具备部分自动驾驶

（L2）及以上智能化水平的电动汽车为载体，通过与智能化道路交通基础设施、信息与通信基础设施进行高效协同，实现高等级智能化载运工具的出行供给与交通出行需求的高效连接、实时匹配，进而形成"出行即服务"的新型出行生态系统。

6.3.1　城市智能共享汽车

汽车共享出行是以互联网、大数据、人工智能等先进技术为基础，以精准匹配出行供需资源为目标，在使用时间、合乘空间以及汽车使用权等方面进行多维度共享，有效融合乘客出行需求、车辆利用需求以及路网畅通需求的出行方式，正逐渐渗透于交通管理新理念及智慧城市建设发展之中。汽车共享出行作为智能交通的重要组成部分以及智慧城市的关键出行模式，在提升出行效率、合理分配社会资源、促进智慧城市建设等方面起着不可或缺的作用。同时，共享出行服务平台的建设重塑了出行产业生态圈，从而引发了城市综合交通体系的深刻变革。

（1）我国汽车共享出行典型发展模式

汽车共享出行是智慧城市交通可持续发展的重要解决方案，将车辆价值利用最大化是汽车共享出行的核心内涵。目前，我国典型的发展模式主要包括实时出租、网络约车、分时租赁、P2P 租赁以及定制公交五种汽车共享出行方式，多维度立体式的汽车共享出行服务丰富了城市交通出行体系，也促进了全新出行生态圈的形成。

① 实时出租　实时出租能够提供随停随走、灵活自由以及方便快捷的出行服务。巡游出租汽车的车辆产权与经营权一般为公司所有，公司通过合理安排驾驶司机的工作时间，实现车辆全天候出行，是城市交通最广泛的汽车共享出行形式之一。

② 网络约车　网络约车是指乘客通过智能手机应用软件向移动出行平台发送出行请求，平台通过匹配供需信息，向乘客提供最优路径的非巡游出租汽车服务，包括快车、专车以及顺风车等多种服务形式。网络约车的出现打破了路边拦车的传统出行方式，通过互联网平台将司乘需求有机融合，一方面优化了乘客出行体验，缓解了传统出行打车难的问题，另一方面降低了车辆空驶率，实现了汽车资源共享最大化。

③ 分时租赁　分时租赁是一种以小时计费并能随取随用的租车服务，消费者拥有汽车租赁期间的使用权。分时租赁可以实现汽车使用权全天候共享，极大地提高了车辆的利用率。分时租赁最早起源于"Zipcar"分时租赁互联网汽车共享平台。"Zipcar"通过实行会员卡制度不仅可以实现车辆的开启和锁停，还可以实现

上传车辆即时动态信息，保证租赁车辆运行安全性。

④ P2P 租赁　P2P 租赁是个人对个人的汽车共享租车模式，供需双方在租车平台发布供车和用车信息，具体租赁过程由供需双方自主交易。P2P 租赁为私家车主提供了获得经济收入的新渠道，同时实现了闲置资源的价值利用最大化。国外类似于 Turo、wheelz 等私车分享平台的发展已经相对成熟，平台会承担租赁期间的人身保险和车辆财产保险，因此，这种私车共享模式在国外深受欢迎。而 P2P 租赁在我国仍处于起步探索阶段。虽然私家车对外出租能够更充分地利用闲置资源，但这种消费模式需要以成熟的商业运作体系和完备的个人信用体系为支撑，用以解决在实际租赁过程中可能出现的租车手续不齐全、租车人身份不可靠以及租借车辆用途不明确等问题。

⑤ 定制公交　定制公交通过集合更多乘客的出行需求，集约设定个性化路线，以整周期预定、非整周期预定或者次日余座预定等多种预定方式，为乘客提供一人一座、一条专线以及一站直达的优质化通勤出行服务，包括通勤公交、社区公交、枢纽公交以及企业公交等定制形式。定制公交一方面依据消费者需求进行申请，面向乘客设计最优出行时间和路线，以提前预订的方式开通定制化线路；另一方面依据城市交通运行大数据，结合问卷调查进行需求摸底，从而设计新的公交线路。因此，定制公交具有定位准、费用低、路线活及效率高等特点。

（2）共享汽车——GoFun

GoFun 出行是首汽集团针对移动出行推出的一款共享汽车产品，依托首汽集团的行业经验和优势资源，致力于整合用户碎片化的用车需求，提供便捷、绿色、快速、经济的出行服务。GoFun 出行是共享行业新兴的一种租车模式，车辆无人值守，用车全程 APP 操作，提供汽车的即取即用、分时租赁服务，消费者可按个人用车需求预订车辆。GoFun 出行已相继完成全国 80 余个城市的布局。

6.3.2　城市智能共享单车

共享单车的实现并不复杂，其实质是一个典型的"物联网＋互联网"应用。应用的一边是车（物）、另一边是用户（人），通过云端的控制来向用户提供单车租赁服务。

（1）共享单车的"云端应用"

① 云计算基础平台　共享单车的云端应用是一个建立在云计算之上的大规模双向实时应用。云计算一方面能够保证共享单车应用的快速部署和高扩展性，另一方面能够应对大规模高并发场景，满足百万级数量的连接需要。

② 数据资产　云端应用需要采集、存储并管理两类关键数据：

a. 单车数据（物联网特性的资产数据，包括单车的通信连接状态、车锁状态、使用记录等）。单车数据由智能锁通过通信模块和 SIM 卡，经过电信运营商的网络以及运营商的物联网平台上传到共享单车的服务平台。

　　b. 用户数据（互联网特性的用户数据：除了用户基本信息、消费记录、用户账户和征信信息等，还包括用户的行为数据，即骑行的路径和位置信息）。正如上文所述，共享单车是"物联网＋互联网"应用，所以企业资产（单车）数据和用户数据是共享单车企业的核心资产。

　　③ 平台服务　因为共享单车一方面涉及海量的物联网数据、用户数据的管理，另一方面又要随时跟进用户需求而做功能开发和优化，所以应用之下会先构建平台服务（PaaS）。配备平台服务层，一方面能够使应用承载百万量级的高并发数据流，另一方面又能做到资源和能力的动态调配、功能的灵活开发。所以，共享单车不仅使用了微软的基础云服务（Azure），还使用了微软的平台服务（PaaS），包括物"Azure-Iot"物联网平台服务，Dynamics、CRM、客户关系管理服务，以及基于机器学习的预测分析功能等。

（2）共享单车的"智能锁"

　　目前，智能锁基本都是由控制、通信、感知、执行、供电等几大类模块组成的。

　　共享单车应用，其实就是通过"单车 - 云端 - 用户手机"之间的信息传递来完成的，其中最关键的是解闭智能锁的过程。目前，最新的"GPS 定位 + 蓝牙"解锁和还车模式已经比较普遍。

（3）智能调度系统——以哈啰单车为例

　　智能调度系统是哈啰出行自主研发的、致力于解决城市共享单车供需匹配的智能系统。系统能够基于城市骑行热力、站点标签、历史骑行数据、天气等因素，通过算法和人工智能实时计算车辆供需缺口，并向运维人员派发调度任务，从而减少城市点位车辆堆积现象，满足用户骑行需求，如图 6-5 所示。

　　例如对于一些重点维护点位，智能调度后台会每 20min 监测一次点位车辆情况，一旦到达该点位容量的阈值，就会自动触发任务工单人工移车。在工单派发时，还会考虑到移车司机身上是否已经有任务，从而推给响应比较快的调度司机。自该系统投入运营后，哈啰全国范围内城市单车堆积现象平均减少了 12%。目前，哈啰上线智能调度的逾 300 城全部实现算法任务的派发，日均算法派发工单量超过 14 万单。同时，哈啰大脑还能够通过"热点分流、红包车"等调度干预措施进行调度管理，减少淤积现象。对于容易出现闲置且易堆积的车辆，"哈啰大脑"向车辆附近的潜在用户推送骑行红包，激励用户自发骑行调度。

　　除了"快速处理机制"，哈啰还利用各种新技术加强单车的日常调度。例如利用蓝牙道钉、电子围栏等智能化设施，引导市民在规定范围内有序停放车辆。用户只有将车辆停放在规定区域内，车子才能落锁，从而达到城市路面管理的要求。

图 6-5　哈啰出行两轮智能调度系统监控后台

6.3.3　城市智能充电桩

在能源、环境形势日益严峻的今天，电动汽车因其清洁、节能的显著优势，成为世界各国与地区都倍加重视的新兴产业。纯绿色、高性能的新能源汽车是整个产业的需求。秉持着可持续发展观和建设资源集约型、环境友好型社会的理念，我国政府加大了投入力度、扶持力度。电动汽车作为绿色交通的重要组成部分，对中国未来城市建设和循环经济发展起着至关重要的作用。随着新能源汽车市场规模的快速发展，充电桩的需求量大幅提升。进一步大力推进充电基础设施建设，是当前加快电动汽车推广应用的紧迫任务，也是推进能源消费革命的一项重要战略举措。

6.4
城市出行线路规划

6.4.1　多方式线路规划

（1）货车线路规划

根据起终点坐标检索符合条件的货车驾车路线规划方案。支持全国同城/跨城路线规划；支持规避物理限制（高、宽、重、轴重）；根据车牌号规避交规限行，支持区分蓝/黄/白/绿/黑车牌；支持途经点（最多不超过20个）；支持未来出行规划，指定未来7天任意出发时刻，将依据智能预测路况和道路限行规划合理路线；支持多种路线策略选择，包括经济路线、距离优先、时间优先、不走高速策略等服务。

（2）私家车线路规划

根据起终点坐标检索符合条件的驾车路线规划方案。支持一次请求返回多条路线（备用路线）；支持18个以内的途经点；支持根据车牌号规避限行路段；支持辅助判断起点所在正逆向车道，辅助更准确算路；支持未来出行规划，指定未来7天任意出发时刻，依据智能预测路况和道路限行规划合理路线等服务。

（3）公交线路规划

根据起点和终点检索符合条件的公共交通方案，融入出行策略（少换乘、地铁优先等），支持同城及跨城路线规划，交通方式支持公交、地铁、火车、飞机、大巴。

（4）骑行线路规划

根据起终点坐标检索符合条件的骑行路线规划方案，支持普通自行车和电动自行车出行方式。

（5）步行线路规划

根据起终点位置提供符合条件的骑行路线规划方案，给出步行的时长以及距离，同时显示途经地点及周围路况信息。

6.4.2 特殊需求线路规划

（1）耗时最短线路规划

根据起终点位置提供符合条件的路线规划方案，在时间限制条件下给出多种交通方式，比如驾车、打车、地铁、骑行以及步行，或者是两种或三种交通方式的组合以满足时间最短的城市出行需求。

（2）费用最低线路规划

根据起终点位置提供符合条件的路线规划方案，比如驾车、打车、地铁、骑行以及步行，或者是两种或三种交通方式的组合以满足费用最低的城市出行需求，并给出每种交通方式下的费用情况，供出行者选择。

（3）智能线路规划

根据起终点位置提供耗时＋费用组合最优的路线规划方案。

（4）时间节点线路规划

结合历史出行数据，为出行者提供未来时间节点的线路规划方案。

参考文献

[1]　李旭芳.现代城市公共交通智能化管理概论 [M].上海：同济大学出版社，2013.

[2]　吴忠，栾东庆.智能公共交通系统的理论、方法与应用[M].上海：同济大学出版社，2013.

The Road of
**Industrial
Intelligent
Innovation**

第2篇
智能轨道交通系统

　　科学技术始终深刻影响着国家的发展与前途。轨道交通作为集多工种和各专业于一身的庞大系统，其科技创新是世界各国全力争夺的重点。推动轨道交通智能化建设，优化配置并管理轨道交通移动设备，探索升级新一代智能调度系统，构建智能车站为旅客提供优质服务，准确把握市场需求提升铁路运营水平，有利于适应当前时代轨道交通发展方向，顺应国家需要和满足人民期望。

　　在现代信息技术愈发先进以及人工智能技术进展迅速的时代背景下，各国在轨道交通智能建造、智能装备和智能运营服务等领域开展了大量的技术研究、系统功能开发，综合平台构建及一系列应用实践。本篇重点围绕概念特征、发展趋势、关键技术、信息化系统、运营组织和实践案例等对智能轨道交通系统进行概述。

第1部分

智能铁路系统

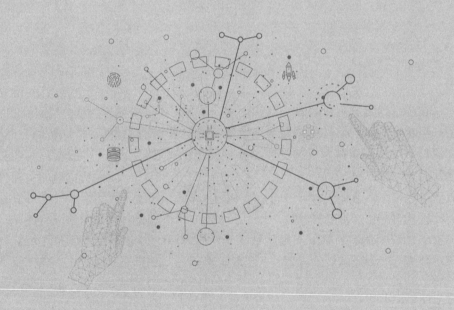

第 7 章

智能铁路系统概述

7.1

智能铁路系统内涵

7.1.1 智能铁路系统的概念

智能铁路是广泛应用云计算、物联网、大数据、人工智能、机器人、下一代通信、北斗卫星导航、BIM 等新技术,通过对铁路移动装备、固定基础设施及相关内外部环境信息的全面感知、泛在互联、融合处理、主动学习和科学决策,高效综合利用铁路所有移动、固定、空间、时间和人力等资源,实现铁路建设、运输全过程、全生命周期的高度信息化、自动化、智能化,打造更加安全可靠、经济高效、温馨舒适、方便快捷、节能环保的新一代铁路运输系统。

智能化技术是智能铁路实现和应用的前提,通过将人类智能赋予机器设备或系统,使铁路智能便捷地为客户服务,实现整个运输过程的自动控制和实时监视,从而减轻运输组织人员的工作量,帮助相关人员制定计划以更好地作出决策。从广义上来看,只要可以更好保障铁路运输安全、提高运营服务质量和客货运输效率的技术都可以称之为智能铁路技术[1]。

7.1.2 智能铁路系统的构成

智能建造、智能装备和智能运营是智能铁路系统的重要组成部分,是智能铁路最终发挥效果、对外提供能力的载体,其致力于实现铁路运输全业务流程、全价值链条、全生命周期、全生态体系的整体智能化[1]。

(1)智能建造

智能建造以 BIM+GIS 技术为核心,综合应用大数据、云计算、物联网、移动互联网等信息技术，融合先进的工程建造技术，通过自动感知、智能诊断、主动学习、智能决策和协同互动等手段，进行工程设计及仿真、精密测控、动态监测、自动化安装、数字化工厂等工程化应用，构建勘察、设计、施工、安质、验收、监督全寿命可追溯的闭环体系，围绕路基、车站、轨道及桥隧建筑物，精细化统计建造进度，智能化监控安全性和质量，可视化整个建造过程。

（2）智能装备

智能装备包括智能基础设施（工务设施设备、电务设施设备、供电设施设备）、智能移动装备（机车、车辆、动车组）等。为保持基础设施的最佳使用状态，利用自动驾驶、运行控制、全方位态势感知、故障预测和故障诊断与健康管理等手段，实时感知移动装备及基础设施状态，自动对其故障作出诊断，并根据实际情况作出自行修复的决策，实现机车、动车组等移动装备的自动及协同运行；构建新一代智能化牵引供电和通信体系，实现线路、牵引供电、通信信号等基础设施全生命周期精细化管理及优化配置。

（3）智能运营

智能运营包括智能服务、智能车站、智能经营、安全保障、智能运维、智能调度及智能物流。采用泛在感知、事故预测、智能监测、虚拟现实、智能视频及智联网等技术，实现运输计划的智能调整和一体化编制，全力打造列控与调度一体化体系，保障列车的自动安全准点运行。

通过优化车站设施设备和创造智能化的运营环境，在客运车站服务质量保障的前提下为旅客提供多样化和个性化的服务，以自主感知、故障诊断、智能决策为基础，实现客运车站人员与设备环境的协同联动，打造可以提高管理效率和服务质量的智能车站。

将铁路运输过程和运输货物的装卸、仓储、配送等有机结合为一个整体，实现运输路径的最优规划，货物运输过程中实时监测货物状态，货物仓储配送采用现代化智能技术，简化货主办理业务流程并提供信息查询等服务，同时节约运输成本，提高铁路运输效率。

通过长期监测基础设施及移动装备的状态，掌握其劣化机理及演变规律，以此为依据制定检修计划，从而保障设施设备维修效率，降低养护运维成本。

通过自主感知铁路固定设施、移动装备、运输过程及自然环境等的状态，对潜在的影响行车安全的因素作出判断，通过及时预警和超前防范，提升铁路运行安全性。

为适应市场客货运需求，有针对性地设计和优化客货运产品，动态制定运输价格，调整售票方式及过程向多样化和智能化的方向发展，从而提高运输收益，提升铁路精细化经营管理水平，提高运营效率。

7.1.3 智能铁路系统的特征

① 全面感知 对铁路运输系统中移动设备、固定设施、自然环境、其他相关要素等进行全面透彻的信息感知。

② 泛在互联 各类信息进行广泛、深度、安全可信的交互，实现信息共享。

③ 融合处理 充分利用不同时间、空间的多源、异构传感器数据资源，解决数据不一致、不完整问题，为综合决策提供充足的依据。

④ 主动学习 积累大量数据和知识，不断迭代，适应铁路外部市场和环境的变化。

⑤ 科学决策 基于大数据分析、知识推理等方法，从海量数据中提出决策信息，辅助运营管理和经营决策。

7.2
智能铁路发展目标

7.2.1 建设目标

（1）中国智能铁路发展目标

顺应社会经济发展需求，智能化是未来中国铁路发展的重要方向，表 7-1 所示是智能铁路分别在三个时期下的发展目标[1]。

表 7-1 智能铁路发展目标

年份	目标
2018～2020 年	完成智能京张、智能京雄高铁示范工程建设，构建智能铁路技术标准体系，初步形成智能铁路应用格局
2021～2025 年	突破基于 BIM 的智能建造标准体系、自学习及自适应的谱系化智能动车组、全面感知的列车无人驾驶（DTO）、面向多种交通方式的智能综合协同指挥、旅客无障碍出行服务体系等重大智能铁路理论与技术，全面掌握从设计、建造到运营的全产业链技术
2026～2035 年	智能铁路应用由辅助协同向自主操控升级，智能建造技术广泛应用，研发自修复型智能动车组，探索全自动无人驾驶，突破极端复杂情况下高铁智能容错理论与技术，构建基于量子、区块链等新技术的智能安全体系，实现铁路运营全面自主操控、无人化

（2）智能高速铁路发展目标

新兴科学技术的发展为中国高铁智能化发挥带来了前所未有的新机遇，面对世界各国在高铁领域的创新探索，为保持中国在高铁技术领域的领跑姿态，分智能高铁创新示范、智能高铁加速突破和智能高铁全面提升三阶段对未来智能高速铁路的发展作出规划[3]，如表7-2所示。

表7-2　智能高速铁路发展目标

年份	目标
2018～2020 年	研究提出智能高铁顶层设计和技术标准体系，围绕智能京张和智能京雄等开展创新实践，攻克智能建造、智能装备及智能运营领域的关键核心技术，大数据资源湖建成，初步形成智能高铁创新应用格局
2021～2025 年	突破基于 BIM 的全生命周期体系、自学习及自适应的谱系化智能动车组、全面感知的列车自动驾驶、融合各种交通方式的全程畅行、复杂路网综合协同指挥的智能调度、旅客智能出行服务体系、大脑平台智能决策等重大智能高铁理论与技术，全面形成智能高铁设计、建造到运营全产业链成套技术
2026～2035 年	广泛应用智能建造技术，研制自修复型智能动车组，探索全自动无人驾驶。突破极端情况下高铁智能容错理论与技术，构建基于量子、区块链等新技术的智能安全体系。基于旅客、高铁车站、列车等的全连接，实现云计算、边缘计算融合，建成基于 CPS 的智能高铁大脑平台，并在立体感知、自主决策、主动学习中全面发挥作用。基于上述技术实现智能高铁全面自主控制

7.2.2　建设重点

结合我国铁路发展背景及智能铁路的发展目标，中国智能铁路建设重点包含以下内容[4]。

① 构建全路月度货物运输方案、运行图及编组计划的智能编制系统。

② 建设完成智能控制系统，使列车能够实现自动驾驶、停车及安排进路，并保证列车以最优速度运行。

③ 建设完成智能调度指挥系统，使列车群运行能够实现智能调整并能够在突发事件的条件下进行列车运行自动调整。

④ 实现编组站综合自动化。

⑤ 建立基于列车调度的自动安全系统，能够在列车运行过程中实现前方风险的自动评估，并自动采取相应的应对措施。

⑥ 建设完成基础设施及移动设施的智能维护系统，以实现铁路基础设施及移动设施的实时、动态监测，远程在线诊断分析，并制定科学的维修计划，实现养护维修智能化管理。

⑦ 为了可以以多种方式为旅客货主提供全面的、高水平的、高质量的服务，

建立完善服务体系及电商系统。

⑧ 提供联运服务，实现无缝中转，并为旅客提供餐饮及旅店预定、旅客接送、协助旅客进行行包托运等服务。

⑨ 建设完成智能化决策支持系统，为客户实时提供城市交通状况及到站前的交通乘运建议，实现旅客、货主的个性化服务。

⑩ 实现货运的门到门服务，使客户能够足不出户，就完成货物运到车站、包装、整理、装卸车、送货到门等货运过程。

⑪ 建立全程物流链服务体系，简化业务办理程序，做到一键订单、一键退货等。

⑫ 完善物联网的建设，做到无处不感知。

⑬ 使以自感知、自诊断、自决策为基础的智能化应用技术得到完善。

⑭ 建立能够与铁路智能运输系统发展战略相适应的现代管理机制。

7.3
智能铁路系统体系框架及技术

7.3.1 智能铁路系统体系框架

智能铁路是一个复杂的系统工程，从整体上来看，由智能感知层、智能传输层、数据资源层、智能决策层、智能应用层等组成[1]，如图 7-1 所示。

（1）智能感知层

智能感知层是智能铁路构建的基础，利用传感网、物联网、GPS/BDS、综合视频、红外监测等多样化和泛在化的方式收集信息。智能感知层的主要功能是物体识别和信息采集，可以融合传感网、物联网等多种手段，自动收集铁路行车状态、设备健康状况、自然环境条件等信息，在掌握整个铁路运输系统的运行情况的基础上，为上层的精细化管理提供支撑。

（2）智能传输层

智能传输层是联结智能铁路各组成要素的纽带，其功能是汇集和整合感知层通过各种网络技术采集到的信息，并对其进行智能分析及应用。智能传输层的基本内容是广泛互联和可靠传递，同时融合各种有线、无线网络及互联网。移动通信、互联网等技术经过多年的快速发展和日渐成熟均为智能铁路奠定了坚实的网络基础。铁路信息网络的 IPv4/IPv6 技术、WiFi 网络、3G/4G/5G 网络等是智能传输层主要采用的技术。

图 7-1 智能铁路总体架构

（3）数据资源层

数据资源层通过将铁路内外部相关数据进行智能分析和处理，识别其中的有用信息，进而准确操作、有效预测其发展趋势，可以为决策判断提供科学依据。数据资源层由底层和上层两部分组成：底层为主要提供大数据存储与分析、数据集成、基础数据管理、数据共享等能力的数据服务平台；上层为全面整合铁路运输生产、经营开发、资源管理、建设管理、战略决策、综合协同、社会数据等领域信息的数据资源。

（4）智能决策层

作为智能铁路的大脑，智能决策层将通过智能技术分析数据资源层的各类数据，将数据转化为知识，并快速准确地以报表、仪表盘、3D等可视化方式进行全局展示，辅助铁路业务经营决策。智能决策层采用的主要技术包括大数据、交互学习、机器学习、可视化技术等。

（5）智能应用层

智能应用层可以对铁路运输系统进行控制、改造以及优化，是智能化与铁路业务分工的深度融合，形成了各业务领域的智能化子系统。基于智能决策层的分析结果，智能应用层可提高安全保障能力、提升运输组织效率、推动业务模式创新。

7.3.2　智能铁路系统技术体系

智能铁路需要一整套技术进行支撑，智能铁路技术（图7-2）大体上可以分为以下3类[1]：

（1）智能铁路通用技术

智能铁路需要智能铁路通用技术作为支撑，通过结合基础信息和数据处理技术以实现最根本的数据采集、数据传输、数据处理等功能。智能铁路通用技术可分为数据感知、传输、处理及应用等方面的相关技术。

智能铁路专业技术				
机器人建造技术	铁路BIM技术	智能动车组技术	自动驾驶技术	智能牵引供电技术
行车安全预警技术	运行图编制理论	智能调度技术	智能运维技术	全面电子客票技术

智能处理技术				
知识工程	智能规划	逻辑推理	跨媒体感知计算理论	混合增强智能理论
群体智能理论	自主协同控制理论	高级机器学习理论	类脑智能计算理论	量子智能计算理论

智能铁路通用技术				
应用　系统协同技术	流程再造技术	复杂系统理论	互操作技术	系统集成技术
处理　云计算	大数据	分布式计算技术	数据融合技术	数据预处理技术
传输　大容量通信技术	空天地一体化技术	移动通信技术	软件定义网络技术	光通信技术
感知　物联网技术	状态感知技术	卫星定位技术	RFID	传感网技术

图7-2　智能铁路系统技术体系

（2）智能处理技术

智能处理技术是实现铁路大脑的核心支撑，以人工智能理论为基础，侧重于智能化处理信息，既涵盖传统的智能规划、知识工程等技术，也包括了新兴的量子智能计算、混合增强智能等技术。智能处理技术通过赋予机器思维、判断和决策的能力，最大化模拟、延伸和扩展人类智能。

（3）智能铁路专用技术

铁路是涉及多学科、跨领域的复杂系统，包括工务工程、牵引供电、通信信号、移动装备、运输组织、客货服务、设备维修、安全保障等诸多方面。需要在铁路既有各领域实现技术的突破及创新的基础上建设智能铁路，智能铁路专用技术包括全面电子客票技术、机器人建造技术、智能动车组技术、自动驾驶技术、智能牵引供电技术、行车安全预警技术、运行图编制理论、智能调度技术、智能运维技术及铁路 BIM 技术等。

7.3.3　新兴技术在智能铁路中的应用

（1）云计算

云计算能将现有的计算、存储和网络等资源、平台或者是软件组织起来以服务的方式提供给用户，用户无须自行投资配置，通过网络以租用的方式就可享用各类 IT 服务。云计算可以使用户以相对较少的投资获得高质量的服务，是一种整合 IT 资源的有效方案，云计算在铁路中的应用如图 7-3 所示 [5]。

资源整合弹性分配	运用云计算中的关键技术——虚拟化技术，有效屏蔽现有铁路各个硬件资源的异构性，整合原先各个系统的存储、计算、网络等IT资源，共享云计算中的硬件资源，提高设备利用率，为数据共享提供硬件支持
智能计算	基于云计算的铁路系统拥有强大的计算能力作为支撑，智能计算结合一线生产运营数据，可形成大数据平台。以收集到的海量运输数据为基础，通过数据挖掘，洞察大数据中存在的规律和价值，为铁路运营管理者决策行为提供良好的支持，为客户提供最优的出行一体化服务
数据存储	通过云计算强大的资源互联能力，完成铁路系统数据的异地灾备，将重要文件或者系统数据分别存储在两个以上的相距较远的物理位置，以此确保铁路系统的数据安全。高带宽和高联通能力可以实时备份各个系统的增量数据，保证各地数据的完整性、一致性

图 7-3　云计算在铁路中的应用

（2）物联网

铁路物联网是实现智能铁路的重要支撑，是指依靠射频识别（RFID）、激光扫描器、生物特征识别、卫星空间定位、智能传感器等信息感知设备，按约定协议，通过网络连接各种铁路对象，完成信息交换和通信，以实现对铁路对象的智能化识别、定位、跟踪、监控和管理的一种网络。目前物联网正处于快速发展阶段，在运输生产、铁路建设、客货营销和安全监控领域已有了一定技术基础和应用范围。在运输生产领域，包括车号自动识别、列车卫星定位、编组站综合自动化系统等；在铁路建设领域，主要涵盖混凝土拌合站及实验室监测、路基压实监测、轨道板和 RFID 电子标签管理技术等[6]；在客货营销领域，主要包括磁介质客运车票以及中铁银通卡（一卡通）等；在安全监控领域，包括车辆运行安全监控系统（5T）、高铁供电安全检测监测系统（6C）、机车车载安全防护系统（6A）、高速综合检测车、货运安全检测监控、青藏线冻土低温监测、自然灾害及异物侵限监测等。

（3）大数据

大数据解决了以前铁路数据本地化的局限性，在实现智能管理的同时，可以缩小铁路的运维范围。大数据技术通过网络总线实现不同系统的数据互联，利用通信技术访问相关部门和各个子系统传感器获得大数据，从而实现智能铁路大系统的全局优化。大数据分析旨在实现异构数据源、实时通信、可视化技术和可扩展数据结构的预测算法优化。具体内容如下：实现铁路子系统数据的自动化、互联、高级流量管理及可互操作；利用标准化产品、接口的可扩展数据和升级系统，完成旧系统的改造和升级；依靠大量资产和流量状态的数据和信息实现信息管理系统临近预报和预测状态；准确预测资产状态，完成智能运维管理[7]。

大数据在智能铁路中的应用如图 7-4 所示。

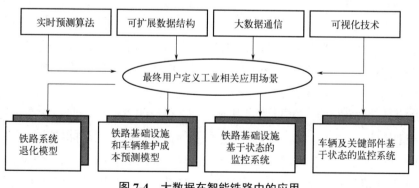

图 7-4　大数据在智能铁路中的应用

（4）人工智能

世界各国正在深度融合人工智能与传统行业，大力发展人工智能交叉领域的人才培养和应用技术。我国面对人工智能发展的重要时机，将发展人工智能作为国家战略，于 2017 年 7 月颁布了《新一代人工智能发展规划》。为促进智能铁路快速建设发展，我国铁路结合人工智能技术开展了关于智能京张、智能京雄、智能蒙华的研究，拓展了推理与推荐系统、机器学习、计算机视觉、知识表达与常识库等的现实应用[8]，如图 7-5 所示。

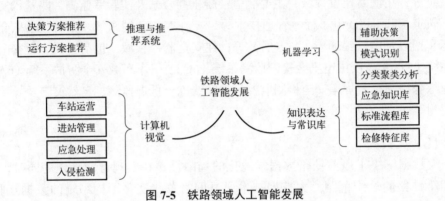

图 7-5　铁路领域人工智能发展

在我国未来铁路智能化战略指导下，人工智能技术在铁路行业的应用深度与支撑范围将进一步得到拓宽，为实现智能铁路提供技术支撑。

（5）5G

5G 具有大带宽、大连接、高可靠、低时延等特点，其应用场景如下[9]：

① 大带宽　基于移动闭塞和卫星定位的下一代列控、基于车 - 车通信的列车接近预警、多媒体调度通信、列车状态数据下传输业务以及司机超视距驾驶的数据量大，对数据传输速率要求高，5G 大带宽特性可为此类业务提供良好的技术支撑。利用 5G 大带宽特性，调度人员可以直接看到调度现场和列车环境，将列车运行前方路况和前车状况视频图像、视频分析结果等信息传送到驾驶室内，调度系统向列车发送图形化的进路预告信息，调车作业前方和尾部路况视频实时回传等，将有效提高行车等运输生产安全水平。

② 大连接　将站场分布的大量基础设施、铁路沿线、生产装备状态传感数据上传给集中管控和云端大脑，通过综合智能分析，以此实现智能铁路的全面感知和泛在互联。5G 的大连接特性可以为铁路物联网应用的快速发展提供通信支撑。利用 5G 大连接特性，实时回传路堑、长大坡道、站房、桥梁、隧道等重点区域的大量信息数据，完成对铁路沿线风、雨、雪、地震等更广范围、更大密度的信

息精准感知以及实时传输，以此进一步提升沿线基础设施、自然灾害的安全监测水平。

③ 高可靠、低时延　在铁路站场，智能调车、智慧货场相关控车业务安全可靠性和实时性要求高，且业务数据均在作业场站本地进行交互和处理，利用 5G 的高可靠、低时延特性，设置边缘服务器，可承载智能调车关键业务应用，实现智慧货场"车流不息、作业繁忙、不见一人"的场景，以此来提高作业效率和安全水平。

(6) 北斗导航

北斗卫星导航系统作为重要的综合时空体系，可为全球用户提供高精度定位功能、连续导航支持和可靠的授时服务，同时有利于保障国家安全。伴随着北斗卫星导航系统技术的日渐成熟、功能的日趋完善，基于北斗的列车运行控制系统研究已成热点，该列控系统的基本功能要求如下：

① 基于北斗的列控系统应当具备兼容性、通用性、支持跨线运营等特点。

② 在基于北斗的列控系统下，列车定位、测速依靠北斗卫星导航系统完成，最大限度地减少轨旁设备。

③ 采用基于北斗短报文的通信方式，完成现有列控系统车 - 地通信的同时还要实现车 - 车通信、施工通信、应急通信等功能。

④ 基于北斗的列控系统采用准移动闭塞或移动闭塞作为行车制式，实现同方向列车间的追踪运行，压缩行车间隔，提高线路通过能力。

⑤ 基于北斗的列控系统实现了车载中心化的功能配置，车载设备不仅可以完成列车自主定位，采用目标距离 - 连续速度控制模式控制列车安全运行，还可以进行列车完整性检查，实时监督列车状态信息。

⑥ 基于北斗的列控系统兼容既有站计算机联锁（CBI）和轨道电路等信号设备，无人值守站列车、调车作业自动化。

(7) BIM

BIM 是一个从设计到运维生命期的管理工具，利用 BIM 进行设计、施工和建设管理，可以在项目建设过程中解决复杂的技术问题，增加资源利用率，提升铁路精细化管理水平。在智能建造中，基于 BIM 的全生命周期建设管理理念，利用 BIM 进行应用管理，围绕人员、机械、物料、方法、环境等关键要素，综合运用 GIS、大数据、AR、VR 等技术，实现信息智能采集、管理高效协同、数据科学分析、过程智慧预测等工程建设的信息化，从而实现集成与管控铁路建造生命期中的信息[10]。

参考文献

[1] 王同军. 智能铁路总体架构与发展展望 [J]. 铁路计算机应用, 2018, 27 (07): 1-8.

[2] 李平, 邵赛, 薛蕊, 等. 国外铁路数字化与智能化发展趋势研究 [J]. 中国铁路, 2019 (02): 25-31.

[3] 王同军. 中国智能高铁发展战略研究 [J]. 中国铁路, 2019 (01): 9-14.

[4] 苏彦升, 倪少权. 中国铁路智能运输系统架构研究 [J]. 交通运输工程与信息报, 2017, 15 (04): 135-140.

[5] 张晴焱. 基于云计算和物联网的智能铁路信息系统探究 [J]. 山西科技, 2017, 32 (01): 81-84.

[6] 史天运, 孙鹏. 铁路物联网应用现状与发展 [J]. 中国铁路, 2017 (12): 1-6.

[7] 缪炳荣, 张卫华, 刘建新, 等. 工业 4.0 下智能铁路前沿技术问题综述 [J]. 交通运输工程学报, 2021, 21 (01): 115-131.

[8] 张晓栋, 马小宁, 李平, 等. 人工智能在我国铁路的应用与发展研究 [J]. 中国铁路, 2019 (11): 32-38.

[9] 王同军. 铁路 5G 关键技术分析和发展路线 [J]. 中国铁路, 2020 (11): 1-9.

[10] 赵有明. 基于 BIM 技术的智能建造在铁路行业的应用与发展 [J]. 铁路计算机应用, 2019, 28 (06): 1-6.

第8章

铁路数字化信息系统

8.1

铁路运输管理信息系统

8.1.1　TMIS 概述

铁路运输管理信息系统（TMIS）是为了保证中国的铁路运输生产不断提升现代化水平的一项具有积极作用的重大工程，是铁路信息化的关键平台。具体来说，TMIS 系统将提供图 8-1 所示主要信息[1]。

8.1.2　TMIS 系统的组成及功能

从具体结构上看，TMIS 由中央实时处理系统、铁路总公司、路局、站段应用系统和计算机网络系统等部分构成，其结构框架如图 8-2 所示，系统功能[1]如图 8-3 所示。

8.1.3　TMIS 主要应用子系统

TMIS 应用子系统包括中央实时处理命令系统、批处理数据库系统、铁路确报管理系统、货运营销与生产管理系统、货票信息系统、现在车及车流推算信息系统、车号自动识别系统和大节点货车追踪系统，主要内容如下[1]。

（1）TMIS 中央实时处理命令系统

中央实时处理命令系统为各级运输生产人员提供信息采集和查询服务，一方面采集机车车辆和各类列车的实时动态信息，对各类信息加工处理并整合以获取运输生产中的实时事件，完成对货车的实时精准跟踪，另一方面提供查询到的列车、车辆状态数据，自动进行统计和预测运输需求，为运输管理人员的决策提供可靠信息和依据。

（2）批处理数据库系统

批处理数据库系统用于构建 TMIS 批处理数据库，数据库包含所有机车车辆、列车和集装箱信息。系统包括日常统计功能、数据收集和建库功能，可提供数据查询服务，辅助领导决策。批处理数据库系统应用流程如图 8-4 所示。

列车动态信息	查询任一列车运行的正、晚点情况，晚点原因，查询时列车的位置及货物列车编组顺序表的全部内容，每班、每日、每个阶段列车运行情况统计，指定范围或指定分界口在指定时间内列车的运行情况，预计列车运行情况等信息
车辆及集装箱动态信息	查询任一车辆或集装箱当前的位置、空重状态、技术状态及所运货物等信息
主要技术站信息	每日每班的所编列车数，待解、待编、待发列车数，抵达终点站的列车数量，到发场股道占用情况，每小时的现车分布等信息
分界口信息	实时查询分界站及邻近分界站的技术站到发场及直通车场股道占用情况，按阶段分界口出入列车数、出入重空车数、出入集装箱数
装卸车信息	按阶段提供主要站装卸车情况，重点物资装卸情况，待装车、待卸车情况
现在车信息	每3h提供一次车务段别、区段别、主要站别的现在车辆信息
车流推算信息	按主要站、车务段推算未来3天车流情况和运用车保有量变化情况；按重点站、主要收货人、主要品类推算未来3天到达卸车情况
货票信息	在装车当日向统计站和中转站提供货票信息
特种车信息	按阶段提供机械保温车、集装箱专用车、油罐车及特种平车的分布信息和使用情况，并提供上述特种车的实时查询信息
车辆信息	提供车辆运用状态转换、新造车、报废车信息，到期需进行检修的车辆分布情况，车辆走行公里等信息
机务信息	按阶段提供机车走行公里等机车使用统计信息，实时查询机车的位置及工作状态信息等

图 8-1　TMIS 系统主要信息

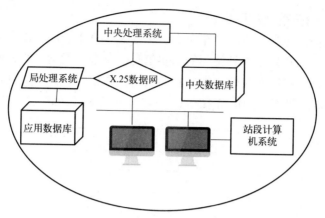

图 8-2　TMIS 的系统结构框架

中央实时处理系统
为铁路总公司、各铁路集团公司(路局)及站段提供包括列车、机车车辆和集装箱等信息的相关查询。为全路运输指挥人员提供动态实时信息，提供机车、货物、货票、列车、车辆和集装箱的实时信息查询服务
站段应用系统
将机车、货物和货票等动态信息实时报告给中央处理系统和中央数据库
铁路总公司、各区域性铁路局应用系统
铁路总公司、各区域性铁路局应用系统：从中央数据库直接接收或调取所需动态信息，将其加工成为运输生产指挥调度人员所需要求的信息
计算机网络系统
采用TCP/IP、SNA、OSI 等高层协议将中央处理系统、路局处理系统及站段计算机系统连成一个整体，实现资源共享和信息传输

图 8-3　TMIS 的系统功能

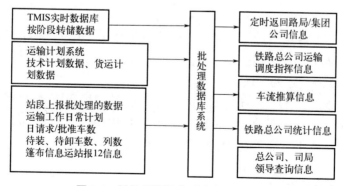

图 8-4　批处理数据库系统应用流程图

(3) 铁路确报管理信息系统

列车确报信息包含了货物列车车次、车号别、货主、列车出发时间、所载货物类型和重量，以及列车终到站等的确实信息。结合现代化计算机网络技术，确报管理信息系统能够得到及时、准确和高效的确报信息，并可与其他铁路信息系统完成信息共享。确报管理信息系统（图8-5）由以下部分组成。

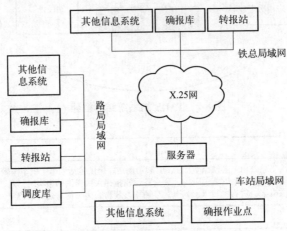

图 8-5 确报管理信息系统示意图

(4) 货运营销与生产管理系统（FMOS）

货运营销与生产管理系统的设计目标体现在市场营销和生产管理两方面：

① 市场营销方面。通过使用FMOS联网单位可以随时随地办理车皮计划手续，货运手续办理得以简化，没有联网的货主则就近到铁路联网点或代办联网点办理车皮计划货运手续。FMOS的便捷服务功能能显著提高企业的市场竞争力。货主可结合自身条件主动指定货物运输时间及审批方式，对铁路部门而言运输计划的编制周期可得到极大缩短。

② 生产管理方面。FMOS对原来运输计划编制原则、方法、内容和手段等方面均有改进。FMOS通过计算机网络下达控制权给下属单位，对下级的执行力进行随机监视，同时随时调度控制数，实现随运输计划的全程自控管理。FMOS主要实现图8-6所示内容的管理。

货运营销与生产管理系统由站（段）、区域性铁路局和铁路总公司三级组成，如图8-7所示，各系统间的数据传输与交换由TMIS网络完成，可采集、加工处理、查询和统计货主需求和铁路作业信息，辅助领导决策。

(5) 货票信息系统

货票是铁路运输进行统计、管理财务、分析货流的原始材料，也是进行调度指挥作业的基础依据。过去货票没有充分利用计算机的优势，因此，TMIS在现有功能的基础上需要开发全路统一的货票信息系统。货票信息系统结构如图 8-8 所示。

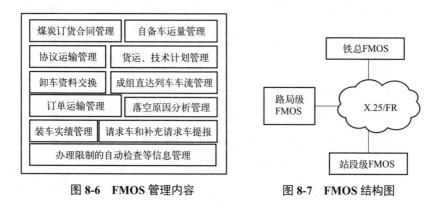

图 8-6　FMOS 管理内容　　　　图 8-7　FMOS 结构图

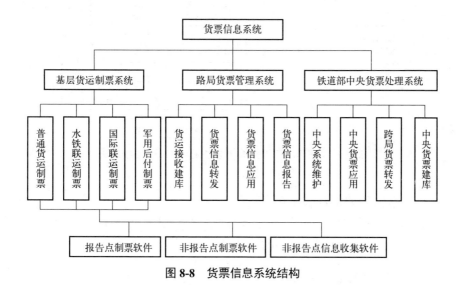

图 8-8　货票信息系统结构

货票信息系统可实现货票信息收集、货票信息转发、货票信息存储和建库，其系统功能如图 8-9 所示。

（6）现在车及车流推算信息系统

现在车及车流推算信息系统通过处理中央批处理数据库提供的实时信息推算车流，为铁路总公司、区域性铁路局的各级运输调度指挥部门提供及时、准确的未来 3 天时间内运用车保有量及车辆分布情况。现在车及车流推算信息系统与TMIS 系统的关系见图 8-10。

基层站段货票系统功能

根据铁路运输规章填制货票，完成货票信息的输入、修改、径路里程计算、计费、打印、存储等一系列操作。完成本站的货票信息综合处理，如：生成报告数据、货主结账、装车结账、收入统计、分类装车报告、保价运输、集装箱一日价报表货票查询、备份

各路局货票系统功能

接收基层车站的制票信息，在路局建立管内货票库，并报告铁总中央货票系统：对管内发、到的货票进行整理，接收中央系统转发的外局到达货票

中央货票系统功能

接收基层车站(路局)报告的货票信息，在铁总建立中央货票库，并同步生成统计摘要库和修改轨迹库，同时还可为全路各级业务和管理部门及货主提供货票信息查询

图 8-9 货票信息系统功能

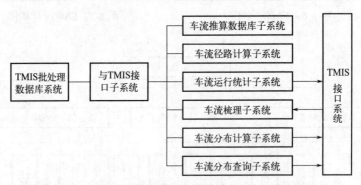

图 8-10 现在车及车流推算信息系统与 TMIS 系统的关系

(7) 车号自动识别系统（ATIS）

车号自动识别系统可动态追踪全国铁路货车车辆、列车和机车运行位置，并实时采集相应信息，主要功能包括图 8-11 所示内容。

(8) 大节点货车追踪系统

大节点货车追踪系统可以做到货物运输过程中的追踪管理，还可以实时查询计算货物位置及运到时间，为货主提供更好的服务。以编组站、区域性铁路局分界站、作业繁忙区段和大型货运站作为追踪节点站，大节点货车追踪需要实时收集包括列车、车辆、集装箱及其货物在内全部的动态信息，通过计算机或者通信网络等通信手段传送到铁总的 TMIS 中央主机当中，经 TMIS 中央系统处理后，节点式追踪管理列车、机车车辆及所载货物状态信息，便于各级运输管理人员及时查询可用信息作为其决策的依据。

大节点货车追踪系统的子系统包括中央实时动态数据库、车站报告系统、应用查询系统、网络系统，其系统功能如图 8-12 所示。

路局货车接入、交出信息
路局分界站货车出、入统计信息
路局有偿使用车及费用计算
路局分界站货车出、入图形显示
铁路货车按路局分布的实时统计信息
路局分界站客车通过正晚点统计分析
路局分界站货车出、入与确报匹配信息
路局分界站的铁总所属货车出、入与18点统计比较

图 8-11 铁路车号自动识别系统功能

按车次查询列车位置及编组内容
按车号查询车辆的位置和货物性质、到站和收货人等信息
按箱号查询集装箱的当前位置和特性
提供列车途经各站的到发时刻及列车概况
提供未来3h(或任意小时)内抵达任一技术站的列车和车辆信息
提供车站停留车信息
查询指定时间范围内分界口出入车流信息
按阶段(3h)提供全路现车分布
按货车追踪轨迹，提供全路集装箱分布
提供车站停留的异常车辆和集装箱信息
按制票站和货票号查询货物信息

图 8-12 大节点货车追踪系统功能

8.2
铁路调度指挥系统

8.2.1 列车调度指挥系统

20 世纪 90 年代初的铁路运输管理信息系统（TMIS）是我国铁路信息化的早期应用，之后结合 TMIS 数据，调度指挥管理信息系统 DMIS 建立，可以自动采集实际运营数据并对技术资料加以储存，实现与铁路局调度中心的远程连接和信息交互。列车调度指挥系统 TDCS 是 2005 年 TMIS 和 DMIS 整合得到的系统，TDCS 功能上实现了极大突破，有调度监督、宏观监视、编制调整列车运行计划、自动下达调度命令以及管理统计调度信息几大功能。调度集中控制系统 CTC 在 DMIS 和 TDCS 数据基础之上研发形成，在功能上有了进一步的拓展，可以实现车站信号设备自动触发、进路自动排列和车站控制等功能。

TDCS 和 CTC 在一定程度上减轻了调度员的工作量，从根本上改变了铁路信号系统在调度指挥和行车控制领域的落后面貌，极大降低了人为因素导致的失误，但距离智能调度决策还有相当长的一段路要走。机器学习、大数据和可视化等先进技术将为实现调度员作出更好的决策提供强大的支撑。伴随着机器 / 深度学习、推理与推荐系统、知识表达与模式识别和计算机视觉等方法技术的日渐成熟，智能化调度指挥系统已成为研究热点。

8.2.2　智能调度集中系统

智能调度集中系统以现有调度集中系统为基础，结合"智能铁路"的发展需求，进行了功能的补充和完善。通过在行车信息数据平台、列车运行自动调整、ATO 功能应用、进路和命令安全卡控、行车调度综合仿真等方面进一步优化完善，以实现调度集中系统的智能化[2]。

（1）列车运行自动调整

与常规 CTC 系统相比，智能调度集中系统增加了在车站股道封锁、车站全站封锁、区间封锁、岔区停电、列车站内股道故障、列车区间故障、接触网故障、异物侵限及风雨雪场景等应急条件下区域封锁，并完成车站终到晚点折返、区间折返及车站折返接车股道临时调整等情况下的列车运行计划调整。

（2）进路和命令安全卡控

增加固定进路卡控、无线发车进路预告、复杂站场进路控制等功能，实现综合智能卡控。

（3）行车信息数据平台

充分结合运输信息集成平台、自然灾害及异物侵限监测、客票管理系统、PSCADA、DMS 等系统，以信息安全保障为基础，采用规定的统一数据通信规程，实现系统与供电、客运、机务、工务、车辆等信息系统的信息交流。

（4）行车调度综合仿真

采用实际调度集中系统应用软件，结合联锁、TCC、RBC、GSM-R 设备和列车运行调整计划、调度命令、临时限速、调监显示、站场控制、车次跟踪、列车采点和报点等场景仿真列车运行过程。

（5）ATO 功能应用

① 车站自动发车：车载设备处于 AM 模式时，出站信号开放、车门 / 站台门关闭，"ATO 启动"按钮指示灯闪烁，司机按压"ATO 启动"按钮确认后，动车组从车站自动发车。

② 车站自动停车：ATO 车载设备通过精确定位应答器进行位置校正，并根据地面设备提供的停车定位基准点位置及列车运行状况，自动控制列车在车站股道停车定位基准点处停车。

③ 区间自动运行：在区间运行时，ATO 车载设备根据地面设备提供的运行计划或按照预选驾驶策略，控制列车加速、自动巡航、惰行、减速或停车，实现自动运行。

④ 车门／站台门联动控制：车站设置站台门时，ATO 系统应实现车门／站台门联动控制功能。

⑤ 车门自动开门（防护）：动车组进入车站，停靠在靠近站台的股道侧后，由 ATP 对动车组的车门进行安全防护，ATO 接收到运行计划且该站办理客运业务时自动开门。

8.2.3　高速铁路智能调度辅助决策系统

我国高速铁路智能调度辅助决策系统具有数据管理、列车运行管理、调度决策、可视化等一系列功能，是一套不同于列车运行图编制系统、调度集中系统，相对独立的调度辅助决策系统，该系统依据高铁运营历史数据和实时数据，运用先进的人工智能等科学技术，预测列车运行冲突、提前报告列车晚点信息，可为调度决策提供有价值的参考建议[3]。

我国高速铁路智能调度辅助决策系统应具备图 8-13 所示的功能架构和图 8-14 所示的功能。

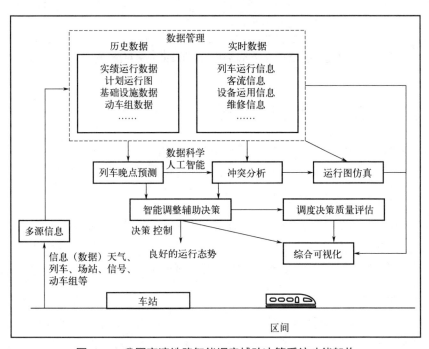

图 8-13　我国高速铁路智能调度辅助决策系统功能架构

数据管理	调度辅助决策系统支持从CTC/TDCS系统中导入的运行图数据、列车实绩数据、基础设施数据、车辆特征数据等，支持以多种格式输出仿真和预测数据。由于数据记录可能存在误差或错误数据，允许通过人机交互的方式对数据进行修改和调整，满足数据操作的基本功能需要
列车运行仿真	通过数据管理模块选择输入计划运行图，在时间域上仿真列车运行并校验运行图编制的质量；可以设置运行干扰情景、自定义干扰的程度、发生时段、影响区域等，校验运行图的鲁棒性，找出能力薄弱环节；仿真列车实绩运行数据，查询列车运营过程中潜在的安全隐患
列车晚点预测	使用机器、深度学习的方法利用实绩数据训练的预测模型，使之能准确地预测晚点传播过程，估计列车运行时间及可能产生的影响，实现晚点程度的度量
冲突分析	基于历史数据，运用数据科学和人工智能理论，建立高速铁路列车运行冲突的自动检测、分级、演化的模型和方法，实现列车运行冲突态势的感知与分析
智能调整辅助决策	建立高速列车调度指挥决策及列车运行调整智能化模型，结合要求的调整策略生成冲突消解策略及列车运行调整方案，为调度员提供列车调度建议，由调度员核验和确认后"一键下达"，实现列车运行计划的快速和智能化调整
调度决策质量评估	以列车晚点恢复、冲突消解、连带晚点影响等指标评估调度调整策略的实施质量，实现对调度决策质量的评估
综合可视化	将可视化方法用于实绩数据和计划运行图的仿真结果输出，将列车晚点情况、车站晚点情况、线路晚点情况和能力紧张区段以可视化方式显示

图 8-14　我国高速铁路智能调度辅助决策系统功能

8.2.4　车流推算及监测系统

为实现智能调度精细化水平，可利用车流推算及监测系统完成铁路车流推算及监测手段自动化、智能化管理。车流推算及监测系统具体功能如下[4]：

（1）车流推算

对于不同的 OD，基于运输实时数据和车流径路，按分级节点推算出满足该车辆完整径路所需要的各节点间列车运行和中转作业时间，并根据车辆实际所在位置、运行轨迹、所属列车等级、变更车流径路情况等参数实时修正以上信息。

（2）车流监测

预计变更车流输送径路，为车流调整提供决策依据；预计分界口交出重车，为掌握限制口车流、编制列车日班计划提供依据；通过管内作业车位置追踪，为运输组织和决策提供可靠依据。

（3）流程管控

深度整合铁路货物运输相关信息系统，基于运输信息集成平台，实现对货物运输预计划的编制和流程管控，同时对货物输送全过程实施相关监控和预警任务，为改进运输组织模式提供数据支撑。具体内容有装卸计划卡控、卸车预计预警、车辆运到时限超时预警。

（4）车流预警分析识别

加工、处理和整合铁路列车运行图、现在车、预确报及装卸作业等相关数据资源，融合数据提高其可用性。推算出两站间运到时间阈值和货物车辆正常停留时间规律，根据阈值和规律识别车辆异常停留情况并进行预警，为改进运输组织模式提供数据支撑。

（5）数据统计分析

深度整合车流径路、预确报、现在车、列车运行图、货运计划、装卸作业等数据资源，构建涉及运输生产和管理决策等的数据资源库。将车辆轨迹追踪、编区站车流分析、局间分界口交车预计、车辆违流预警等功能运用于生产岗位，将比对的决策报表、各类数据统计分析等功能运用于管理岗位，从而准确把控运输生产需求、合理调配生产资源、科学进行运输决策。

8.2.5 高速铁路行车调度技术发展趋势

基于大数据的调度指挥和调度列控一体化发展是未来高速铁路行车调度需要实现的功能。

（1）建立基于大数据的调度指挥——数据指挥

用数据指挥打通铁路运输生产的"数据采集、数据集中、数据应用"各环节，通过大数据的创新应用，使高铁行车调度更加智能化、人性化，是当前高铁行车调度技术发展的重要方向[5]。

（2）高速铁路运行控制与智能调度一体化发展

随着我国高速铁路里程数和客运量的快速增加，现有的控制手段和调度方法在快速、有效解决高速列车运行过程中出现的突发事件方面尚有一定差距。在发生突发事件时，由于现有列车运行控制与调度系统存在"相互独立"、调度与控制"管控分离"等问题，导致应急处置能力不强；列车运行控制与调度指挥系统在列车运行过程中信息交互较少，调度实时性较差；依靠人工调度、手动驾驶和电话指挥难以满足按图行车的需求。

针对高速列车运行过程中可能出现的各类突发事件，开展高效运行控制和动态调度一体化的基础理论与关键技术研究，实现运行控制与智能调度一体化协同的综合技术应用，提升高铁应急决策能力，也是当前高铁行车调度技术发展的重要方向。

8.2.6　智能调度技术应用案例

（1）智能调度技术在京张高铁上的应用

① 创新了列车运行计划智能调整技术。针对列车大面积晚点时影响因素复杂、人工调整速度慢、严重制约晚点恢复等问题，系统充分考虑线路资源、股道占用、时刻变化等约束条件，建立多目标的列车运行计划实时动态调整，综合考虑环境影响因素，通过智能算法自动实现运行计划的迭代调整，从而提高调度员的应急处置效率。

② 创新了列车进路和调度命令安全智能卡控技术。针对列车运行进路、调度命令和动车组作业卡控范围不完整的问题，通过扩大列车进路、调度命令和动车组作业的安全卡控范围，增加发车进路无线预告、场间进路自动办理和行车作业完整性检查等功能，进一步提高进路办理和调度命令的安全自动卡控效率。

③ 构建了行车信息大数据平台。针对行车过程中各信息系统独立、信息交互少、突发事件下处理效率低等问题，通过扩展外部接口，制定信息交互通信协议，搭建统一的行车信息数据平台，实现行车与客票、电调、灾害监测等信息共享，降低突发事件下的沟通成本和出错概率，进一步提高行车组织的效率和安全。

④ 创新了行车调度综合仿真技术。针对仿真系统无法完全模拟实际信号系统逻辑的问题，系统通过对行车调度典型场景的建模，增加联锁、列控中心、RBC等实际系统的逻辑功能，对行车调度全过程进行综合仿真，为行车调度人员提供实训和日常操练环境，进一步提高调度指挥应急处置能力。

⑤ 首次实现智能 CTC 与 ATO 一体化调度。针对调度与列控系统信息交互不充分、旅客舒适度低和节能效果不显著等问题，通过智能 CTC 系统与 ATO 系统进行充分的信息交互，实现列车运行计划上车功能，为 ATO 系统提供精确的列车运行计划，并接收 ATO 发送的列车停稳、屏蔽门状态和门防护报警等信息，实现广义上的闭环控制和一体化调度，使列车实际运行速度更平滑，提高旅客舒适度，降低列车运行能耗[5]。

（2）智能调度技术在浩吉铁路上的应用

① 全程调度　全程调度以建立贯通供应链全过程的一体化调度指挥机制为目的，以将集疏运端、供应链上下游、相关专用线纳入统一调度指挥体系为核心，以此实现全过程协同的调度指挥，主要包括图 8-15 所示内容。

集疏运调度	通过良好衔接国铁、地铁、水运、汽车等集疏运端的信息接口,实现信息共享、计划协同,形成一致的运输计划,保证集疏运端按计划有序交接车流,为建立良好的运输秩序创造条件
物流调度	通过与供应链上下游的产煤、用煤、储煤企业建立良好的数据交换机制,及时掌握上下游企业生产动态和异常预警,根据异常及时调整计划,保证装卸作业按计划有序地进行,提高运力资源使用效率
区域调度集中	将与浩吉铁路同步建设的专用线、站纳入浩吉调度指挥体系,按区域集中管理,统一各项计划,保证运输秩序和作业效率

图 8-15 全程调度内容

构建全程综合调度,通过大数据分析技术,实现客户订单,按照区域别、用户别、品类别完成门到门的全运输指挥;结合气象、环境、基础设施等监测数据实现一票核收、分段计费的"电子运单一票制",从而完成安全调度指挥;通过对车站现场业务实施要求、统一用户、统一入口等工作,灵活安排车站作业,避免重复采集现场信息;实现部分车站无人化。实时采集列车运行状态信息、列车编组信息、现车信息、货运信息、机车信息、乘务信息以及施工信息,融合以上信息构建综合运行图,并利用北斗及 GIS 技术实现货物实时监控和全程追踪。

通过各类数据信息的融合共享,调度员可通过智能调度系统实时获取车站生产作业现场状况、机车车辆的分布和运用状态等数据,并提出车流、运行线、机车、车辆计划同步编制的思路,使运力资源综合规划、运输计划整体优化成为可能。

② 智能大脑 智能浩吉大脑平台由五层组成,分别为大数据资源湖、大数据分析技术、智能计算技术、行业专用模型和大数据可视化,各层具体功能如下:

第一,大数据资源湖。通过智能分析和处理采集到的铁路内外部的相关数据,识别并筛选出有效信息,从而分析事物的实时状态及发展趋势,为调度人员决策判断提供科学依据。大数据资源湖基于浩吉铁路信息化,全面整合运输生产、营销服务、经营管理及综合安全等数据,同时还包括图形图像、语音数据、文本数据和综合视频等非结构化数据。

第二,大数据分析技术。大数据分析技术集成了大数据模型算法,为智能浩吉的智能决策提供了大数据计算能力,主要集成的大数据模型算法有数值预测模型、分类预测模型、推荐算法、聚类算法、文本挖掘算法等。

第三,智能计算技术。智能计算技术为浩吉铁路各应用的智能决策提供了智能计算能力，主要集成的智能计算技术包括文本分析、图形图像分析、知识图谱及深度学习等。

第四，行业专用模型。行业专用模型提供了各专业定制化的计算方法，包括客货客户画像、工务设备画像、机务设备画像、车务设备画像和供电设备画像等。

第五，大数据可视化。数据可视化集成了数据采集、统计、分析、呈现等多环节，通过图形化手段展示大数据分析结果，清晰有效地表达数据隐含的意义，帮助人们快速高效地理解并使用。

智能大脑平台的功能架构如图 8-16 所示。

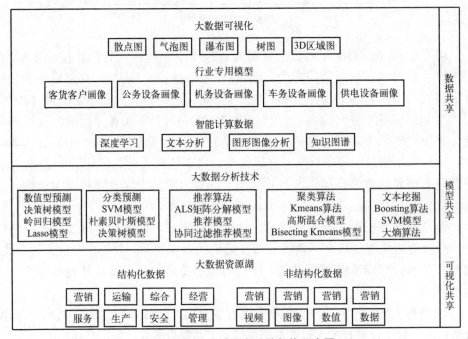

图 8-16　智能大脑平台功能架构示意图

③ 基础设施维护　基础设施维护在智能大脑平台的基础上，以"集中化、智能化、自动化、可视化"为设计原则，通过设备故障预测与健康管理模块（PHM）、过程控制与行为管理建设"4+2"应用功能模块，实现智能运维可视化、设备全寿命履历、移动检测数据分析、固定监测数据分析、现场检查数据分析、智能数据分析、联合生产调度、设备 PHM、工务电务供电专业间接口动态监控、应用系统管理等功能模块。同时，智能化分析与处理数据，建立统一的设备病害问题库，对生产维修过程进行全面管理，实现智能系统的故障预测[6]。

8.3

铁路智能列车运行控制系统

列车运行控制系统（简称列控系统）是用于实现列车间隔控制和速度控制，以此保证列车安全快速运行的系统。为满足日益增长的铁路客货潜在运输需求，铁路总公司制定了《中国列车控制系统（CTCS）技术规范总则（暂行）》和相应CTCS 技术条件。

8.3.1　中国列车运行控制系统

中国列车运行控制系统（CTCS）具有统一的设计标准，是融合了计算机控制、实时通信和信息快速处理等先进技术的列车运行控制系统。

（1）CTCS 列控系统分类

按功能结构，我国列车运行控制系统可划分为 CTCS-0 ～ CTCS-4 五个等级。其中 CTCS-2 和 CTCS-3 是目前国内高铁主要采用的列控系统，CTCS-4 级系统是集合北斗精准定位、自动驾驶、移动闭塞制式和 5G 通信等关键技术的新一代列车运行控制系统，智能化程度相较其余列控系统更高[7]。

CTCS-0 级系统由通用机车信号和列车运行监控装置组成，车载设备存储全部运行线路数据，列车依靠逻辑推断需要的线路数据，结合自身性能生成目标 - 距离制动曲线。CTCS-0 级列控系统主要用于普速铁路，满足 160km/h 及以下速度列车的行驶要求。

CTCS-1 级系统由通用主体机车信号和加强型列车运行监控装置组成，在CTCS-0 级列控的基础上，增加点式信息采集设备，更正和传输定位信息。CTCS-1 级列控系统满足运行速度 160km/h 及以下区段的列车运行要求，适用于普速铁路。

CTCS-2 级系统以前行列车所占用闭塞分区的始端留有一定的安全距离作为追踪目标点，后行列车根据目标距离、目标速度以及列车自身的性能计算得出其制动曲线。CTCS-2 级列控系统满足运行速度 200 ～ 250km/h 区段的列车运行要求，适用于提速干线和高速铁路。

CTCS-3 级系统使用 GSM-R 作为主要通信手段，可完成车地连续双向信息传输，比 CTCS-2 功能更强大、信息传输实时性更强。CTCS-3 级列控系统满足运行速度 300 ～ 350km/h 的区段运行要求，适用于提速干线、高速新线及一些特殊线路。

前行列车的尾部加一定安全距离即 CTCS-4 级系统区间运行列车的追踪目标点，是完全基于无线传输信息的列车运行控制系统。可取消轨道电路，由 RBC 和车载验证系统实现列车定位和完成列车完整性检查。CTCS-4 级列控系统满足运行速度 350km/h 以上区段的列车运行要求，适用于高速新线以及特殊线路。

CTCS 各等级列控系统比较如表 8-1 所示 [8]。

表 8-1 列控系统等级比较

应用等级	CTCS-0	CTCS-1	CTCS-2	CTCS-3	CTCS-4
控制模式	目标距离	目标距离	目标距离	目标距离	目标距离
制动方式	一次连续	一次连续	一次连续	一次连续	一次连续
闭塞方式	固定闭塞或准移动闭塞	准移动闭塞	准移动闭塞	准移动闭塞	移动闭塞或虚拟闭塞
地对车信息传输	多信息轨道电路＋点式设备	多信息轨道电路＋点式设备	多信息轨道电路＋点式设备，或数字轨道电路	无线通信双向信息传输	无线通信双向信息传输
轨道占用检查	轨道电路	轨道电路	轨道电路	轨道电路等	无线定位
线路数据来源	大多储存于车载数据库	大多储存于车载数据库	应答器提供或数字轨道电路	无线通信	无线通信

(2) CTCS 列控系统特点

① CTCS 各等级均为信息连续式控制系统。中国列车运行控制系统中，CTCS-2 级系统采用连续式轨道电路提供行车凭证；CTCS-3 级系统采用 GSM-R 无线传输实现车地双向连续信息传输。采用信息连续控制系统可以提高列车控制系统的完整性、安全性和运行效率。

② 主要的 CTCS 等级均设计了后备系统。CTCS-2 级列车运行控制系统采用 CTCS-0 级系统作为后备，CTCS-3 级系统采用 CTCS-2 级系统作为后备。遇到主用系统不可用的情况，例如 CTCS-3 级系统发生无线通信超时、CTCS-2 级系统 BTM 模块故障等，主用系统均自动降级为后备系统，确保高速铁路动车组安全可靠运行。CTCS-3 级系统与 CTCS-2 级系统的级间切换均在列车运行中自动完成，无须停车转换。

③ 轨道电路信息在列车运行控制系统的各等级均发挥了重要作用。中国自动闭塞区段均采用统一的轨道电路制式，轨道电路不仅发挥了列车定位和完整性检查功能，在 CTCS 各个等级的车地信息传输中也发挥了重要作用。CTCS-2 级列车运行控制系统通过轨道电路提供行车许可信息，CTCS-3 级系统成功引入轨道电路信息进行安全比较。中国铁路总公司确定了 CTCS-3 级车载设备行车许可结

合轨道电路信息的技术方案，CTCS-3 级车载设备可以将接收到由 RBC 提供的列车运行权限 MA（Moving Authority）与轨道电路提供的 MA 进行安全比较，实现 CTCS-2 和 CTCS-3 的系统集成，完善 CTCS-3 级列车运行控制系统，从而提高 CTCS-3 级系统整体的安全性。同时，由于轨道电路信息由轨旁电缆传输，进一步强化了列车运行控制系统的信息安全。

④ 区间轨道电路占用逻辑检查功能的增加进一步提高了高速铁路及普速铁路自动闭塞区段的安全性。目前国内和国际铁路自动闭塞区段普遍采用以区间通过信号机绿灯为常态显示的控制方式。近年来，我国高速铁路及普速铁路自动闭塞区段均在实施区间轨道电路占用顺序逻辑检查功能，实现列车占用丢失后，防护该区段的信号机自动显示红灯，防止追尾。CTCS 系统的整体安全性有了进一步提升，强化了高速铁路运营安全技术能力。此外，中国高速铁路的列车运行控制系统已经实现了 CTCS-2 级线路和普速铁路的互联互通、CTCS-3 级线路与 CTCS-2 级线路的互联互通、不同 CTCS-3 平台之间的互联互通。

CTCS-4 级列车运行控制系统是基于移动闭塞的列车运行控制系统，可以减少轨旁设备，降低建设成本和运营维护成本，目前尚未制定技术方案，是未来高速铁路列车运行控制系统的发展方向[9]。

8.3.2　CTCS-2 级列控系统

CTCS-2 级列控系统包括列控车载设备和列控地面设备，其总体构成如图 8-17 所示。

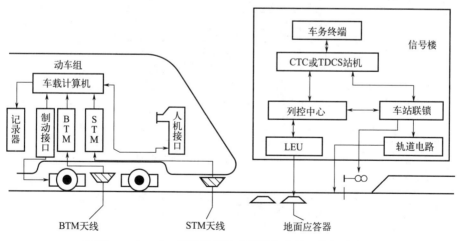

图 8-17　CTCS-2 级列控系统车载设备和地面设备结构图

CTCS-2 级列控系统为车地一体化的列车运行控制系统，面向提速干线和高速线，是基于轨道电路和点式设备传输信息的列车运行控制系统，适用于各种限速区段。CTCS-2 级列控系统中线路占用检测及列车完整性检查由轨道电路完成，轨道电路还可向列车传送连续的控制信息；应答器等点式设备用于传输列车定位、进路参数、列车限速和停车信息。CTCS-2 级列控系统列车追踪运行间隔相比固定闭塞更小，其主要技术特点如图 8-18 所示 [10]。

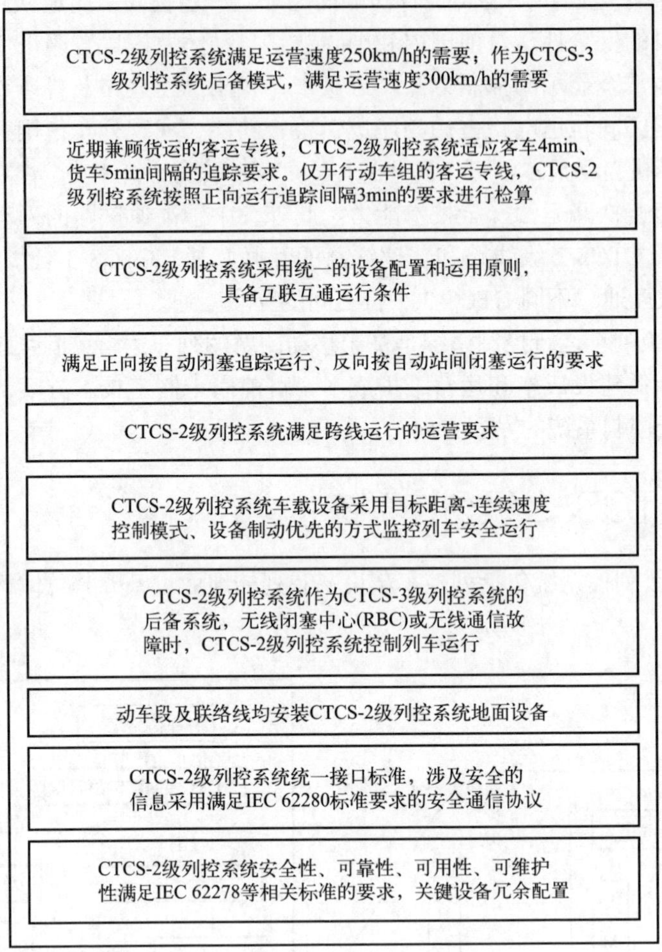

CTCS-2级列控系统满足运营速度250km/h的需要；作为CTCS-3级列控系统后备模式，满足运营速度300km/h的需要

近期兼顾货运的客运专线，CTCS-2级列控系统适应客车4min、货车5min间隔的追踪要求。仅开行动车组的客运专线，CTCS-2级列控系统按照正向运行追踪间隔3min的要求进行检算

CTCS-2级列控系统采用统一的设备配置和运用原则，具备互联互通运行条件

满足正向按自动闭塞追踪运行、反向按自动站间闭塞运行的要求

CTCS-2级列控系统满足跨线运行的运营要求

CTCS-2级列控系统车载设备采用目标距离-连续速度控制模式、设备制动优先的方式监控列车安全运行

CTCS-2级列控系统作为CTCS-3级列控系统的后备系统，无线闭塞中心(RBC)或无线通信故障时，CTCS-2级列控系统控制列车运行

动车段及联络线均安装CTCS-2级列控系统地面设备

CTCS-2级列控系统统一接口标准，涉及安全的信息采用满足IEC 62280标准要求的安全通信协议

CTCS-2级列控系统安全性、可靠性、可用性、可维护性满足IEC 62278等相关标准的要求，关键设备冗余配置

图 8-18　CTCS-2 级列控系统技术特点

8.3.3　CTCS-3 级列控系统

CTCS-3 级列控系统由 GSM-R 无线通信网络实现信息的实时连续传输。因具有车地双向传输通道，地面系统依靠实时获取的列车数据、状态等信息决策列车运行状态的改变并监控列车运行。CTCS-3 在 CTCS-2 的基础上进一步提高了系统

性能。

　　CTCS-3 级列控系统是我国拥有自主知识产权的在全球首次使用 GSM-R 无线通信系统完成速度 350km/h 列车运行控制的列车运行控制系统。该列控系统创新性技术涵盖以下四个方面[11]：攻克了无线通信的关键技术，可完成对速度 350km 列车的可靠安全控制；集成了 CTCS-2 和 CTCS-3 的列车控制模式，可以显著提高系统兼容性；实现了 CTCS-3 级列控系统仿真平台的自主研制，有利于进一步研究列控技术、产品研发和运维的长期可持续发展；建立了一系列完整的符合国情需求的技术标准体系，有利于开展各项高铁列控技术创新工作。

　　CTCS-3 级列控系统在可支持运行的列车速度等级、系统仿真测试条件、标准体系的统一构建和系统各功能模块等方面均处于国际领先水平，其系统原理如图 8-19 所示[12]。

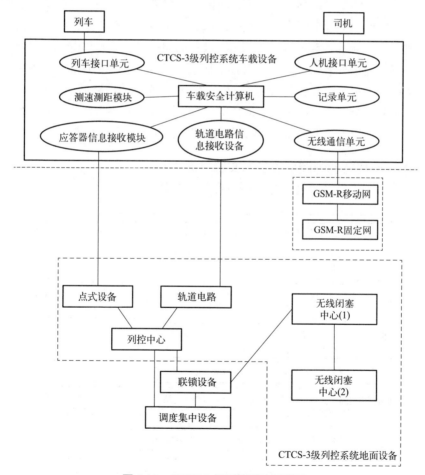

图 8-19　CTCS-3 级列控系统原理图

8.3.4 新型列车运行控制系统

传统 CTCS 列控系统通常采用安装在列车车轴上的速度传感器完成列车的测速测距，同时使用地面应答器校准测距误差。应答器不仅能够辅助车载定位单元完成绝对定位，还能传送线路参数、临时限速、列车运行状态、车站进路占用情况等实时可变信息给列控系统相应设备，是 CTCS-1、CTCS-2、CTCS-3 级列控系统中重要的轨旁设备。为了完成列车定位，传统 CTCS 列控系统必须再布设大量应答器设备，这将增加后期维修工作量和建设维护成本[13]。

针对现有列控系统存在的问题，实现新型列控系统智能化，保障列车运行安全、有序、高效运行是铁路发展的必然趋势，借助卫星定位技术实现列车运行状态自主感知是新型列车运行控制系统的重要发展方向，该技术能够提升列车定位的自主性和可信性，有效减少轨旁设备从而降低建设和维护成本。我国自主可控的北斗卫星导航系统为创新探索和实现基于北斗的新一代列控系统奠定了坚实的基础。目前，北斗铁路行业综合应用示范工程已进入实施阶段，并在青藏铁路初步搭设了实验平台进行列车定位测试；同时，关于 5G-R 的研究项目正陆续推进，基于 5G 的高速铁路移动通信技术研究已同步开展。随着 5G 和北斗三号卫星导航系统核心技术的逐步完善，可为列车提供厘米级的定位与更为先进的铁路通信技术，将 5G 与北斗进行融合，可以实现两个系统的优势倍增，为基于北斗的新一代列控系统提供安全保障，进一步为基于无线定位和无线通信的移动闭塞提供有效支撑。

（1）下一代智能列控系统技术发展目标

下一代智能列控系统技术的发展目标如图 8-20 所示[14]。

研发国际化通用、标准化的报文编码、结构及接口模块及列控车载设备，增强设备的互换性及互操作性，减少冗余，支持列车在不同CTCS级别的高速铁路(客运专线)、既有线、城际及城市轨道交通线路上进行转线运行，实现高速铁路走出去战略
优化列控地面设备系统结构，突破原有调度、列控、联锁等系统相互独立的限制，实现以列控车载设备为主体的优化精简的系统结构
实现基于北斗卫星定位系统的列车定位，减少轨旁应答器数量，逐步减少直至取消区间轨道电路
实现高速铁路列车自动驾驶和智能驾驶，提升列控系统的自动化水平
探索铁路干线应用移动闭塞技术，进一步缩短追踪间隔，提高运输效率
应用无线通信新技术，如LTE-R、以IP为基础的无线通信技术等，提高列控系统车-地通信的传输带宽及传输可靠性指标

图 8-20　下一代智能列控系统技术发展目标

（2）下一代智能列控系统关键技术

① 列车自主定位技术 目前没有一种定位方法能够完全独立解决列车自主定位问题，采用多元融合的列车自主定位解决方案是现阶段可行的技术方案。根据对列车自主定位方案的分析，新型列控系统宜采取 GNSS 与传感器测速定位多源融合的自主定位方案。随着我国北斗卫星系统定位精度的不断提高，北斗卫星系统预计可以在不久的将来取代目前广泛应用的 GPS 定位系统，从而可以摆脱关键技术采用别国系统所带来的各种不必要的限制和风险。因此北斗卫星导航系统将在新型列控系统中发挥重要作用。仅基于北斗导航而不依赖其他卫星导航系统实现列车安全定位是一项重要技术指标。

② 车 - 地数据传输技术 为解决线路列车数量不断增加、单车数据吞吐量日益提高等问题，列控系统需向 LTE-R 和 5G 等未来通信制式升级。

③ 移动闭塞 对于信号系统来说，提升运输效率的主要手段是改进列车运行的闭塞方式。目前较为成熟的闭塞方式主要分为固定闭塞、准移动闭塞以及移动闭塞。闭塞方式的选择主要受制于列车定位精度和通信手段，由于目前依靠轨旁设备的列车定位精度有限，因此广泛应用的 CTCS-2、CTCS-3 级列控系统均采用准移动闭塞作为列车在区间的运行方式。相对于准移动闭塞方式，移动闭塞方式对列车运行效率的提升作用随行车速度、列车安全间隔距离、闭塞分区长度等参数的变化而不同，但采用移动闭塞方式可显著缩短追踪间隔的结论毋庸置疑。

④ 自动驾驶技术 自动驾驶系统 ATO 与列控系统互相独立又密切联系。自动驾驶技术已经成为智能高铁的核心标志之一。300km/h 速度等级的自动驾驶对于高速条件下的速度控制曲线优化、列车停准停稳精度控制、准点控制和跟踪控制、高速驾驶策略等均是关键技术难点。新型列控系统初期的主要应用场景以西部自然环境恶劣地区为主，为了降低司机劳动强度、进一步提高驾驶安全性，自动驾驶功能应与新型列控系统进行同步设计和研究。

参考文献

[1] 束汉武 . 铁路运输信息系统及其应用 [M]. 北京：中国铁道出版社，2008.

[2] 张霆 . 简谈信号系统在高速铁路智能技术中的应用 [J]. 铁路通信信号工程技术，2021，18（11）：85-89.

[3] 文超，冯永泰，胡瑞，等 . 高速铁路智能调度辅助决策系统功能分析 [J]. 中国铁路，2020（07）：9-14.

[4] 廖志林，胡文斌，方立海，等 . 铁路车流推算及监测系统的设计与研究 [J]. 铁道货运，2020，38（02）：12-16，35.

[5] 黄康，应志鹏，苗义烽 . 高速铁路行车调度技术发展历程及展望 [J]. 铁道通信信号，2019，55（S1）：103-108.

[6] 张纯，孔化蓉 . 智能调度系统在浩吉铁路上的应用 [J]. 河南科技，2020（07）：129-132.

[7]   谢和欢.基于5G技术的新一代列控通信系统研究[J].铁路通信信号工程技术，2021，18（12）：38-45.

[8]   傅世善.铁路信号基础知识 第八讲 列控系统的应用等级[J].铁路通信信号工程技术，2010，7（06）：78-79.

[9]   宁滨，刘朝英.中国轨道交通列车运行控制技术及应用[J].铁道学报，2017，39（02）：1-9.

[10] 中国铁路总公司.CTCS-2级列车运行控制系统[M].北京：中国铁道出版社，2013.

[11] 中国铁路总公司.CTCS-3级列车运行控制系统[M].北京：中国铁道出版社，2013.

[12] 黄卫中，贾琨，刘人鹏.我国铁路CTCS-3级列控系统的分析与研究[J].铁道通信信号，2010，46（04）：1-6，21.

[13] 张淼，开祥宝，赵阳，等.适用于低密度铁路的列车运行控制系统：CN108725520B[P]2021-02-19.

[14] 莫志松.CTCS-4级列控系统总体技术方案研究[J].铁道通信信号，2019，55（S1）：34-40.

第9章

智能铁路运输组织

9.1
智能铁路旅客运输组织

9.1.1　智能铁路旅客运输组织内涵及特征

（1）智能铁路旅客运输组织内涵

铁路旅客运输组织是面向整个旅客运输过程的旅客运输管理。通过融入先进的科学技术，使运输组织工作和旅客服务具备智能化特征。从计划出行、出发、途中旅行、换乘、到站和饮食住宿等全程为旅客提供自主智能、便捷舒心的优质综合服务，实现旅客运输智能化管理[1]。

（2）智能铁路旅客运输组织特征

① 全面感知：通过全面透彻感知车站的移动设备、固定设施、运营环境、人员状况及其他相关生产要素信息，做到车站内各生产要素状态信息的广泛、充分、持续、实时感知。

② 自助服务：通过运用音视频识别、虚拟现实、机器人等新技术和设备，提供多语言自助问答、"刷脸"进出站、残障人士无障碍进站并乘车等人性化、个性化的自助服务给旅客。

③ 资源共享：统一存储和管理感知到的海量数据，融合站内信息数据，通过共享数据提升数据价值；统筹管理、按需分配站内的硬件资源，避免资源的闲置和浪费。

④ 协同联动：打破现有信息系统相互独立的状况，通过整合系统和加强系统间的联系、闭环控制设备、闭环管理人员，形成一套完善的协同指挥体系，实现作业-人员-设备-设施快速协调联动，以满足业务需求。

⑤ 主动适应：使用数据深度融合技术搭建相应的业务模型，在客流、列车等内外部运行环境变化的情况下，自动完成决策建议，进而辅助管理人员做好决策，通过调整站内的人员部署、设备状态和作业流程，从而适应变化，避免出现旅客排长队、安全处置不及时等情况的发生[2]。

9.1.2　智能铁路旅客运输组织关键环节分析

传统铁路因其设备的自动化水平低下，信息交换不通畅，各部门间联系不强，旅客运输组织是如图 9-1 所示的由客流到计划再到执行的单向过程[1]。

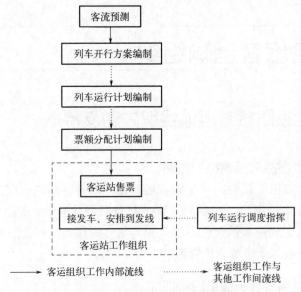

图 9-1　传统铁路旅客运输组织工作流程图

智能铁路旅客运输组织结构间的交流更加紧密，信息传递量更大，信息传输速度更快。智能铁路旅客运输组织工作流程图如图 9-2 所示。

传统铁路与智能铁路的差距体现在旅客运输组织内部的自动反馈调整。在智能铁路运输组织模式和各智能子系统的协同运作下，结合反馈调整与其他环节共同完成旅客运输组织工作。

实际客流的反馈调整是智能铁路旅客运输组织的关键环节。以客流预测数据为基础生成初始列车开行方案，再根据预售期内客票系统售票数据的反馈反向调整列车开行方案，得到适应客流变化、更好地满足客流需求的新的列车开行方案。因此，智能铁路制定旅客列车开行方案的过程是"预测客流→开行方案→实际客流→调整开行方案"。

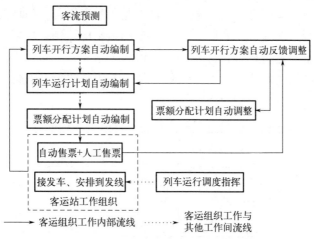

图 9-2　智能铁路旅客运输组织工作流程图

9.1.3　智能铁路客运车站

智能铁路客运车站是以生产高效组织、旅客无障碍畅通出行、人性化无缝自助服务、安全实时监控以及全面绿色环保为目标，以云计算、物联网、大数据、现代铁路管理、服务理念和人工智能、机器人等最新信息技术为支撑，通过全面实时感知、信息及时服务和生产自动组织，协同联动和闭环控制客运车站列车、设备、作业、人员、环境，打造高效、安全、绿色、自助协调统一的新型生产服务系统。智能铁路客运车站的显著标志是自助化、集成化、智能化、国际化[3]。

（1）增强型智能铁路客运车站总体架构

目前我国智能铁路客运车站是基于 2 个标准体系，1 个车站大脑，旅客服务、生产组织、安全应急、绿色节能 4 个业务版块和 N 个具体业务应用（"2+1+4+N"）的智能铁路客运车站总体蓝图开展建设的。为建成便捷、高效、安全、绿色的智能铁路客运车站，我国集中研究了安全传输技术、客运车站信息全面感知技术、内外部系统信息接入技术、站内硬件数据资源的整合共享技术等，构建了铁路智能客站管控与服务平台，并在长沙南站、昆明南站、郑州东站等既有客运车站和京雄、京张高速铁路等新建客运车站进行了应用[4]。

增强型智能铁路客运车站总体架构在智能铁路客运车站总体架构上丰富了感知信息，由新一代网络传输技术分类存储采集的信息，形成数据资源池，新增了分析平台层，主要包括图 9-3 所示内容。

（2）增强型智能铁路客运车站平台应用架构

增强型智能铁路客运车站在原有智能车站平台架构的基础上利用数字孪生、

信息物理融合、人工智能等技术与车站各项业务深度结合，新增物联网平台和数字孪生平台，通过构建车站人员、设备、车辆、站房结构、环境、业务等的数字化模型，结合车站运营机理计算、分析和预测车站未来运营状态，全周期和全领域动态仿真车站运营状态，提升车站作业效率及服务质量。增强型智能铁路客运车站平台应用架构如图 9-4 所示。

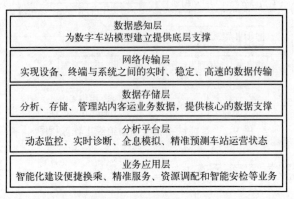

图 9-3　增强型智能铁路客运车站总体架构

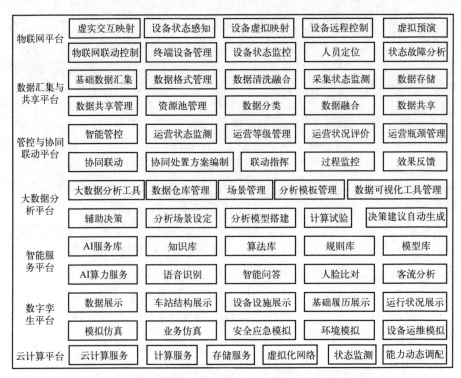

图 9-4　增强型智能铁路客运车站平台应用架构

① 物联网平台。实现站内设备设施的统一管理，实时感知人员、环境状态。

② 数据汇集与共享平台。实现站内全要素状态的实时采集，通过接口与各系统共享数据。

③ 管控与协同联动平台。自动向各集成子应用系统下达作业命令，联动调整客运作业，合理配置和优化运用人员设备，同时接收命令反馈回来的信息。

④ 大数据分析平台。辅助车站管理人员了解站内运营情况。

⑤ 智能服务平台。为车站业务需要、人工智能服务提供技术支持，实现车站业务的智能升级。

⑥ 数字孪生平台。仿真车站各业务、模拟安检应急与环境状态、实时监控设备设施，达到对车站未来状态的实时推理预测并进行可视化处理。

⑦ 云计算平台。集中管理和动态分配全路车站内的计算资源及数据存储。

（3）增强型智能铁路客运车站关键技术

① 智能安检：利用 X 光智能判图关键技术实现自动识别 X 光图像中各类违禁物品，并标记出其位置和类别名称，实时报警提示现场值机人员；采用旅客差异化安检关键技术建立基于铁路安全风险的旅客分类模型，实现旅客进站安检分类分流，提升安检效率；使用人 - 物关联关键技术实现旅客安检物品与旅客信息关联绑定。

② 便捷换乘：基于多源异构数据融合的换乘信息挖掘技术挖掘匹配有效信息，并通过信息发布平台推荐给旅客，根据站内换乘信息智能推荐技术辅助旅客做好行程规划。

③ 智能视频分析：以异常行为识别技术完成人员异常行为识别、人员徘徊识别的智能视频分析；根据复杂场景图像特征提取分析技术实现复杂场景下的图像特征提取，提升图像场景分类识别的准确率；由行人重识别技术实现旅客跨摄像头轨迹跟踪。

④ 客流预测预警：基于客流密度估计技术提醒车站管理人员疏散引导旅客，根据客流预测技术模拟推演车站未来客流情况。

⑤ 风险智能识别及应急处置：基于多源异构的安全风险信息融合技术形成车站安全风险信息数据库，以安全风险分类及识别模型构建技术实现对风险的智能识别及预测。

⑥ 数字孪生车站构建及应用：通过车站数字孪生模型构建技术形成客站运转能力、设备运用及布局、客站流线及客站可视化监控 4 类典型应用场景，依靠车站流线仿真推演技术仿真疏散时间、平均疏散流量、拥堵时间等内容。

（4）智能客站旅客服务与生产管控平台

智能客站旅客服务与生产管控平台是智能客站的核心技术平台，可实现以下功能[5]：

① 计划生成自动化。自动解析客调命令、提取有效数据，与行车调度日计划进行自动比对，生成日班计划，通过 CTC 压轨信号实时修正到发计划。

② 生产组织一体化。整合与分析每趟列车的作业计划、乘降人数、到发时刻以及作业标准等信息，个性化推送信息至相关岗位、指导和辅助现场人员，完成检票放行、乘降组织、出站验票、列车上水等生产任务，全程化掌控、一体化管控客运生产组织并对其可视化。

③ 风险管控精准化。分析日班计划，自动生成安全风险卡控表，注明同站台列车交会、上水作业临线进车等风险项，个性化推送至现场相关作业人员手持机，并在综控大屏自动弹出相应的监控视频。

④ 应急处置高效化。实现应急响应"一键启动、四级联动"，完成"无关信息不干扰、紧急信息强提醒"。

⑤ 设备监测实时化。根据"一设备一档案"的标准化管理要求，建立设备电子履历，智能监控设备状态和实现维保全程追踪，拓展自动巡检、PC 端、手持机和手机 APP 等多种报修渠道，自动记录整个维修过程；加装设备监测传感器，实现接收故障信息、生成维修工单和推送维保需求的自动化；以各类传感器平衡好环境舒适度与能源消耗。

⑥ 信息数据集成化。运用大数据分析技术，提高组织效率、优化岗位配置、形成调图建议。

（5）铁路客票系统

铁路电子客票以电子数据形式体现的铁路旅客运输合同凭证与传统纸质车票运输合同属性相同，承载了铁路旅客运输服务的相关要素信息。其主要内涵包括以下几点[6]：

① 全程服务信息化。无须换取纸质车票，实现旅客全流程的信息化服务，旅客购票后凭有效身份证件办理进站实名制核验、乘车和出站检票、列车查验等手续。车票的电子化和全程服务的信息化，能有效消除纸质车票存在的车票丢失、毁损和购买假票等问题。

② 票务服务自助化。持有效身份证件的旅客均可自助通过车站设备获取乘车信息、办理车票变更和打印报销凭证。

③ 线上线下服务一体化。若通过 12306 网售票系统购买电子客票，可以随时前往车站窗口办理改签和退票，在车站窗口或自动售票机上购买的客票，旅客同样可通过 12306 系统完成客票改签或进行退票。

9.2

智能铁路货物运输组织

9.2.1 智能铁路货物运输组织内涵及特征

（1）智能铁路货物运输组织内涵

智能铁路货物运输组织要求信息感知全面透彻，系统安全互联互通，服务决策迅速准确。智能铁路货物运输组织内涵如下[7]：

① 依托先进的电子商务、人工智能、综合信息采集、计算机网络及无线传输等先进技术，完成铁路货运业务动态组合以及流程持续优化，推动铁路运输的自动化进程，进一步提升智能化服务水平。

② 快速响应用户请求，适应货主及其他用户需求，提供优质的货运服务。实时监测货物运输过程中的货物状态信息，及时响应应急状况，保证货主各项需求。

③ 通过信息传输技术和网络互联功能实时发布货运服务信息，并为货主和其他用户提供信息查询、业务办理和实时监管等功能。

（2）智能铁路货物运输组织特征

① 产品特征 智能铁路货运服务系统将运用电子信息和通信技术、互联网技术以及无线传输技术，将进一步改变货运服务信息发布渠道单一、路企交流困难的尴尬局面，逐步实现货运信息的互联共享、实时发布，为货主提供透明开放、快捷方便的货物运输服务。

② 技术特征 智能铁路货运服务系统融合了电子信息和通信技术、人工智能技术、网络传输、综合信息采集等信息技术，因此，其技术特征包括状态感知、大量传输、融合处理以及可视化表达四个方面。

③ 功能特征 智能铁路货运服务系统在智能铁路发展及应用的条件下，具备智能铁路所具有的控制与优化、知识推理、决策支持、协同计算和任务求解等智能化功能。系统进一步提高了信息技术的应用能力，具有开放性、可操作性以及经济高效性，能够实现以下功能特征：

可测性：对用户服务需求具有可感知性，对服务质量具有可衡量标准。

可视性：系统运行过程提供透明服务，增强其可观测性、表达性与理解性。

可控性：智能铁路货运服务系统业务过程具有可控性与可管理性，对事故补救、货损补偿及决策调整等事项提供人性化服务。

可响应性：智能铁路货运服务系统对用户需求以及投诉意见均能够及时给予回应，并提供切实可行的解决办法。

9.2.2 智能铁路货运服务系统关键环节分析

智能铁路货运服务系统在实现货物安全快速运输与送达的同时，需为旅客提供实时咨询查询和轻松办理业务等服务，既要考虑降低货物运输成本，也要提高客户体验质量。智能铁路货运服务系统包含图9-5所示关键环节和内容[8]。

基本信息查询	供货主通过互联网或手机等查询相关规章、法律及文件信息，了解服务内容，及时获取货物到达站的物流和仓库信息，查询铁路运力信息及电子货票信息。具有键盘输入控制、快速检索、数值和逻辑校验与记事智能处理等功能
运输方案决策	采集多式联运里程信息、运价信息、中转信息等相关信息，货物尺寸、阔大货物、危货和冷藏货物等货物信息及货主运输要求参数。根据采集到的参数搭建智能优化模型，为制定联运方案提供参考，智能化输出货物仓储方案
业务指导	智能化指导货主填单、领箱、装箱、装载加固等业务
业务办理	供货主在线要车、下单、办理保险、提报文件、办理保价运输，运输途中运输合同变更、取消托运等，发出催领通知
货物追踪与监控	供货主查询包括货物在站和在途的实时信息，包括查询货物运输业务办理信息、货物所在列车信息、紧急情况下的救援信息等
货物仓储服务	辅助货物在站仓储过程中的各项作业，包括包装加工、现场储备、配送分类组合等
门到门运输服务	完成送货上门、上门取货乃至全程物流，从计划申报、进站装车直至货物到达验收、到达交付为货主提供全程运输和代理服务，直接联系其他任意物流服务供应商
电子交易	采集货物运输全程服务信息，计算运输、保险和仓储等各项费用；方便快捷地完成货主电子支付；通知货主退、补款等费用信息
网上理赔及投诉建议	采集货损失情况信息，包括自接受承运时起到交付时此货物相关的所有信息；货主能够在线咨询赔付、保价费率等，以便及时为货主提供赔付，提高赔付效率，货主可以针对其体验做出服务评价
个性化服务	货主可以上网查询有效的货源数据和空的返程卡车数据；推行大客户化运营策略，通过给予大客户的运力倾斜，积累并增加铁路货源，提高列车的规模化和集约化运营能力；为货主提供专业化物流咨询服务，就特殊商品开展物流合作；提供物流业务交流平台，方便货主提供物流资讯、信息、精准性资讯检索、车源资料检索、行业资料分析查询等

图 9-5 智能铁路货运服务系统关键环节和内容

9.2.3　智能铁路货运枢纽

编组站作为铁路货运枢纽的主要形式，可完成路网中重要车流的解编列车、检修车辆等作业任务，在货物运输过程中起着非常重要的作用。编组站综合自动化系统可实现货车控制、站内进路控制和货车信息处理，已在北京、郑州、西安、兰州和成都等路局开通应用，可极大改善人员劳动条件，显著提高编组站作业安全性和效率。

编组站综合自动化系统涉及列车到解集编发、调度指挥和计划管理等全部流程，是集管控于一体的智能闭环系统，用于实现铁路行车调度自动化与作业过程智能化，能够实现图 9-6 所示功能[8]。

智能调度	到发线股道自动分配与调整	实现到发线的自动分配与调整
	钩计划自动编制与调整	模仿人脑工作模式实现钩计划的自动编制
	调机运用规划	利用神经网络模型计算出合理的调机分配计划，减少调机不必要的转线时间，提高调机运用效率和作业质量
智能执行	进路开放时机判断	在接发列车计划、列车运行状态与调机作业计划间建立关联分析模型，当空间上存在进路冲突时，以列车进路最晚开放时间为原则，综合考虑历史冲突进路占用时间等因素，实现进路开放时机的智能判断
	作业进路智能调整	建立列车走行路径的网络拓扑，以路径可达并综合考虑走行耗时、缓急程度等因素为设计目标建立机器学习算法库。在进路计划指令无法执行时，智能变更列车走行进路，减少人工干预的工作量
	接发车顺序自动调整	完善接发车进路指令下达序列动态调整算法，解决空间上进路存在冲突但时间间隔相差较大的情况下列车进路下达指令顺序与实际接发列车顺序不一致的问题
	行车风险预警	视频监控系统获取线路周边异常告警信息，研究车站和机车的无线通信联控系统，建立行车事故风险关联信息库，针对风险源进行统计分析，加强管理人员对高风险源的管控
智能分析	作业数据统计分析	随时获取每班作业和不同类型列车的进路自动化使用情况及变化趋势等
	车站能力查定自动化	自动计算车站能力，并为探索更加精准合理的能力查定计算方式提供数据支持
	作业智能评价	通过量化分析和有效评估钩计划兑现率、调机与驼峰资源利用率和车辆停留时间等实现作业质量，为进一步提高编组站作业效率提供可靠依据
智能运维	可视化运维平台	为用户提供不同维度的数据报表分析功能，辅助设备管理者宏观掌握系统运行状况
	故障诊断与预测	提前预警、排查故障发生时间和问题，提前防范问题的发生
	风险识别	全面监控设备运行状况，及时发现、告警异常信息

图 9-6　编组站综合自动化系统功能

9.3

智能铁路应用案例

9.3.1 智能高速铁路

京张智能高铁是我国智能铁路最新成果的首次集成化应用，在智能调度指挥、列车自动驾驶、建筑信息模型、北斗卫星导航、故障智能诊断、生物特征识别等方面实现了重大突破，其智能化设计如下：

（1）智能建造方面

在工程建设中，实现对清河站、八达岭长城站关键设施设备和运营状态的安全监测；通过增强设计八达岭长城地下站的环形救援廊道，构建了八达岭长城地下站的防灾疏散救援系统。

基于 BIM+GIS 技术的可视化数字化应用，应用 BIM 技术，从勘察设计、施工到运维，实现全生命周期的数字、智能化管理。

通过 BIM 技术的应用为施工质量和施工进度提供技术保证，实现设计和建造数据的按需交付，预测诊断铁路基础设施健康状态，信息化管理实现铁路工务、电务环境应急情形[9]。

（2）智能装备方面

采用的智能动车组列车是以"复兴号"动车组为基础，分为"瑞雪迎春""龙凤呈祥"两款，可以实现列车的自动驾驶，自动判断和实时监测列车运营安全信息，提供无线网络覆盖及信息咨询服务，在安全舒适、绿色环保、智能化、综合节能等方面进行全面提升优化[9]。

（3）智能运营方面

构建基于人工智能的高速铁路智能调度指挥系统，实现进路和命令安全卡控、列车运行智能调整、搭建行车信息数据平台、行车调度综合仿真以及 ATO 系统需要的行车计划上车等功能，首次采用基于国内铁路运营维护模式及国内旅客的乘车需求定制开放的软件平台，实现京张高铁行车调度的智能化，多维度身份识别技术的客票系统可实现旅客全程出行无纸化、业务办理自助化，站内智能导航系统可为旅客提供从出发、到站、乘车、出站的全流程服务，应用大数据技术为车站快速响应、协同指挥、智能调度提供有力支撑[9]。

京张高铁智能化服务总体架构见图 9-7。

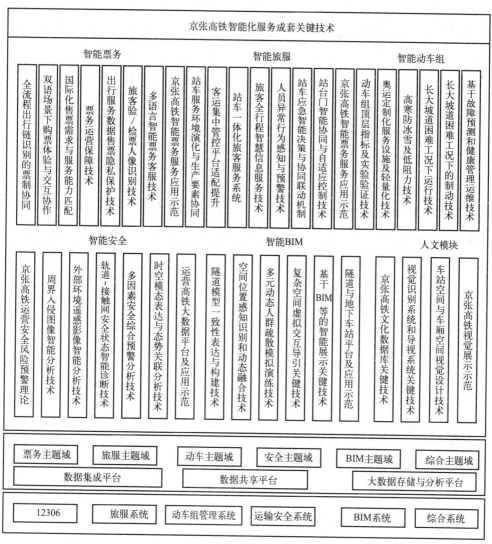

图 9-7 京张高铁智能化服务总体架构

9.3.2 智能重载铁路

浩吉铁路于 2019 年 9 月 28 日建成开通，是世界上一次性建成里程最长的重载煤运专线[10]。浩吉铁路具有以下智能化业务应用：基于北斗的单线 CTC、基于 LKJ 的货运列车辅助驾驶系统、智能牵引供电系统、基础设施智能运维系统、综合安全大数据应用、综合视频智能分析系统、智能综合调度系统、智能基础平台等。智能浩吉功能架构如图 9-8 所示[11]。

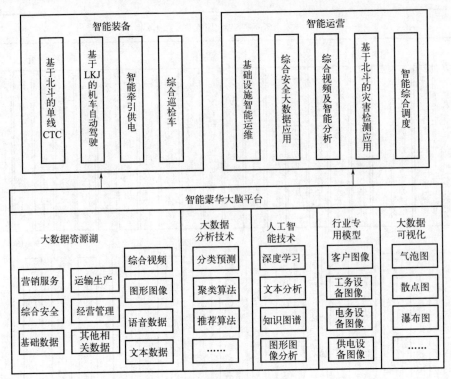

图 9-8　智能浩吉功能架构

以智能化为引领，智能浩吉铁路在安全性、经济性和提高效率等方面成效显著。实现了基于 LKJ 的货运列车自动驾驶，可综合监控、故障诊断、超前预警、资产全生命周期管理设施设备和环境，精简人力资源配置和高效利用资源。智能浩吉在运营维护上包含以下内容：

（1）基础设施智能运维

基础设施智能运维和管理采取了"平台＋模块"的方式，以智慧大脑平台为中心，构建各个功能子模块，提高工作效率、减少资源成本投入、监测设备状态并延长设备使用周期。

浩吉基础设施智能运维管理系统通过一体化的 B/S 框架的设计，规范了工务、电务、电力等的基础设施检查、监控及数据接入方法，以完成专业化的智能分析和管理过程。基础设施智能运维管理系统功能模块包括：移动检测数据、固定监测数据、现场检查数据、智能运维可视化、智能数据分析、联合生产调度、设备PHM、设备全寿命履历、应用系统管理等。

（2）综合安全大数据应用

浩吉铁路安全大数据应用以安全风险预警为核心，以"智能浩吉大脑平台"

为支撑，以安全管理和风险分析为突破口，集成各专业（系统）的各项数据等，结合新型数据分析技术、安全分析技术等，评估设备人员安全，梳理安全因素关联并寻找规律，预警预测事故和故障，以有效保障铁路运输安全。

综合安全大数据应用可预防诊断事故故障、评估铁路职工的安全状态，提高安全管理效率，保障铁路运输安全。

（3）综合视频及智能分析

综合视频及智能分析系统可精准完成视频的质量诊断，该功能有以下优点：

① 技术先进：系统结合大数据、云平台、云存储、集群、网格计算、分布式计算等技术，符合当前信息技术行业发展趋势和安全防范行业发展方向。

② 架构灵活：平台后端采用分布式架构，运维管理更加方便简洁和智能。

③ 数据安全：平台支持双副本、三副本模式，可对数据进行多层保护。

④ 应用高效：平台吸收云存储技术、平台应用部分借助云计算技术、平台客户端可以采用多文档工作的模式，使用可靠且方便客户操作。

⑤ 开放兼容：平台在空间尺度和各行业开放互联。

（4）融合北斗卫星导航系统的工务设施设备监测及应用

工务监测融合北斗技术，可采集建设阶段的多种检测和监测信息，为基础设施设备后期养护维修提供依据。

北斗高精度监测型接收机可为用户提供准确实时的原始观测数据，随时提供固定设施的安全状况并将信息发送给管理人员供其做安全评估。

（5）智能综合调度

浩吉铁路采用智能综合调度有以下优点：

① 运输调度管控一体化，提升铁路运营的安全性和增加其时效性。

② 车站一体化生产和集约化管理，车站无人化或少人化作业。

③ 充分利用好大数据分析技术，制定高效可行的铁路运输方案，完成各物流环节的智能化全程定位追踪。

④ 寻求优质服务资源，结合各节点网络需求构建与之相适应的服务平台。

⑤ 结合物联网业务与互联网服务。

⑥ 通过构建数学优化模型和运用智能算法，提升铁路运输效率。

⑦ 对接货流大数据，满足动态变化的市场需求。

（6）智能浩吉大脑平台

智能浩吉大脑平台包含管理和维护浩吉铁路信息的主数据平台，管理与可视化展示铁路地理信息和地图数据的地理信息平台，汇集、治理、存储、共享、分析浩吉铁路各专业数据并提供可视化服务的大数据服务平台，以及基于先进技术为蒙华浩吉应用提供智能决策支持的人工智能平台。

9.3.3　智能高寒铁路

高原高寒铁路沿线具有气候环境恶劣、地质灾害严重、地貌特征显著、地质构造复杂和地理环境罕见的特点。高原高寒铁路智能化就是要将智能运输系统技术与高原高寒铁路运输系统充分结合，保障列车运行安全和提高线路通行能力的同时降低铁路运营成本、优化经营管理模式以提高产品服务质量。以下通过川藏铁路介绍智能技术的应用场景：

（1）川藏铁路总体特征分析

川藏铁路工程需要面对崇山峻岭、地形高差、地震频发、复杂地质、季节冻土、高原缺氧以及生态环保等建设难题，尤其是在雅安至林芝段铁路工程建设要面临多种极端地理环境和气候特征，建设难度巨大，施工环境恶劣，施工安全隐患极高。

采用基于 GIS+BIM 的智能建造技术可以实现对铁路线路施工过程的全周期感知和监控，以 GIS+BIM 技术为基础的工程项目管理系统可以实现对施工质量和现场安全的实时监管。采用基于北斗技术的气象预警系统和基于 GIS+ 北斗的地质灾害监控系统可以实现对艰险复杂地质地区的气象、地质灾害的精准预警，在施工作业中采用 GIS+ 北斗技术可以实现施工作业中地质灾害和气象环境的精准预警，降低施工作业的安全风险。

川藏铁路雅安至林芝段沿线的地质灾害严重、气候环境恶劣，在运营过程中极易带来安全隐患或造成行车事故，线路后期维护难度大。因此修建川藏铁路线路也应该充分考虑设计川藏铁路综合运维管理平台。平台采用先进的通信技术实现铁路运维的监管和控制。平台通过运用物联网技术、北斗卫星定位技术、RFID等数据采集技术实现对铁路沿线状态的实时感知，并通过现代化通信技术实现数据实时传输，采用大数据、云计算技术实现数据的可视化，这样可对铁路沿线状态进行实时监控和预警，提高铁路维护效率。

川藏铁路运营过程中的旅客和货物运输安全尤为重要，川藏铁路运营系统依托大数据云计算平台，打造基于智能铁路大数据的应用平台，在此平台下可实现智能客运服务和智能货运服务。在旅客服务上采用智能客站技术，运用大数据、人工智能和区块链等先进互联网技术，提高旅客服务质量的全面化、安全化和智能化。在铁路运输服务方面，打造智能川藏铁路多模式一体化的运输服务，可实现货物运输现代物流服务、综合运输服务和全过程追踪服务，保障货物运输全过程的安全性[12]。

（2）智能川藏铁路的主要技术与系统

智能川藏铁路采用的关键技术如图 9-9 所示[12]。

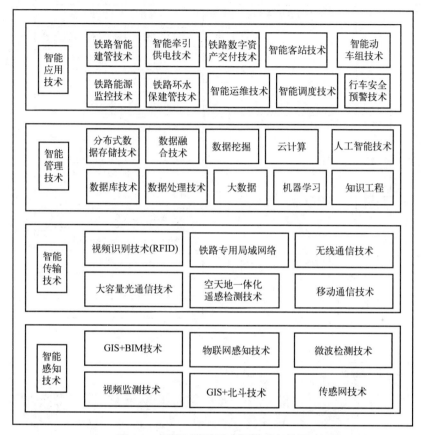

图 9-9　智能川藏铁路主要技术架构图

　　雅安至林芝段气候环境和地质条件极为独特，为适应高寒艰险的地域环境，需建设智能川藏铁路系统以保障铁路线路施工作业顺利进行和维修员在运营维护期间的安全，其核心系统如图 9-10 所示。

　　① 基于 GIS+BIM 技术的智能建造管理系统。以 GIS+BIM 技术为核心，集成运用先进技术，推进工程进度，保障基础设施建设质量和施工作业安全，实现精细化和智能化管理铁路项目建设投资。各子系统构成如图 9-11 所示。

　　② 基于云计算平台的智能运营维护系统。依托智能铁路大数据云平台和智能铁路大数据应用平台，提高作业效率并降低运维成本，实时感知铁路基础设施设备和内外部环境状态，分析预测铁路运营状态，其主要系统构成如图 9-12 所示。

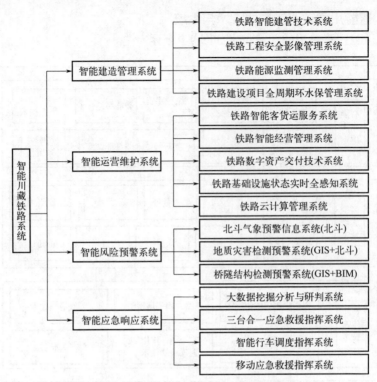

图 9-10 智能川藏铁路核心系统架构图

图 9-11 智能建造系统架构图

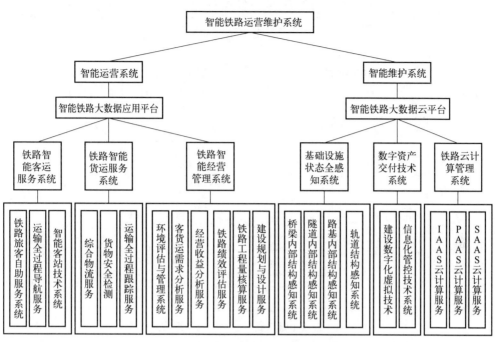

图 9-12　智能铁路运营维护系统架构图

③ 基于高精度智能传感技术的智能风险预警系统。包含的关键技术有 GIS+BIM 技术、GIS+ 北斗技术、物联网技术等高精度智能传感技术，可对铁路沿线气象灾害和基础设施进行实时监测预警。川藏铁路智能风险预警系统构成如图 9-13 ～图 9-15 所示。

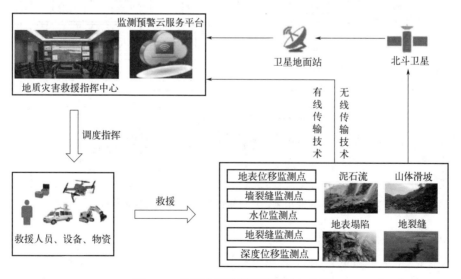

图 9-13　地质灾害监测预警系统架构图

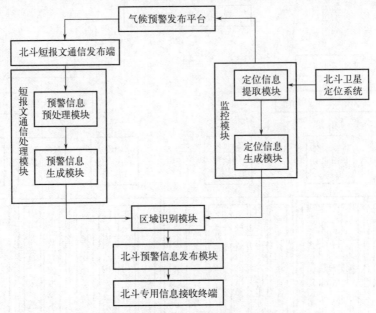

图 9-14　智能川藏铁路气象预警监测系统结构图

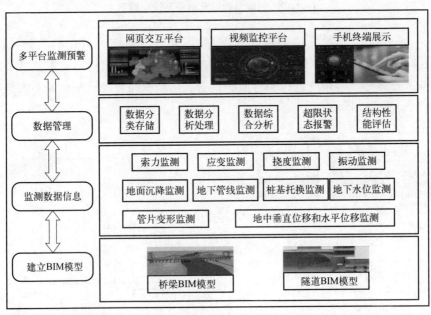

图 9-15　智能川藏铁路桥隧结构监测预警系统架构图

④ 基于 GIS+北斗技术的空天地一体化智能应急响应系统。针对川藏铁路沿线灾害，结合空天地数据、GIS+北斗技术和无人机技术，创建应急救援系统，对灾害过程进行动态模拟，实现科学探测和系统化救援。关键系统构成如图 9-16 所示。

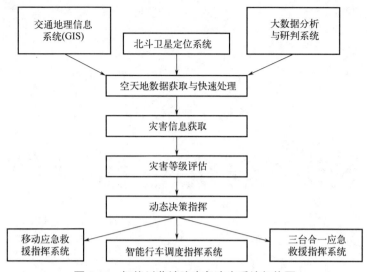

图 9-16　智能川藏铁路应急响应系统架构图

参考文献

[1] 高佳.智能铁路旅客运输组织关键技术研究[D].成都：西南交通大学，2014.

[2] 史天运，张春家.铁路智能客运车站系统总体设计及评价[J].铁路计算机应用，2018，27（07）：9-16.

[3] 张春家，史天运，吕晓军，等.铁路智能客运车站总体框架研究[J].交通运输系统工程与信息，2018，18（02）：40-44，59.

[4] 史天运，彭凯贝.增强型智能铁路客运车站架构及关键技术[J].铁道运输与经济，2021，43（04）：72-79.

[5] 廉文彬.智能客站旅客服务与生产管控平台设计与实践[J].中国铁路，2019（11）：7-12.

[6] 单杏花，张志强，宁斐，等.中国铁路电子客票关键技术应用与系统实现[J].中国铁道科学，2021，42（05）：162-173.

[7] 杨志成.智能铁路货运服务系统研究[D].成都：西南交通大学，2014.

[8] 倪少权，杨毅凡.基于铁路智能运输系统架构的货运服务系统逻辑框架建设[J].交通运输工程与信息学报，2014，12（02）：1-6.

[9] 李红侠.京张高速铁路智能化技术应用进展[J].铁道标准设计，2021，65（05）：158-161.

[10] 李平，曹鸿飞，谢鹏.新一代信息技术驱动下的智能重载铁路总体架构研究[J].铁路计算机应用，2020，29（06）：25-29.

[11] 武晓东.基于"智能浩吉"的研究对智能重载铁路的推广[J].中华建设，2021（09）：108-113.

[12] 张锦，徐君翔，郭静妮，等.智能川藏铁路系统总体架构设计与研究[J].综合运输，2020，42（01）：100-107.

第 2 部分

城市智慧轨道交通系统

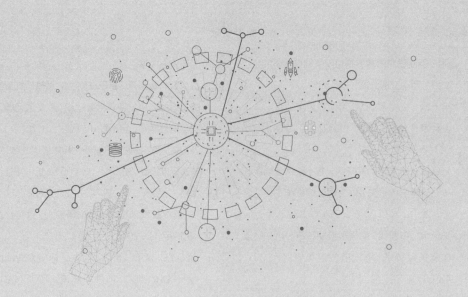

第10章

城市智慧轨道交通系统概述

10.1
城市智慧轨道交通系统的概念、特征及意义

10.1.1　城市智慧轨道交通系统的概念

城市智慧轨道交通系统是集成了电子技术、计算机技术、现代通信技术、现代信息处理技术、控制与系统技术、管理与决策支持技术和智能自动化技术等先进手段的，以实现信息采集、传输、处理和共享为基础的，通过高效利用所有移动、固定、空间、时间等信息，以较低的成本达到保障安全，提高运输效率、效益，改善经营管理和提高服务质量为目的的新一代城市轨道交通运输系统[1]。

城市智慧轨道交通系统具体包括以下子系统：

（1）综合监控系统

综合监控系统是集成诸多技术的大型计算机系统，主要涵盖计算机技术、信息技术、网络技术以及自动化技术几方面。系统集成和互联了多个城轨自动化专业子系统，主要集成环境与设备监控系统、电力监控系统、火灾自动报警系统，并与其他子系统互联。基于集成平台，系统完成对各个专业功能的监控，确保各个系统间相互联动和信息的即使交互，提升运营效率，为实现城市智慧轨道交通现代化运营管理提供信息化基础。

（2）综合安防系统

综合安防系统的组成部分包含诸多安防子系统与监控系统，主要工作就是完成对重点作业区域的监控预警任务，为安全运行作出保障。综合安防系统通常与综合监控系统下辖的几个主要子系统联动工作，与综合监控系统在中央层与车站层互联。

（3）乘客资讯系统

乘客资讯系统的日常工作是负责为乘客提供列车时刻信息、出行参考、媒体广告等实时多媒体信息，在应急情况下，负责相关人群的避险及疏散任务，对城市智慧轨道交通服务水平的提升提供帮助。

（4）自动售检票系统

自动售检票系统（AFC系统）被各国轨道交通行业广泛采用，这种票务管理方式采用非接触式IC卡，依靠安全、保密的售检票系统，以全封闭、计程、计时的运作模式来实现运营中票务类作业的自动化管理。

（5）通信系统

通信系统主要由无线通信、专用电话、电源、传输网络等一系列子系统组成，负责综合通信业务，完成各类数据信息的传输以及语音图像等的传送。通信系统也是行车调度、报警、运营管理等系统必不可少的依靠，这些系统依靠通信系统完成各信息的交互，在特殊情况下还担负起抢险救灾联络的任务。

（6）信号系统

信号系统是城市智慧轨道交通运营组织中至关重要的系统设备，不仅是运营安全的保障，更是运输效率提高的关键。通常情况下，自动列车控制系统（ATC）是信号系统的一个组成部分，涵盖四个子系统，分别为列车自动运行系统（ATO）、列车自动监控系统（ATS）、计算机联锁系统（CBI）、列车自动防护子系统（ATP）。通过信息交换网络，由各个子系统共同实现车-地间控制指挥、中央控制与下级控制的配合，最终形成一个闭环的列车自动控制系统。

10.1.2　城市智慧轨道交通系统的特征

智能城市智慧轨道交通系统将云计算、大数据、物联网、人工智能、5G、卫星通信、区块链等新兴信息技术与城轨交通业务深度融合，实现大范围、全方位、高效率的运行控制与管理，进而推进城市轨道交通系统向网联化、协同化和智能化方向发展[2]。从建造和运营的角度，城市智慧轨道交通具有如下特征：

（1）自组织运行，自感知判断

在固有的城市轨道交通系统中，依靠人工处理的方式进行感知和决策，而在城市智慧轨道交通环境下，通过大量的传感与智能设备，依托先进快捷的网络通信手段，对系统中各要素实时感知，利用当前先进的数据处理手段，对所接收、收集到的各类信息及时处理、分析并作出决断，在科学决策的前提下，下属各子系统依据接收命令自动调整，完成城市轨道交通系统的自我组织优化，展现智慧城轨的优越性。

（2）自主创新，持续进化

城市智慧轨道交通系统依靠对海量信息与数据的收集处理，以及对外部环境与服务对象群体的需求的辨识学习，融合先进技术、管理思想、创新理念助力城市轨道行业发展，在完成基本服务任务的同时，自主创新适应现实发展需求，在企业经营、区域发展、城市建设诸多方面发挥作用，智慧城轨具备自主创新、持续进化的能力，能实现需求侧的智慧响应和供给侧的智慧服务，推动行业成长与发展。

（3）以人为本，高效协同

对于城市轨道交通而言，其本质属性是大容量的公共交通，因此在出行过程中，需要处理的关系不只局限于简单的乘客与交通工具及运营管理系统，更重要的是处理不同身份的人群间的关系。同时，有别于其他的城市交通出行方式，城市轨道交通更加强调各业务系统间的资源整合与高效合作，实现乘客与列车、基础设施、管理系统和环境间的协同，以保障乘客全出行链的良好体验，这体现了智慧城轨的本质性特征。

10.1.3　城市智慧轨道交通系统的意义

智慧城轨发展的内涵是依托新一代工业互联网、物联网技术，将智能感知、云计算、大数据、人工智能（AI）、移动互联、自主协同控制等技术与轨道建设、装备制造、运营服务、设备维护、资源开发等业务深度融合，推进城市轨道交通系统向网络化、协同化、智能化方向发展，以促进城市轨道交通建设、制造、调度、运营、服务、维修、救援等的智能化、智慧化，从而达到改善乘客出行体验、提升设备设施管理水平、提高企业运营管理能力的目标，其意义在于[3]：

① 改善乘客出行体验。利用大数据技术进行智慧城轨建设，增强信息服务的供给能力，让乘客可以及时查询自己所需的人流拥挤情况、车次到达时间、站点换乘方案等实时信息；利用手机支付的各类衍生功能完成多元化支付改进，提高公共交通的相互衔接；利用诸如智能摄像头、AI技术等提高监控与安保能力，分析人员特征，保障乘客与列车运营的安全性。

② 提升设备设施管理水平。利用全新的智能运维平台，建立从检测到诊断再到分析的流程，首先改变以往的设备运营维护"计划修"的模式，通过"状态修"增强设备的可靠性，其次依靠先进的电子技术管理设备与资产，增强使用寿命周期，降低人工参与带来的缺陷。

③ 提高企业运营管理能力。运用大数据、智慧云等一系列技术，运营企业能够提升资源整合能力，减轻不必要的运营开支；利用 5G 通信技术，完成运营过程中车辆设备实时数据的采集处理，同时监控乘客动态数据，由运营企业汇总处理，以便及时合理调整；使用列车全自动运行系统，降低人工参与程度，优化原有运营结构，提升列车运营安全与效率；采用客流大数据分析，使得城市轨道交通运营部门对运能资源的调配更加贴合乘客需要，利用自动编组、互联互通、跨线运营等组织优化手段提高城市轨道交通服务能力。

10.2
城市智慧轨道交通系统的发展目标

为了促进我国城轨交通行业信息化的健康发展和智慧城轨的有序建设，亟须进行行业层面的顶层设计，以统筹发展战略，明确建设目标，确定重点任务，谋划实施路径，创新体制机制，制定保障措施，指导和鼓励各城市按照"因地制宜、开拓创新、大胆探索、勇于实践"的原则，有序推进智慧城轨建设。

中国城市轨道交通协会以"交通强国，城轨担当"的使命感，顺应行业呼声，适应发展需要，研究编制了《中国城市轨道交通智慧城轨发展纲要》[2]（以下简称：《纲要》），以此作为城轨交通行业今后一个时期（2020 ~ 2035 年）制订智慧城轨发展的技术政策、技术规范、发展规划和实施计划的指导性文件。

10.2.1　布局蓝图

（1）总体布局
面向中国城市轨道交通行业，以强国建设为战略导向，以推进城轨信息化、发展智慧系统、建设智慧城轨为主题，以城轨交通的关键核心业务为主线，以数字化、智能化、网络化为手段，构建高度集成的城轨云与大数据平台，建立系统完备的技术标准体系，坚持智能化和自主化"两手抓"的实施策略，准确把握智慧城轨的发展方向，统筹擘画智慧城轨的发展蓝图。

（2）智慧城轨蓝图
图 10-1 所示是智慧城轨建设蓝图布局结构，包括创建智慧乘客服务、智能运输组织、智能能源系统、智能列车运行、智能技术装备、智能基础设施、智能运维安全和智慧网络管理八大体系；建立一个城轨云与大数据平台；制定一套中国智慧城轨技术标准体系。

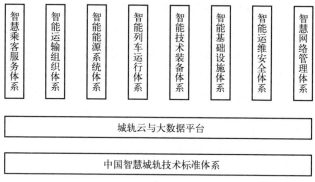

智慧城轨建设蓝图

| 智慧乘客服务体系 | 智能运输组织体系 | 智能能源系统体系 | 智能列车运行体系 | 智能技术装备体系 | 智能基础设施体系 | 智能运维安全体系 | 智慧网络管理体系 |

城轨云与大数据平台

中国智慧城轨技术标准体系

图 10-1 智慧城轨建设蓝图

10.2.2 建设目标

（1）总体目标

力争通过"两步走"实现智慧城轨建设的战略目标。

第一步：2025 年，中国式智慧城轨特色基本形成，跻身世界先进智慧城轨国家行列。为实现这一步，我国城轨行业需要达到世界领先的信息化、智能化、智慧化水平，在智能化核心技术良好实践的基础上让相关产业形成规模，这是总体上的目标。首先是实现城市轨道交通整体智能化、智慧化发展。发展基础设施数字化与智能化，建立起智能化的基建技术管理体系；提升总体智能运输组织能力，以更加智能、智慧的服务设施与服务手段让乘客满意，运输效率达到世界前列；构建一套具有普适性与完善性的智能运维体系，使我国轨道交通运维与保障水平达到世界前列；最终建立起一套涵盖诸多关键技术的智慧城轨技术标准体系。其次是城市轨道交通技术自主化的发展。加快完成对我国现有世界领先通信技术的应用，提升自主化装备的研发制造能力，最终实现相关核心技术达到世界前列；实现轨道交通的互联互通、完善推广自主化全自动运行系统，力争进入国际市场；初步建立起一套节能绿色的建设运维体系，力求达到世界领先。最后是健全完善我国城市轨道交通运营管理平台。建立全网络管理平台，提升运营效率与管理能力；实现现有城轨云及大数据平台规模化，同步世界先进发展趋势。

第二步：2035 年，进入世界先进智慧城轨国家前列，中国式智慧城轨乘势领跑发展潮流。为实现这一步，我国城轨行业要达到世界领先的智慧化水平，在自主创新的基础上完成相关技术体系与产业链，这是总体上的目标。首先是在城市轨道交通智慧智能化方面全方位进入世界领先行列，在 2025 年第一步目标的基础上，完成运输组织能力、服务水平和运维保障的强化，同时依靠完备的智慧城轨技术体系，引领整个城轨行业发展态势，让我国的关键技术标准成为国际标准。其次在进一步发展我国城市轨道交通的自主化技术的同时，注重全行业绿色建设。在轨道交通的互联互通、自主化全自动运行系统得以良好实践的基础上，进一步强化相关自主技术创新能力，让各项关键核心技术达到世界领先；在达到世界领先的全行业绿色、节能运维体系的基础上，进一步探索基础资源集约共享。最后是让我国城市轨道交通运营管理能力达到世界前列。完善全网络管理平台，提升运营效率与管理能力；在 2025 年城轨云及大数据技术平台形成发展的基础上，实现对全行业的覆盖，让新一代城轨信息技术处于世界领先[2]。

（2）具体目标

对于智慧城轨建设的目标主要体现在十个方面，如表 10-1 所示。

表 10-1　智慧车站典型应用概况

目标方向	2025 年目标	2035 年目标
智慧乘客服务	相关技术的普遍采用，各城市间乘车畅行无阻，智能票、检合一的新模式普遍应用；智慧车站各项功能齐全；智能列车的信息服务温馨实用、个性化需求多样完善；紧急情况下智能管理、引导与应急疏散客流，乘客服务安全有序；智能线网运力服务精准匹配、安全、快捷、高效	新兴信息技术和城轨乘客服务全面融合，建成无感进出站、舒适便捷乘车、安全正点通达、网内换乘高效、网外衔接顺畅、智慧服务覆盖的世界领先的智慧乘客服务体系
智能运输组织	基本建立面向城市轨道交通网络化运营的智能运输组织理论，部分都市圈、城市群实现轨道交通网络化运营；部分城市建成基于共享数据、智能设备、智能软件的网络化运输组织系统平台，实现客流分布的实时预测、运输计划的智能化编制、运力与客流的精准匹配；智能调度与应急指挥中心深度融合，初步建成智能化线网运输组织辅助决策系统；智慧车站技术装备及运控体系推广应用；部分城市实现市区城轨、市域快轨、城际铁路"三网融合"，运输效率和智能化水平进入世界先进行列	以智能化辅助决策系统为核心，实现线网运输组织的预测精细化、管理信息化和决策智能化，实现都市圈、城市群轨道交通网络高效智能运转；在市区城轨、市域快轨、城际铁路"三网融合"的基础上，实现城轨交通与铁路、公交、航空等其他运输资源的优化配置、运力匹配和联动调度，有机融入国家现代化综合交通运输体系；运输效率和智能化水平进入世界先进前列
智能能源系统	构建自主化轨道交通能源系统智能装备产业链，电能质量优化控制技术得到全面推广；再生制动、新能源等能量综合管理与再利用技术得到广泛推广应用；建立能耗 - 客流实时耦合模型和能源"供-用"评价评估体系；设备状态监测技术深度应用，建立智能化的故障预警系统；建立以关键设备在线故障监测和诊断为基础的智能运维和能源系统设备健康管理标准并示范应用；全行业能源系统节能率普遍提高，进入国际先进行列	形成自主化的轨道交通能源系统智能装备产业链，实现能源系统技术装备制造全面自主化；永磁牵引及制动能量反馈技术得到普遍使用；电能质量优化控制技术得到全面推广；智能能源系统技术装备标准和能源评价评估标准在国际同行业应用；智能化的能源系统运维体系全面推广；全行业能源系统节能率大幅提高，进入国际领先行列

目标方向	2025 年目标	2035 年目标
智能列车运行	城轨全自动运行系统持续完善优化，智能化、标准化、系列化水平进一步提升；全自动运行系统应用范围进一步扩大；兼容不同信号制式、不同线路设备的跨制式通用列控系统研发成功并示范应用；与其他信号制式轨道交通的区域互联互通取得突破性进展；建成环境状态感知、多源传感信息融合、多目标自动决策、协同运行控制的自主化列车控制系统；自主知识产权的全自动运行系统进入国际市场	市区城轨、市域快轨、城际铁路"三网融合"跨线运营的全自动运行列控系统技术成熟，实现区域内不同制式的轨道交通互联互通，车辆通用、跨线运行以及网络统一调度；全自动运行的关键核心设备批量应用，实现列车运行设备健康管理；自主知识产权的全自动运行系统在国际市场占有率逐步提升，智能自动运行核心技术进入世界前列
智能技术装备	实现城轨车辆智能化、简统化；应用新一代通信技术和人工智能技术，研制支持灵活编组和协同编队功能的车辆，实现运能运力的精准匹配；多制式中小运量新型城市轨道交通装备成熟运用；列车控制网络深度融合并广泛推广应用；开放式多网融合的列车网络及列车装备得到普遍应用，列车网络纳入城轨云网络安全等保障体系；牵引、制动及车载网络等主要产品达到国际先进水平。LTE-M 综合承载广泛应用；LTE-M 与 5GNSA 组网在城轨通信网的融合取得突破进展；城轨通信技术达到世界领先水平。城轨装备制造业建成持续创新能力的创新体系，在主要领域推行智能制造模式；主持和参加部分国际标准修订，建成全球先进的现代化城轨交通装备产业链	城轨车辆实现智能化、系列化、标准化；多制式中小运量新型城市轨道交通装备按需运用；列车控制系统与车辆控制的深度融合技术广泛推广应用，列车智能化水平跻身世界前列。实现下一代通信网络在城轨交通应用，建成新一代智能通信网络，城轨通信系统整体处于世界领先水平。全行业采用智能制造技术，主要关键核心产品达到国际领先水平；主导部分关键核心技术国际标准修订；建成全球领先的现代化轨道交通装备产业链，占据全球产业链的部分高端市场
智能基础设施	基本建立轨道、桥隧状态寿命及维护关键参数评估体系；构建智能化工务运行维护保障体系；初步建成安防智能化检测平台；初步建立振动噪声环境影响监测及智能化仿真分析平台；探索车辆、弓网、轨道、桥隧及环境多元耦合的综合评价分析平台；建设轨道、桥隧状态及振动噪声控制综合智能化管理平台，基础设施的运维数字化和智能化达到世界先进水平	建立完善的轨道、桥隧状态寿命及维护关键参数评估体系；建成智能化桥隧维护保障体系与管控平台和振动噪声仿真平台；建成安防智能化检测平台；建成高度集成的接触网、轨道、桥隧及环境多元耦合的综合评价分析平台，智能基础设施关键技术应用进入国际领先行列
智能运维安全	智能运维系统在全行业推广应用，日常检修效率和车辆整体可靠性达到世界先进水平；车辆运维行业技术标准和规范发布实施；建立基于大数据的线桥隧、通信信号以及机电设备等多专业设备智能运维体系和行业标准；基本建成列车调度指挥、运行控制、行车作业等关键系统安全保护和风险评估的标准化体系；建成与城轨交通客流特点相适应的智能安检新模式；建成基于乘客行为分析和市政交通的综合应急管理系统；全行业运营安全和设备保障等指标达到世界先进水平	覆盖城轨全行业的智能运营安全和综合运维体系全面建成；行业技术标准发布实施，部分技术标准进入国际标准体系；全行业运营安全和设备保障等指标达到世界领先水平

目标方向	2025 年目标	2035 年目标
智慧网络管理	城轨企业网络化管理体系初具规模，各项能力大幅提升。由"自然成网"向"引导成网"的主动式网络化发展理念取得行业共识；涵盖多网络层级管理架构体系基本建立，包括诸多功能。以城轨云和大数据平台为支撑，普遍采用企业资源管理和全生命周期资产管理系统；打造知识管理系统，完善应用 VR/AR 等虚拟现实技术的智慧培训体系；城轨企业的智能运维安全、智慧乘客服务及智能决策水平全面提升，建成准确高效管理、智能辅助决策的现代化企业，实现城轨行业的高质量发展	建成完善的网络管理平台。全面覆盖建设管理、运维管理、资源应用以及其他基础支撑业务。企业网络化管理功能更加智能完善，与网络化管理需求高度匹配。企业网络化管理水平国际领先，网络综合效能位于国际前列，引领行业发展方向
城轨云与大数据平台	完善城轨云与大数据平台的体系建设和应用落地。新建城轨交通城市全部采用城轨云；已经建成城轨交通的城市在新建线路采用城轨云及在既有线设备更新升级时移入城轨云与大数据平台；全面完成城轨交通信息化顶层设计标准，形成中国特色城轨标准体系。城轨云实现对城轨业务的全覆盖，数据共享平台与城轨网络安全体系同步建立；建成城轨云的城市，大数据应用达到世界先进水平	城轨云成为全行业智慧城轨的支撑平台，网络安全全面达标；中国标准的城轨云走向世界；技术先进、数据准确、安全可靠的数据共享平台全面建成，大数据技术在城轨交通全行业深化应用，成为智慧城市的重要数据来源；城轨网络安全体系自主可控；以城轨云为标志的新一代信息技术应用进入世界领先行列
中国智慧城轨技术标准体系	中国智慧城轨标准体系基本完备，实现智慧城轨业务的全覆盖，支撑中国智慧城轨可持续发展；部分自主化关键核心技术标准在国际性标准体系中有所突破；以标准体系和部分关键核心技术标准助力中国技术装备走向世界；智慧城轨标准的整体性、先进性、采纳率均进入世界先进行列	建成系统、完备的中国智慧城轨标准体系；关键性技术标准处于国际领先水平并形成国际标准，实现对全产业链"走出去"战略的全面支撑

10.2.3　建设重点

（1）智慧乘客服务

建立智慧乘客服务体系（图 10-2），提升乘客体验，让服务更加便利、舒适，同时提高智能化水平。一是票务服务的智能化。推进建设跨平台、场景的乘车票务服务，在基于实名制、个人信用体系的情况下，扩大乘车服务系统范围，增加生物识别、无感支付等手段，升级智慧城轨移动应用软件的功能性，吸引乘客使用。二是出行咨询智慧化。整合各平台出行服务信息，利用智能化手段给出合理省时的方案供乘客选择，在人流热点地区设立电子显示牌，为乘客提供客流动态与列车时刻等信息。三是客流管控智慧化。提前预测、及时检测客流高峰时段，及时疏导，可以利用大数据进行管理并及时调整应急处理预案。

四是安检（防）系统智能化。应用现有的监控、生物识别、人工智能各类技术，构建票检、安检结合体系，注意物品及异常行为的智慧化安检模式，提升服务水平的同时更加注重安全与效率。五是车站系统的智慧化。在日常工作中，首先提供车站全范围的动态信息，涵盖列车时刻、人流信息、拥挤程度、乘客诱导等各方面。其次是与车站外部环境接驳，提供站点出入口及周边信息。整体完成车站自身智能化感知、全范围监控与自动化，周边商业与公共服务信息共享联动。在遇到突发情况时，进入智能应急管控体系，依照应急预案，在线网指挥中心的导引下完成组织协调工作的处理。六是环境调控智能化。依据当地气候变化情况，进行站内温度及湿度的调节，为乘客营造良好的乘车环境。七是列车服务水平智能化。做到列车运行时刻信息的及时显示，以乘客为本，提供一整套温暖、适应需求的服务。

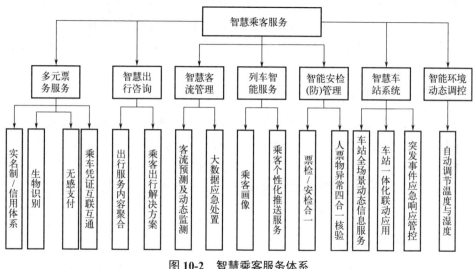

图 10-2　智慧乘客服务体系

（2）智能运输组织

构建网络化智能运输组织体系和线网运营调度（应急）指挥中心，实现运能运量精准匹配、适应线网运输互联互通、乘客出行快捷便利、网络化运输组织高效的要求。

首先是建造线网运营调度（应急）指挥中心（NOCC），在信息共享的基础上，构建基于云架构的路网数据中心，达到集调度指挥与应急响应于一体的成效，在这些基础上再进行互联互通运行规范的研究，对相匹配的智能化系统进行研发；其次是进行列车运行计划编制系统的研发，基于轨道交通网络多源客流数据融合的精准化计算、智能化分析、网络化运营，来完成网络客流的监测预警、网络运力资源的优化配置、运能运量的精准匹配和全自动列车运行的行车组织，同时研究重要交通枢纽的客流态势演变、客流协同管控以及综合交通协同调度，提高运输效率，保障行车安全；最后是研究市区城轨、市域快轨、城际铁路"三网"运输功能定位，增强与其他运输方式间的衔接，为城市公共交通资源的信息共享、协同运用出力。

在线网运营调度（应急）指挥中心部署智慧城轨线网运输组织辅助决策系统。利用共享数据平台实现了在数据处理上的提升，通过对多元数据进行融合处理、对主要的系统数据进行共享、对获取的数据进行深层次分析，达到了信息的收集与实时监控；研究城轨线网智能运输组织优化应急响应以及智敏调整的模型、方法和技术体系；针对突发情况条件下的过程推演及智能应急处置流程的开发，增强运输指挥、应急反应能力，着重提升在突发情况下对大量乘客快速、安全疏解转移的能力；构建基于多专业协同联动控制的线路智能综合调度应用；建立智能公共突发事件应急响应管控体系，完善社会公共突发事件（含卫生安全等）应急预案，以智能化手段组织指挥全线网实施应急处置。

（3）智能能源系统

构建智能绿色城轨能源综合应用体系。首先是发展永磁牵引、双向变流等相关综合节能与可再生能源技术，积极完成相应关键部件的国产化开发；其次是开展相关理论研究，进行线网能源调度消耗优化，建立信息智能化能源系统并加以推广；最终实现我国城轨节能率的提升，使能耗水平处于世界领先地位。

（4）智能列车运行

首先是完成全自动运行系统的互联互通，在建立自主化互联互通接口标准的基础上，深入开发多场景、多专业协同的全自动运行列车控制技术，实现不同制式信号系统的互联互通，最终完成"三网融合"的目标；其次是融入人工智能、新一代车地通信及环境感知系统、灵活编组及协同编队、运行设备健康管理等相关技术，进一步提升运行控制与运营组织能力的优化；最终通过对自主化列车全自动运行系统的推广、改进、优化，建立起中国标准的智能全自动列车运行体系。

（5）智能技术装备

研制适应不同运量和速度的地铁车辆及多种轨道交通制式车辆，研制智能化列车自主运行控制系统，提升线路运能，降低系统能耗。一方面是完成标准化车型的研究及量产工作，针对运量差异进行新型智能化制式列车的研发工作，做到车辆可靠性、维修性的提升；研究集约型车辆网络基础平台，推进采用集约型综合承载、开放创新的列车信息网络，实现综合承载非行车安全等多种信息传输业务。另一方面是研究模块化车地、车车无线通信一体化平台，进一步加强多系统集成化平台的研究工作，改变以往的车辆控制与信息集成模式，增强各系统间的交互能力，提升列车运行精确性与动态响应能力；研究智能化运维平台，提高列车日常检修效率，提升上线列车整体可靠性，促进修程修制变革，降低列车运维成本；增进对智能调控系统与障碍物检测系统的研究，提高乘客舒适性与运行安全性；研究全自动运行系统虚拟连挂的多列车协同编组技术。

构建智能通信平台。首先是推进5G+城轨产业融合发展，紧跟5G+技术的动态发展，提升非行车安全信息车地通信，落实城轨运营中各项5G+应用的使用；其次是加快对新一代有线承载网络的研究，为智慧城轨下大数据、云平台应用助力，应做到超大容量、全分布式组网、智能流量分配，研究城轨智能调度技术，利用语音、图像、数据等各类信息技术完成智能多媒体调度系统；最后研究智能通信信息安全，确保通信业务和数据资源的机密性、安全性和完整性。以行车安全为核心，绿色节能为重点，在车站级集成各弱电专业所有装备信息综合感知与实时控制，结合全自动运行系统（FAO）的深度融合，实现线路、路网级综合显示，通过共享乘客向导系统信息实现车地旅客向导信息一体化；研究基于云架构、大数据、5G+的人脸识别、智能分析、智能视频感知的智能视频系统。

（6）智能基础设施

深化BIM技术在基础设施的设计、建设、运维等全生命周期的应用，建设基于BIM的基础设施状态智能化管理平台。首先是建立基于BIM的全线基础设施模型，需要涉及轨道交通线路区域各专业，利用传感器与5G技术，收集噪声、振动、位移等信息，与各检测系统完成数据共享，搭建起一套覆盖全线的综合感知平台，突破现有专业界限，达到数据无障碍交换；其次是完成综合评估体系建立，对基础设施模型中各部位状态参数进行评估，依靠实时数据针对传统监测难点，对城市轨道交通线路、隧道、高架结构和桥梁、车辆基地、城市轨道交通保护区以及供电和通信等独立设施，建立区域的和立体的防护和感知空间域，运用各种类型传感器、视频系统、周界防范系统、卫星遥感等检测、监测技术，形成完整智能监测感知体系；最后建立智能化仿真分析系统，实现对车辆、弓网、轨道、桥隧及环境多元耦合的综合仿真分析、评价、原因分析，实现基础设施的运维数字化和智能化。基于BIM技术，建立基础设施运维管理平台，一方面构建以BIM模型为核心的智慧城轨基础设施资产管理平台，另一方面深度融合 BIM 模型、物联网、移动应用等技术赋能运维业务。

（7）智能运维安全

建立智能运维和安全保障体系，稳步提升运维智能化和安全运行水平。首先是进行智能运维系统的建立、推广业务，并在上海进行智能运维系统示范工作，针对车辆、信号、通信、能源几个方向进行开发，结合全自动运行系统的信号系统，建立一套完备的智能运维体系，逐渐形成城轨装备智能化运维生产组织模式。其次是配套建设运营保障系统，配合智能调度体系，全方位对运输资源进行动态监测、优化配置、精准调度和协同运转；研发智能运维分析决策系统，在互联互通的模式下完成设备全生命周期管理；建立大数据检测安全评估系统，避免基础设施存在的隐患，利用智能化生产监管达到风险管控水平的提高；完善智能巡检系统，引入人工智能技术，补齐现有短板，减轻人工巡检强度；优化综合协调与应急指挥系统，在线网层面建立运维安全综合保障体系，从日常检测到预警预测与应急处理达到一体化的效果；构建综合运维监管，基于 BIM 技术，通过对设备运行数据收集分析达到对设备的健康管理及寿命预测，再与维护计划结合，使设备维保更为恰当。

（8）智慧网络管理

打造智慧网络管理体系。首先是建立起智能网络生产体系，构建网络化运营调度指挥、维护保障管理、客运服务管理等各类系统，建立网络建设管理系统，引入 BIM、地理信息、图像识别等相关技术优化施工建设管理并且提升工程质量，最终达到网络生产管理的协同与生产业务的准确实施的目的。其次是提升智慧企业网络化管理能力，以城轨云和大数据应用构建共享信息平台，使企业的目标计划、资金控制、安全监控、管理决策与网络化管理各项能力得到提高，完成企业网络化资源管理体系的建设，从财务、人力资源、资金控制、培训资源、技术研发、乘客信息等各个管理方向进行专业系统的建设。最后是构建完备的网络基础保障体系，完成对网络业务平台安全高效的保障工作，支撑通信与信息的灵活共享。

（9）城轨云与大数据平台

建设一个自主可控、功能完备、技术领先、安全可靠、可持续发展的城轨云与大数据平台。首先是针对城轨业务应用进行资源动态分布，统一部署承载，达到对相关信息系统的协助，为城轨智能化、智慧化发展添砖加瓦；其次是进行大数据共享平台与城轨云综合运维管理平台的建设，对城市轨道信息系统主要功能进行统一管理，在此基础上实现数据共享，自主研发大数据平台技术架构，解决在数据共享中的采集、加工、分析等各方面的问题，完成大数据应用的主要基础；最后是进行网络安全体系与智能创新应用的建设，遵循"系统自保、平台统保、边界防护、等保达标、安全确保"的策略，来保障城轨云网及其承载应用持续稳定运行，同时利用大数据与人工智能等技术在城市轨道交通中的优势，助力智能服务、智能运维管理及智能运营指挥的发展。

（10）中国智慧城轨技术标准体系

围绕智慧城轨的建设目标，研究制定中国自主知识产权的技术标准体系。基于现实需要，从政策层面进一步研究，优化宏观设计，建立起一套完善的技术规范体系，形成系统全面、协调一致、经济合理、开放融合的标准体系，通过这一系列步骤对智慧城轨建设进行支撑；尽快开发一批核心技术标准，指导智慧城轨项目科学有序进行，最终形成一套从顶层贯穿底层的系列化标准，从监督评估、数据融合、顶层管理等多个方面展开；指导智慧城轨各个专业的信息化应用系统的研究、完善、迭代发展；主动对接国家主管部门和国际化标准组织，参与国际性标准制定，逐步实现智慧城轨技术标准的国际化；构建科学、合理、全面的智慧城轨等级划分与评价指标体系，针对智慧城轨的特点，制定一套评估模型与方法，不断迭代与推进智慧城轨的可持续发展[2]。

10.3
城市智慧轨道交通系统的体系框架

10.3.1　智慧城轨总体框架

以人工智能为核心，将云计算、大数据、5G 移动通信、建筑信息模型（Building Information Modeling，BIM）等技术与传统城轨交通业务深度融合，打造智慧城轨。智慧城轨总体框架以智慧城轨云平台为承载，构建涵盖业务全生命周期的数据湖，支撑智能建造、智能装备和智能运营三大板块的智能化应用。通过构建智慧城轨云平台，为各智能化应用场景提供技术与数据支撑。智慧城轨云平台以城市轨道交通数据全生命周期为目标，实现设计建造至运营维护阶段的 BIM 一体化、专业数据共享化、设备感知物联化和线路管理网络化。智慧城轨总体框架如图 10-3 所示[4]。

① 基础平台层：从技术架构出发，采用云计算、大数据、人工智能等技术，

构建新一代的智慧城轨专业技术平台，实现城市轨道交通设计、建设、运维全生命周期的智能化。

② 数据接入层：从数据架构出发，借助基础平台，大量有价值的数据得以集合、利用，汇聚形成数据湖，基于基础平台，实现数据共享、大数据分析服务。从相关集成系统中实时抽取数据，并实现数据的标准化转换，在平台中实现数据的分析，多维度、多形式呈现平台数据。

③ 场景应用层：从应用架构出发，面向智能建造、智能装备、智能运营等领域，实现智能化应用的场景落地。

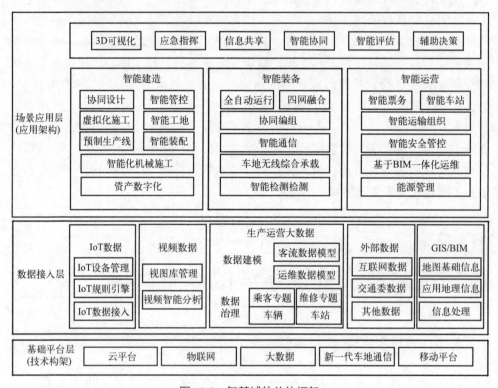

图 10-3　智慧城轨总体框架

10.3.2　智慧城轨云平台

基于大数据、微服务、分布式框架、新型服务网关等技术构建的智慧城轨云平台，实现工程建设、资源管理、绿色节能、运营生产、客流组织、设备运维及供应链分析和生态价值等方面的提升应用。智能指挥中心融合云平台，实现线网指挥中线路中心级、车站级的两层融合及感知 - 数据 - 分析 - 决策 - 执行智能化[4]。智慧城轨云平台架构如图 10-4 所示。

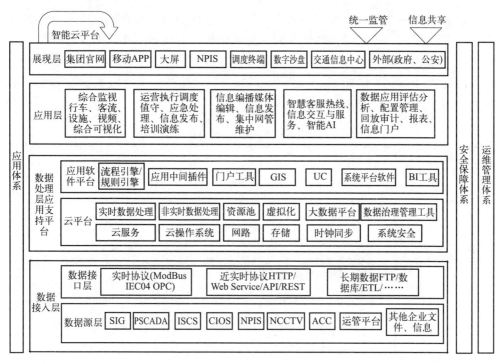

图 10-4 智慧城轨云平台架构

围绕云平台形成多源数据汇集、融合和分析能力，满足虚拟化、弹性计算、高等级安全等要求，主要实现如表 10-2 所示功能。

表 10-2 云平台主要功能

数据源	包含内容
IoT 数据	利用射频识别、二维码、智能传感器等感知设备获取的各类信息及利用声、光、热、电、力学、化学、生物、位置等传感器采集到的城市轨道交通信息
视频数据	基于乘客的出行路径，结合进站刷卡时间、出站刷卡时间、实时列车时刻表，可分析出乘客在站台的滞留时间，并对乘客滞留现象进行分析
生产运营大数据	城市轨道交通基础信息、业务管理数据、在线监测数据、空间数据、基础地图数据，以及离线分析数据、实时分析数据、时序分析数据等
外部数据	交通路况、天气数据、大型活动数据和其他相关公共数据等
GIS/BIM 数据	几何数据、地理信息、图层和图集数据等

10.3.3 智慧城轨数据湖

数据湖是智慧城轨云脑的核心，数据湖主要针对城轨各业务系统带来的不同结构海量数据的存储管理和高效利用问题，通过比较新兴的数据湖技术与传统的数据仓库的区别，构建基于数据湖的智慧城轨数据管理体系和数据处理机制，为智慧城轨的数据治理提供数据层的存储支持。数据湖按照来源不同，可划分为物联网（IoT，Internet of Things）数据、视频数据、生产运营大数据、外部数据和GIS/ BIM 的数据，具体如表 10-3 所示。

表 10-3　数据湖主要内容

模块	负责工作
应急指挥中心	全面负责协调轨道交通各线路控制中心及各运营主体，具备运营调度、应急处置协调、信息共享与发布、地理信息系统（Geographic Information System，GIS）应用、决策指挥等功能
信息编播中心	通过整合各线路乘客信息系统（PIS，Passenger Information System）资源，为各线路 PIS 提供统一的信息源、统一的广告发布渠道及统一的管理模式和手段，包括统一的接口规则、技术标准和发布规则
综合监视系统	实现信息集中、协调指挥、应急联动、应急发布、综合统计指标展示的系统，在统一的操作平台上实现对各条线路的行车、客流、设备、供电、视频监视、报警管理，运输计划的集中指挥与协调及应急处置的功能，实现不同场景下的监视界面切换、日常监视与应急状态下的一键式切换，辅助路网运营调度人员监视指挥
智能客服	提供热线服务、智能语音服务、车站信息服务、车站旅客引流及信息统一发布。为乘客提供出行规划和旅途服务，提升乘客服务满意度
线网数据中心	涵盖数据采集、数据中心、信息管理、统计分析、信息发布平台。数据采集实现对线路各专业的数据采集；数据中心对轨道交通全线网的行车、设备、调度指挥、突发事件、客流等数据进行采集、存储、分析、挖掘；信息管理平台实现对各业务平台的统一管理；基于数据中心，信息统计分析平台实现对企业运营的各类指标、数据进行统计、分析和面向不同单位的发布；依托信息发布平台实现信息发布及交互、信息资源共享和信息价值最大化

参考文献

[1]　简炼 . 地铁智能交通系统研究与实践 [M]. 北京：中国铁道出版社，2007.

[2]　交通强国　城轨担当《中国城市轨道交通智慧城轨发展纲要》正式发布实施 [J]. 城市轨道交通，2020，50（04）：7.

[3]　张文韬，卢剑鸿，姜彦璘 . 智慧城轨发展现状分析及建议 [J]. 现代城市轨道交通，2021（01）：108-111.

[4]　林湛 . 智能城轨总体框架研究 [J]. 铁路计算机应用，2020，29（11）：1-8.

第11章

城市轨道交通智能运输组织

11.1
列车运行计划编制

基于轨道交通网络多源客流数据融合的精准化计算、智能化分析、网络化运营的列车运行计划编制系统，能够实现网络客流的监测预警、网络运力资源的优化配置、运能运量的精准匹配和全自动列车运行的行车组织，最终实现网络环境下的一体化编制。

（1）一体化编制的内涵

城市轨道交通网络列车运行计划是线网运力需求与供给综合协调结果的具体体现。轨道交通的网络是可拆分、独立的大容量快速客运系统，经由车站和线路区间的物理连通组合叠加成的一个规模庞大、功能完善的封闭式客运网络空间。以实现"互联、互通、共享"为目标的网络化运营，要求统筹网络信息资源，协调线间关系，保证运营的高效性、安全性和可靠性[1]。

（2）一般编制原则

城市轨道交通网络列车运行计划的编制原则为：统一管理、分工负责，严格遵守各项技术标准，严格遵守线网运力配置计划。具体到各条线路，要求如下：

① 确保行车安全，严格遵守行车作业程序和各项时间标准；
② 以安全可靠为前提，提高旅行速度，降低全程周转运行时间；
③ 优化运输产品，保证合理的列车发车间隔和合适的满载率；
④ 在保证运量需求的条件下，减少车组运用数量。

11.1.1 多元数据融合的客流预测

(1) 多元数据检测

① 基于 WiFi 的客流信息采集技术　系统通过研制 WiFi 信号嗅探采集设备，构建监测区域内的 WiFi 信号采集网络，实现目标区域内客流群体的 WiFi 信号采集。系统借助 TCP/IP 网络通信协议完成采集信号与数据服务器间的数据汇聚传输，最终形成基于 WiFi 的客流检测系统，为后续数据分析处理提供有效源数据支撑。

该系统主要包括：WiFi 探针模块的适用性验证，WiFi 探针采集数据质量评估，现有 WiFi 系统的升级，WiFi 探测混合组网技术。

② 手机信息采集技术　与通信运营商合作，以手机信令数据为信息本体来进行客流信息推测。在进行区域客流分布统计时，通常依靠获取的用户在分析域的停留状态来进行，手机信令的特点就是对用户身份的标识具有唯一性，同时也涵盖发生时刻与基站信息，在分析过程中依靠手机信令数据，获取乘客进出各分析域时刻。该方法的缺点在于受制于区域土地性质与移动网络覆盖范围，在过小范围中精度不够匹配，在过大范围中土地利用性质较多样，这两种情况均对出现特征的典型性与针对性造成影响，该方法主要适用于土地利用单一的交通枢纽站宏观区域。

(2) 轨道交通客流 OD 精细化管理

提取客流密度与移动方向速度、时空分布、客流预测参数特征，形成轨道交通客流 OD 精细化管理系统。支撑轨道交通建设前的客流预测，为车辆选型、车站规模提供数据依据，也可用于运营调度、线路规划及大客流应急安全响应等精细化管理[2]，如表 11-1 所示。

表 11-1　智慧车站典型应用概况

精细化管理步骤	工作内容
建设前的客流预测	客流预测出现偏差，是国内轨道交通建设前期常见的情况。利用轨道交通线路与线网 WiFi 探测、手机分析技术进行精确 OD 信息采集，保证轨道交通建设前的客流预测精度
线路规划指导	基于客流预测，得到轨道交通在居民日常交通出行中的占比，来完成对各站点与线路断面预测模型的修正，展现在某个时段内居民对轨道交通的需求的模型，为城市轨道交通规划作出合理科学依据的支撑
车站大客流应急管理	客流预警主要是结合客流高密度区域内的设施服务水平，提前对客流在区域内的运行状态进行分析和研究，按照影响程度和拥堵范围对客流的运行状态进行警情判断，并为预警应对提供较为详细的数据来源。利用 WiFi 探测、视频分析技术进行大客流预警

11.1.2　网络化运营的列车运行计划编制

（1）编制条件

根据运行计划编制对线网层及线路层的需求，在线网层下达对各条线路运能供需协调性的规定及对线间协调性的规定时，要求掌握线网的运能需求及各条线路的运能供给情况。线网运能需求以线网客流 OD 数据及各线全天小时、30min、15min 的最大断面客流量为依据，线网的运能供给以各条线路最大通过能力及对应不同满载率的最大输送能力为依据，线网线间协作则以换乘站小时分向换乘客流量、分向换乘必需时间等数据为依据。由线网整体的运能供需现状规定各线路运营起止时间、各线路满载率、换乘站的分时方向性衔接需求以及最大列车发车间隔。必要时，线网层还应提供现行列车运行计划完成情况的分析总结和改进意见，并给出运行计划编制预计完成的主要指标及其分析比较。

以线网层对线路层运行计划编制的总体要求为边界，线路层运行计划编制时必须对具体影响因素及编图要素进行分析。合理、经济且满足运营安全性需求的运行计划建立在主要已知条件的基础上。

首先是运行过程中各主要作业时间，包括在折返站完成的折返作业时间、最小折返列车出发间隔时间，在出入段的作业时间及连续出入段追踪间隔时间，在运行过程中涉及的区间追踪间隔及车站间隔时间，需要考虑时间波动的区间运行时分、各车站停站时间。

其次是车辆相关技术资料，包括车辆段存车能力、列车编组长及定员、可用车组数量、列车交路计划等。

最后是对现行运行图的分析改进。建立运行计划编制模型，基本约束条件是各类时间参数，运能供需平衡的基础是车组数、可用列车数等各类数量参数，而保证列车运行计划的关键则是车辆段位置及存车能力以及列车交路计划、列车连续运营里程规定等。

（2）编制关键问题分析

一体化编制需要重点解决如表 11-2 所示问题。

表 11-2　一体化编制主要问题

存在问题	解决方法
客流组织	根据是否换乘，将客流组织分为本线直达客流组织和换乘客流组织。给定线网的分时 OD 数据，如何获取各条线路本身客流的时空分布及线间换乘客流的时空分布特性，将其量化为线路列车运行计划编制相关的参数、约束或目标，是一体化编制要解决的首要问题

存在问题	解决方法
列车开行参数确定	线路的空间位置及功能定位不同使得列车开行参数设计具有较大的线间差异性，因此设计的线网通用性线路列车发车频率模型应满足各条线路对运能配置协调程度的差异性需求
跨线客流组织优化	结合人脸识别技术与行人重识别技术，解决机场、车站、港口等公共交通场景下的跨摄像头行人识别与检索
网络化运行计划编制计算机实现技术	为提升运行计划编制效率，通过人机交互决策可以快速、智能地对运行计划编制全过程进行控制和调整，能更好地满足交互协作的分层网络化运营管理机制下的线网运行计划编制需求

11.2
城市轨道交通运营管控

11.2.1　列车运行调度指挥

线网运营管理指挥中心（COCC）完成了对调度指挥与应急响应功能的结合，在基于云架构的路网数据中心的基础上，对互联互通的网络化运行规范进行探究，基于数据的信息共享，开发智能化的系统。

（1）网络化运营调度指挥管理需求

轨道交通线网的各线间存在换乘客流，设备设施系统存在互联共用，在运营管理上面临着线网运能匹配、线网客流引导、维修综合调度、应急事件协调处理、线网运营服务信息统一发布等亟待解决的问题，必须设立线网运营管理指挥中心进行集中调度管理。线网运营指挥管理层次见图 11-1。

地铁 COCC 主要负责对各线路 / 区域运营控制中心（Operation Control Center，OCC）的协调管理：

① 线网共用设备，如供电、供冷设备的管理；

② 故障、事件和事故（按警报、事件的影响程度划分等级，进行分级管理）状态下的线网应急运营组织指挥及应急运营服务信息发布；

③ 与地铁外部各相关单位、部门，如供电局、公安局、气象局、地震局等联系；

④ 地铁运营服务信息发布等工作。

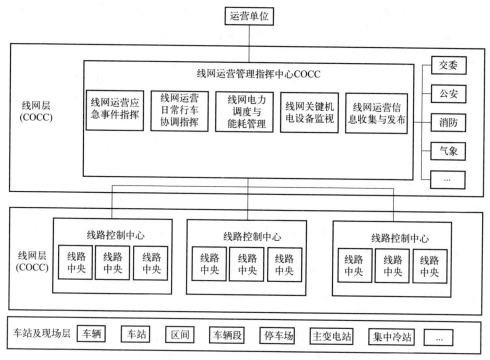

图 11-1　线网运营指挥管理层次

运营单位根据自身管理要求，选择 COCC 为有监有控或只监不控，在系统设备上进行监视指挥，对于跨线共用设备设施，部分功能上可以控制指挥。完成各区域运营控制中心的调度指挥，在突发事件发生时做好线网运力调配及客流疏导，并且进行对公众媒体的运营信息发布工作。

（2）调度指挥系统建设

① 指挥平台系统　COCC 调度员通过指挥平台系统对线网设备运行情况进行监控，指挥平台系统通过主控系统从各线路 OCC 收集数据源，接入 COCC 线网指挥平台，具备全线网运营信息全面采集、集中监视、应急指挥、信息资源共享等功能。指挥平台系统主要由线网综合监控、应用系统和通信系统组成。

② 运营线路的信号、供电、视频监视系统信息　运营线路信号系统和重点车站 CCTV 显示，该模块可同时最多显示 6 条线路信号系统信息、16 路 CCTV 监控屏幕，可根据需要进行自由切换，以满足 COCC 调度日常监控线网行车，应急情况监督、提醒、协调运营及客运组织的职能。值得注意的是，城市轨道交通的动力系统离不开电力供应，加之网络化情况下共用主变电站的情况较为普遍，电力保障制度和监控预警系统显得尤为重要。

③ 线网大图　把线网的拓扑图绘制在一张大图里，其中已开通运营的线路

显示该线路原配颜色，未开通的线路为灰色。线网大图可以显示列车车次（服务号），标注线路车辆段位置，提醒牵引供电故障、火灾报警等，具有列车晚点警示功能。

④ 线网客流预警系统　线网客流预警系统负责对进出站客流的整合展现，在15min、1h 两个等级显示线网内各车站、单一线路以及网络的客流趋势，同时基于当日实时人数与过往规律，对线网当日的全天运量进行预测。同时其下辖的拥堵系统，可对之后的 5 ～ 30min 的客流进行一个实时预测，从区间断面拥挤度、站台客流分布、（换乘站）换乘客流量情况等多个方面进行，达到对官方应用客流提醒功能的支撑，并且及时联动各网络平台发布信息为乘客合理安排自身出行提供帮助。

⑤ 应急指挥平台　突发事件应急响应按照事故（事件）的可控性、严重程度和影响范围，由高到低划分为Ⅰ级、Ⅱ级、Ⅲ级、Ⅳ级 4 个级别；响应行动分为3 类：运营业务类、新线建设类、资源物流类。应急情况下，其核心是基于生产指标大数据查询分析的业务应用，通过地理信息系统辅助应急处置，提高应急处置效率，有效应对突发事件。

⑥ 运营主要 KPI 指标　反映线网运营质量的主要指标包括 5min 以上晚点统计、运营服务可靠度、线路最小行车间隔、当天执行的运营时刻表、上线列车数、关键车站站厅 / 站台温度、供电主变负载率等[3]。

11.2.2　智能客流协同管控

研究重要交通枢纽的客流态势演变、客流协同管控以及综合交通协同调度，提高运输效率，保障行车安全；最终对城市轨道交通下宏观客流、微观客流进行实时感知、多维分析，建立一个集实时客流监测、精准客流分析的全区域、全要素、全流程的客流安全风险感知体系[4]。

（1）需求分析

客流协同需求分析见表 11-3。

表 11-3　客流协同需求分析

不同层级	需求内容
车站运营管理	每个城轨车站需精准提取站内各监控区域不同维度的客流时空信息，如客流量、密度、速度、不同维度的客流时空分布等，以及大客流规律、异常行为等，需提高检测和预警的准确性；需实时掌握车站整体及各设施上的客流拥挤度、安全状态、客流变化趋势及分布规律，不同时间粒度下的客流预测和预警信息；需制定不同拥挤阈值报警体系对车站客流进行诱导和管控；需将相应的数据实时传送给线路级、线网级控制中心

不同层级	需求内容
线路级运营管理	线路监控管理中心与管辖内的每个车站需互联，需随时了解管辖区域内每个车站的客流大致情况和列车运行详细信息，对各车站的所有视频等相关信息均可进行调用和选择性地观看、分析和存储，可查阅车站客流监测及预警系统的热力图、客流时空分布等；可根据需求，将相关客流信息传输到线网调度管理中心，汇总成为线路级的客流信息，用于对管辖内多个车站的客流状态进行统一监管，并向车站下发预警信息和指挥命令
线网级运营管理	线网监控管理中心需与各线路监控管理中心互联，汇总形成线网级的客流信息，需随时了解每条线和每个车站的大致情况和运行详细信息，掌握各车站/线路的实时报警、应急措施、预测、预警等信息，对所有线路和车站的相关信息均可进行调用和选择性地观看、分析和存储，辅助集团总部对于全网客流状态的监测、预警和应急决策

（2）基于 AFC 的客流分析技术

基于地铁 AFC 系统运营数据，分析城市轨道交通乘客路径选择、乘客滞留现象，分析目前线网客流特征，总结城市轨道线网客流的规律，如表 11-4 所示。

表 11-4　基于运营数据分析方式的区别

分析方式	需求内容
路径选择行为分析	乘客在地铁系统的一次出行可分为从进站闸门走到站台、在站台等待列车、上车到达目的地、换乘、下车出站 5 个过程。基于乘客进站刷卡时间、进站走行时间、站台候车时间、列车运行时间、换乘走行时间、出站走行时间、出站刷卡时间反推乘客 OD 间走行路径
乘客滞留现象分析	基于乘客的出行路径，结合进站刷卡时间、出站刷卡时间、实时列车时刻表，可分析出乘客在站台的滞留时间，并对乘客滞留现象进行分析

（3）基于视频分析的客流分析技术

融合视频处理、模式识别及人工智能等新技术，复用地铁站点视频监控资源进行客流统计、异常行为监测与特殊乘客识别，实现地铁站点客流精细管控如表 11-5 所示。

表 11-5　基于视频分析各项技术的区别

分析方式	需求内容
客流统计	基于视频分析对视频监控画面中特定区域（如闸机、通道、换乘点等）的人头、肩等特征部位进行识别，并根据其运动轨迹来判断人的出入关系，实时监测车站的人流量和客流密度等统计数据，及时导流、限流，预警核心区域人群过于密集等安全隐患，有效实现大客流人群密集区域的疏导与管理

分析方式	需求内容
客流异常行为监测	利用人工智能图像识别技术，对机场、车站、港口等公共交通的多种安全场景进行动态安全隐患识别与报警，同时识别大客流聚集、危险区域进入、翻越轨道、人群聚集、打架斗殴、行人逆行、求救动作等异常事件，对于人群异动进行有效预警和及时发现，满足城市大范围、高密度、跨区域的监控分析需求
特殊乘客识别	结合人脸识别技术与行人重识别技术，解决机场、车站、港口等公共交通场景下的跨摄像头行人识别与检索。行人重识别技术根据行人的衣着、体态、发型、姿态等信息认知行人，与人脸识别技术相结合，能在庞大复杂的交通网络中快速发现目标人员，并定位形成运动轨迹，极大提高公安机关对特殊人员管控与抓捕的效率，同时也可应用在城市疫情防控、失踪人员寻找等领域

（4）基于 WiFi 的客流分析技术

基于 WiFi 的客流分析运用 WLAN（无线局域网）技术实现接入设备的定位，即在无线接入的同时能够判定接入设备的位置，通过数据采集、数据清洗、数据标准化处理、数据入库、数据分析等过程，获取选定区域内（如通道、站厅、站台等）的客流量、客流分布、乘客驻留时长等[5]，如表 11-6 所示。

表 11-6　基于 Wi-Fi 分析方式的区别

分析方式	需求内容
乘客热力分布分析	基于采集的 MAC 数量及空间位置，融合区域空间地图，实现选中特定区域（如站厅、站台、通道）在二维、三维地图上的热力分布呈现，直观呈现客流聚集区与空散区
乘客驻留时长计算	通过 MAC 的连续多次采集，使用 MAC 计算每个 ID 在同一站的驻留时间，根据计算结果可以判定乘客的滞留及车辆晚点等情况

参考文献

[1] 周艳芳，唐金金，许心越，等 . 轨道交通网络列车运行计划一体化编制理论框架研究 [J]. 都市快轨交通，2013，26（04）：63-67.

[2] 马忠政，曾小清，黄继成，等 . 多元数据融合的轨道交通客流 OD 精细化管理系统 [J]. 隧道与轨道交通，2019（03）：38-41，59-60.

[3] 梁强升 . 城市轨道交通线网运营管理指挥中心建设与管理方案研究 [J]. 都市快轨交通，2020，33（01）：127-133，146.

[4] 王爱丽，谢征宇，孔繁鹏，等 . 城轨大客流监测与预警系统研究与设计 [J]. 中国铁路，2020（05）：111-117.

[5] 闫茜，周梦麟 . 城市轨道交通大客流安全管控技术研究与实践 [J]. 警察技术，2020（04）：20-24.

第 12 章

城市轨道交通智能列车运行控制系统

12.1
城市轨道交通列车运行控制系统

行车组织和运营服务是城市轨道交通日常运营中的两个核心，围绕它们形成了各自独立又相互联系的不同专业，这些专业首先需要保证自身在运转时的可靠性，其次也要与其他专业相互配合，最终达到整个城市轨道交通系统的安全运行。在这个大系统中，除了有基本的设备管理和维护系统之外，必须有一套行车组织系统来为人们的出行提供安全保证，唯有一套行之有效的行车组织系统才能制定出满足乘客运营需求的行车计划，高效合理地组织列车运行。

12.1.1　基于通信的列车运行控制系统

我国新建轨道交通项目中，基于通信的列车运行控制（Communication Based Train Control，CBTC）系统取代了传统基于轨道电路的控制系统。移动闭塞（Moving Block）的使用提升了行车效率，在保障安全运行的同时，缩小行车间隔，摆脱了以往依靠轨道电路划分的情况，通过车地间的双向通信，将前后列车的最小间隔动态保持在安全制动距离范围内。

CBTC 系统主要有以下特点：

① 列车在线路的位置由列车自动测定，可以缩小列车之间的行车间隔　CBTC 系统的线路不再划分轨道区段，列车通过设置于地面的定位信标确定其在线路的精确位置，然后列车通过车载设备自动计测运行距离，确定其在线路的相对位置；列车不间断地以数据传输周期向控制中心和区域控制器报告列车在线路的位置。

② 车地之间始终保持不间断的双向通信　列车和地面采用无线方式不间断地保持双向通信。确保信息的实时性和可靠性，控制中心可以将调度的调整信息及时地传送至列车，不像 ATC 系统只能在车站的站台区域，才能实现车地之间的双向通信。列车也将不断更新的列车位置信息及时地传送给控制中心和区域控制器，区域控制器可以将更新的允许列车前行的距离指令（列车移动授权极限 LMA）及时地传送给列车。通信的安全可靠以及数据处理及时决定了 CBTC 系统的性能。

CBTC 自动控制系统由几个主要子系统构成：

① 列车自动监控子系统　列车自动监控子系统根据控制中心列车运行状态信息、设备状态信息及运行时刻表完成列车自动排列进路，并修正停站时间及站间运行时间实现自动调整列车运行的目的。

② 区域控制器和计算机联锁子系统　区域控制器和计算机联锁子系统可以处理轨道空闲和进路问题，并且管控岔口及信号。整条进路的排序、封闭、保持、开放和岔口的开放、转换、封闭、监管分别由进路控制功能和岔口控制功能来完成，以此回应列车自动监控子系统的指令。何时停车的显示设置由区域控制器和计算机联锁子系统依据列车自动监控子系统设定的指令完成。

③ 车载控制器子系统　车载控制器子系统中，保障列车运行安全的主要核心是列车的位置及运行方向，将测速传感器及地面应答器相结合，实现列车定位。

④ 数据存储单元子系统　数据存储单元子系统中，列车定位是通过安装在车轮上的测速器来完成的，因此列车和地面要共同使用一个数据库才能实现系统统一调度和协调控制。该数据库中包括列车和地面相关的各种静态数据及动态数据。数据通信子系统保护数据采用冗余方式，确保数据库的安全性[1]。

12.1.2　新型列车自主运行系统 TACS

TACS 是轨道交通对更高效、更灵活和更经济的控制系统不懈追求的结果，具有列车主动进路、列车自主防护等技术特点，是具有更高安全性、更高可靠性、更高运营效率、更低建设和运营成本的列车自主运行系统，实现了列车控制从集中控制到列车分布式控制、从列车自动运行向列车自主运行的技术转变。

CBTC 系统是以轨旁设备为中心的列车控制系统，系统关键数据流汇集到轨旁的区域控制器，由区域控制器实时计算移动授权，控制列车运行安全间隔。而 TACS 系统是以列车运行任务为中心的列车控制系统，系统关键数据流汇集到车载控制器，由车载控制器自主计算移动授权，自主控制列车运行安全间隔。TACS 系统简化了系统架构，取消了轨旁联锁子系统，系统无须办理或取消进路，取而代之以精细化资源管理。车站层配置了目标控制器子系统，用以采集道岔、信号机、屏蔽门等设备状态信息，而控制命令则由轨旁资源管理器或车载控制器发送，通过目标控制器来控制轨旁设备。轨旁设备状态及资源分配状态信息发送给车载控制器，并由车载控制器自主计算本列车的移动授权。在 TACS 系统中，车载控制器是核心控制设备，列车按需自主申请和释放资源[2]。TACS 系统与 CBTC 对比见图 12-1。

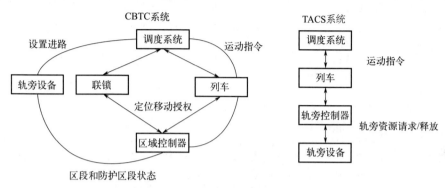

图 12-1 TACS 系统与 CBTC 对比

（1）系统设计特点

TACS 列控系统在 FAO 全自动运行功能的基础上，充分利用安全高速的 LTE-M 信息传输平台，列车和列车之间通过网络建立数据通信，由集成列控功能的车载控制系统根据时刻表自主调整列车运行，控制轨旁设备，并自动触发进路，根据列车计算的移动授权自主防护列车运行。TACS 系统中，列车运行计划或进路命令可以直接下载到列车，由列车自主执行进路并持有行车所需资源，资源是否能够释放完全由列车自主判断，系统可自动驾驶列车，同时可根据计划自主调整运行时间，从而实现列车自主进路、自主防护、自动驾驶、自主调整功能，最终实现列车的自主运行[3]。

有别于传统 CBTC 系统的"车 - 地 - 车"通信控制架构，在 TACS 系统中，简化了轨旁设备并且撤除一部分信号设备，车载控制平台为列车控制部分的核心，代替固有的部分控制工作，通过交换列车运行数据完成移动授权。TACS 系统移除以往的联锁子系统与区域控制设备，提升了系统适用性，减小单一车辆故障对整体控制的负面影响，降低控制故障风险，避免区域性降级。

采用实时以太网构建覆盖全车所有智能设备的控制网络，TACS 列控设备作为节点之一纳入该网络，与列车原有的控制系统如牵引、制动控制功能并行管理，从系统整体的视角提高列车运行安全逻辑的整体性与性能，完成一体化目标，将列控数据的收集发送融入车辆设备。TACS 控制系统到执行机构控制链路短，控制参考信息更多，控制逻辑更加合理，有利于在 FAO 基础上进一步提高控制精度和执行效率，最终提高列车的运行效率。

（2）系统原理

TACS 系统原理如表 12-1 所示。

表 12-1　TACS 系统原理

不同层级	需求内容
列车自主进路	OBC 可接收由 ATS 下发的时刻表（含时间信息的运行线）或运行线，根据计划的路径及时间自主触发进路运行。OBC 执行自主进路时，ATS 也可以实时下发命令进行干预调整，调整命令包括人工进路命令、扣车跳停等，人工进路命令发送给列车，统一由列车触发进路
资源管理	TACS 列控系统相对于传统 CBTC 系统是一个分布式交互控制系统，没有传统意义上集中式（地面 ZC）的控制核心，列车之间直接交互实现安全行车所需的路权交互。OBC 根据行车意图，查询当前列车所需的资源的持有者。获取资源持有者后，OBC 尝试与资源持有者建立通信连接，并向其申请行车资源。资源持有者在判断所有拥有的行车资源不再使用时，向申请者移交资源，列车获取到所需资源后使用该资源，认为被本车所持有。行车资源获取后，若不再使用并当其他列车申请时，可释放该资源。仍需使用的行车资源，即为不可释放的资源
自主防护	进路在传统列控系统中指地面控制设备提供的以地面控制为基础的地面防护，包含各类安全防护规则如联锁关系。TACS 系统中，在行车资源化的基础上，列车本身就会负责本车的行车防护，TACS 系统中的进路不再是地面防护的一段区域而是指以车为主体的路径
折返	TACS 列控系统的一大特色就是利用高精度列车位置来实现行车资源的细颗粒度的管理，大大提高道岔利用率，进而提高折返效率。设计上将每个道岔代表的构成物理侵限的区域设为侧防区域，列车在岔区运行时，对该区域进行防护。与正常进路的资源管理类似，OBC 根据时刻表，自主完成至折返轨的折入进路行车资源的占用以及附属资源的锁闭，在完成资源占用、移动授权延伸到折返轨后，OBC 控制列车运行至折返轨。当列车车轮出清进入折返轨的道岔时，只保留当前列车折出进路所需的行车资源，后续列车可将行车资源延伸至所需折入进路上的道岔警冲标。当前列车在操作道岔的同时，OBC 延伸折出进路所需的行车资源，当前列车车尾位置离开侧防区域，后续列车的行车资源可立刻延伸至折返轨
车辆融合	列车自主运行系统的融合从列车全系统的角度出发，以提高列车性能、可靠性以及全寿命周期成本为核心视角与目标，采用系统化方法和一体化设计思想，整合车载各子系统功能及接口设计，实现一体化平台下的列车控制、管理及维护。OBC 具备全工况管理能力，列车投入运行、自动停发站、折返、退出运行、洗车、调车均可自动进行
列车自主调整	当 OBC 分配了时刻表后并且没有中央 ATS 人工调整命令时，如果列车实际运行时间与计划发生偏差时，OBC 将自动调整后续运行时间。首先考虑在规定范围内调整停站时间，并考虑修改下一区间的运行等级。OBC 能响应调度员的时刻表人工调整命令，包括修改停站时间、修改运行等级等命令。当偏差过大时（偏差时间可配置），OBC 向 ATS 发送报警，请调度员干预，调度员可重新分配计划

不同层级	需求内容
ATS 控制模式与冲突管理	中央 ATS 系统可以对选定列车进行 ATS 控制模式设置，设置列车处于车载 ATS 控制模式（车载 ATS 控制）或中央 ATS 控制模式（中央 ATS 控制）。中央 ATS 控制模式下，调度员可以在工作站人工或自动办理正常列车进路，进路命令由 ATS 服务器发送给正常列车，列车执行该进路命令。车载 ATS 控制模式下，列车的计划由 ATS 提前下发并存储在 OBC，OBC 根据自主进路功能自主办理进路。不论列车处于何种 ATS 控制模式，调度员都可以通过 ATS 发送人工控制命令对列车进行人工干预控制。中央 ATS 具有运营冲突管理的功能，能够自动检测大、小交路列车在交会点的运营冲突，通过预先设置的调整策略（包括但不限于：先到先服务、时刻表优先）控制列车顺序通过交会点
车辆段管理	列车在车辆段的运行与正线的方式一致，同时也支持车辆段无人区 FAO 运行，车辆段设置与正线独立的出入库计划并支持计划行车，支持全自动洗车。车辆段调车时支持无人区以列车进路的方式调车，同时也支持车辆段以调车进路的方式调车。停车列检库向有人区调车时，可以以列车进路最高 FAM 模式运行至牵出线，换端后以 RM 或 EUM 模式通过调车进路运行至有人区；有人区向停车列检库调车时，可以以 RM 或 EUM 模式通过调车进路运行至牵出线，列车升级为最高 FAM 模式通过列车进路运行至停车列检库

12.2

城市轨道交通全自动运行

全自动驾驶技术可以使城市轨道交通的安全性与效率得到提高，也是城市轨道交通系统整体运营情况先进性的体现，随着城市轨道交通技术水平的不断提升与城市化进程的加速，应用可靠的"无人驾驶模式"已是一个发展趋势。

12.2.1　全自动运行系统概述

全自动运行系统（Fully Automatic Operation，FAO）通过整合计算机、通信、控制和系统集成等技术完成城市轨道交通运行全过程的自动化，涉及通信、监控、信号等诸多列车运行的关键设备。全自动运行系统与现有城市轨道交通系统相比，在可靠性、维护性、安全性等方面都有了提高，能够改进现有运营水平与应急处置能力，近年来已在世界范围得到广泛应用，也在未来的轨道交通领域有着不小的发展空间。

国际公共交通协会将列车运行的自动化等级（GoA）划分为 5 级，具体如下。

① GoA 0：无 ATP 防护，目视下的人工驾驶。

② GoA 1：ATP 防护下的人工驾驶。

③ GoA 2：半自动列车运行（Semi-automatic Train Operation，STO），司机监督下的 ATO 驾驶。

④ GoA 3：有人值守下列车自动运行（Driverless Train Operation，DTO）。

⑤ GoA 4：全自动运行（Unattended Train Operation，UTO）。

FAO 系统的运行模式包括 DTO 和 UTO 两种，对应着 GoA 3 和 GoA 4 两个自动化等级。

（1）FAO 系统的结构

FAO 系统的信号系统采用的是基于无线通信技术的移动闭塞系统，在正线与段／场内全自动区域内及出入库时均可实现全自动运行。信号系统由 ATS 子系统、ATP 子系统、ATO 子系统和 CI 子系统组成，按所处位置划分为控制中心、地面设备、车载设备和车辆基地设备 4 类。车辆基地信号设备包括车辆段／停车场信号楼设备、停车列检库设备、试车线设备、维修中心设备、培训中心设备和备用控制中心设备，其结构如图 12-2 所示。

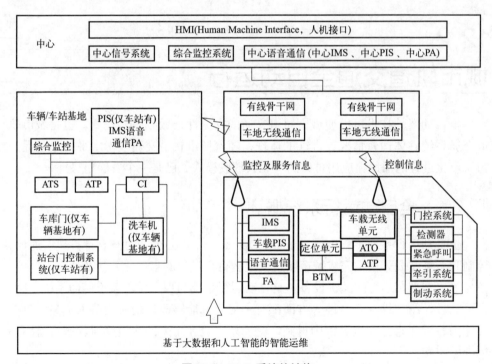

图 12-2　FAO 系统的结构

（2）FAO 系统的功能

信号系统本身的配置和功能，以及它与车辆、行车综合自动化系统、站台门系统等接口的设置应满足全自动运行的运营需求。FAO 系统相较于既有 CBTC 系统，应具备的功能有七个方面，如表 12-2 所示。

表 12-2　FAO 系统功能

涉及工作模块	主要特点
自动控制区域	全自动运行功能，包括休眠、唤醒、自动进出段、自动进站停车、自动开关门、自动发车、自动折返、自动洗车和自动调车作业等
信号系统等基础设施	同时具备全自动运行和人工驾驶的条件，视情况进行模式转换并提供防护
停靠站工作	停站误差超过规定的精度时，信号系统可与车辆配合实现自动对位调整，从而替代司机人工驾驶的对位调整操作
信号系统	配合车辆，实现车辆及其他车载设备的发车前测试、运行工况控制等功能
车载 VOBC 子系统	将车辆各系统重要的自检情况、运行状态等故障情况实时传送至控制中心，使行车调度人员能够及时掌握列车运行情况，保障列车运行的有序与安全
信号系统与综合监控等系统	信号与综合检测、车辆等专业配合实现正常运营及故障处置情况下的相关联动控制。控制中心应具备远程控制列车运行及故障处置的手段
安全保障	为轨旁维护线路的工作人员提供可靠的安全防护

（3）FAO 系统的特点

FAO 系统运行环境下，传统的车辆、监控等主要核心专业间的联系性被加强，以司机职能为例，在 FAO 系统中，传统的司机职能由列车自动控制系统与控制中心共同完成，改变以往由司机、车站值班员、控制中心调度员三方参与的模式，由控制中心调度员独立负责。在 FAO 系统中，自动控制与综合辅助的功能得到提高，更加可靠[4]。

FAO 系统特点主要有五方面，如表 12-3 所示。

表 12-3　FAO 系统特点

针对方向	具体特征
高度自动化、深度集成	FAO 系统以行车为核心，通过信号、车辆、综合监控、通信等多系统深度集成，提升轨道交通运行系统的整体自动化水平。基于列车自动控制系统与行车指挥系统，FAO 系统完成智能运转下的功能保障，辅以人工参与机制，在减少误操作的同时，提高列车运行的精确性，避免人为干扰，提高运营能力，高度的自动化可以提高对运营过程干扰的应对能力。其自动化体现在：列车上电、自检、段内行驶、正线区间行驶、车站停车及发车、列车折返、列车回段、休眠断电、洗车等全过程自动控制

针对方向	具体特征
充分的冗余配置	FAO 系统的车辆、信号等关键运行设备均采用冗余技术，可有效减少运行故障。完善的故障自诊断和自愈功能提高了整个系统的可用性和可靠性。信号在既有设备冗余的基础上增强了冗余配置，包括车载控制器头尾设备冗余、ATO 冗余配置、与车辆接口冗余配置、ATS 与其他子系统通信采用四重冗余网关、主备中心冗余等。车辆加强了双网冗余控制，增设与信号、乘客信息系统的接口冗余配置。为了防止控制中心失效而影响正常运行，控制中心的配置级别同样需要加强
完善的安全防护	FAO 系统实现了列车运行过程的安全防护，具体体现在以下方面：增强运营人员防护，在车站及车辆段增设人员防护开关，对进入正线及车场自动化区域人员进行安全防护。增强乘客防护，通过对位隔离功能进行防护。扩大了 ATP 的防护范围至车场自动化区域。增加了轨道障碍物检测功能、应急情况下的各个系统联动功能及中心处理突发情况的防护能力，如远程紧急模式设置、雨雪模式设置、远程复位等
丰富的中心功能	FAO 系统的控制中心具备更加丰富的控制功能，可实现列车全自动运行的全面监控、各设备系统监测与维护调度、远程面向乘客的服务等。控制中心新增车辆调度及乘客调度，实现车辆远程控制、状态监控及乘客服务的功能。控制中心具备远程控制列车运行及故障处置的手段，必要时可远程对列车实施干预
完全兼容常规驾驶模式	按照 UTO 等级建设的 FAO 系统，在常规驾驶模式的基础上，增加了 FAO 模式。UTO 等级建设的线路具备完整的驾驶模式，可支持从传统的 CBTC 运营应用模式平滑过渡到全自动运行应用模式。FAO 系统不需要配置司机，其目的不是减少相关岗位人员的设置，而是进一步提升城市轨道交通系统装备的性能

12.2.2 全自动运行运营组织

在 GoA 4 运营等级下，全自动运行系统的智能运维水平需要得到体现，完成监测车辆与系统设备状态、系统健康评估、自我诊断故障等任务。

运营人员通过控制中心掌握列车及关键设备运行情况，关键设备的运行状态、故障报警应实时上传。

在全自动运行（GoA 4）等级下，需要完成对故障的自我诊断、车辆及系统设备状态监测等多项任务，来体现智能运维水平。依靠控制中心对主要设备运行状态及故障报警的监控管理，运营人员可以很好地掌握列车及设备运营情况。使用全自动运行系统时，需要从系统、线路、人员及适用性多个维度来进行综合评判来确定运行模式。针对各运营场景，建立规章制度体系。重点关注 FAM 降级发生的频次指标，明确在降级场景下的处理措施。

全自动运行系统组织规则分为行车组织规则、调度指挥规则、列车运行规则、车站行车组织规则、客运组织及服务规则和车辆基地组织规则。

（1）行车组织要求

全自动运行系统优先采用 FAM 模式，运营时间内不宜频繁切换运行模式；若确实需要切换运行模式或多种模式并存运行的，运营单位应有相对应的规则与程序。UTO 运行模式下，现场运营人员的覆盖程度需满足应急响应时间的要求。

（2）调度指挥组织要求

集中调度指挥，日常运行依靠系统自动，由运营控制中心负责，在出现状况时改为非全自动运行。调度岗位负责以下职责：

① 车辆远程监控及乘客服务。

② 列车的远程休眠、唤醒等操作。

③ 列车故障时应根据故障现象进行判断，对于远程无法判断或处理的故障，应尽快安排相关人员现场处理。

④ 列车发生乘客报警、烟雾火灾报警、迫停区间等突发事件时与乘客通话并进行远程广播。

⑤ 正线、车辆基地及主变电所供电系统的远程监控与管理，火灾报警系统、车站环境与设备监控系统的中心级远程监控。

部分运营单位使用的全自动运行系统设有备用控制中心，需要应对主备控制中心控制权交接、应急情况人员分工等方面的问题，制定完善的规章及流程。启用降级模式，需要在启动前由相关调度人员确认现场情况并对启动条件进行核实；特殊情况下，在进行远程确认与复位工作前，调度员需对现场情况进行核实。

（3）列车运行组织要求

在 DTO 运行模式下，对各场景下的人员分工提前进行规范，制定预案或处置方案，提前确立应急情况下各职能工种的优先级及相互配合工作。DTO 运行模式下轨道车及末班车宜采用非 FAM 运行。对于车上值守人员，首先需要在做好安全防护工作后于规定时间、指定位置登乘列车，其次是在运行过程中完成对列车运行的监控，巡查涉及行车与服务关键设备的工作状态，最后是在应急情况下，值守人员负责按照规章要求在现场优先处置；对于现场运营人员，需要完成列车的巡查工作，在应急情况下，确认安全防护后按照预案登车处置，判定是否需要对乘客远程疏散；对于调度员，负责列车运行的监护及应急情况的处理。

（4）车站行车组织要求

车站行车规章制度涵盖运营工作组织、客运组织、应急处理、作业时间要求等多项内容。在全自动运行中，需要加强对行车设备、风险点位、乘客乘降这些主要节点的监控；在发生意外时，严格按照规章预案处理；车站行车值班员应加强对列车运行情况的监控，并根据调度员命令及时开展相关行车组织工作。

（5）客运组织及服务要求

客运服务质量管理、客运组织方案及突发事件处置程序应满足不同运行模式的需求。应通过多种形式向乘客宣传全自动运行系统的安全乘车理念和突发事件应对知识。同时，要求DTO及UTO运行模式下对特殊乘客的服务质量不应降低。

（6）车辆基地管理要求

为满足全自动运行的需求，在车辆基地无人区内，应实现列车的自动休眠及唤醒、出库及回库、自动洗车、自动调车等功能，同时，应根据运营管理需求明确车辆基地内的列车驾驶模式。

在全自动运行运营过程中，控制中心需要做到对车辆基地全自动区域的控制，依据规章要求，完成运营控制中心与车辆基地间的控制权转换工作。全自动区域的停车线应具备列车的自动唤醒和自动休眠功能，且运营控制中心及车辆基地控制中心应能对列车休眠、唤醒、运行、清扫等状态进行管理和控制。应对车辆基地停车列检库自动门及洗车库自动门（如有）等重要设施进行监控，如遇故障及时采取有效措施。在车辆基地内部，需要依据是否为全自动区域进行分区隔离管理，制定明确的规则与程序应对全自动运行列车与非全自动运行列车间的模式转换。在停车库制定安全合理的配套管理规则；设置人员防护开关，建立相应封锁区域，在各出入口进行门禁管理，对出入人员分权限管理；对各防护分区进行物理隔离，设立与列车行驶区域隔开的人员行走工作区域[4]。

12.2.3　我国全自动运行系统运营案例

在2017年底开通的北京地铁燕房线为GoA 4等级标准，是我国的第一个自主化FAO系统；在2019年开通的北京新机场线采用当时世界最高等级，其有完全自主知识产权的全自动驾驶系统，不仅可实现无人驾驶，还可实现列车自动唤醒、自检、运行、休眠等全过程。在我国新一轮的城市轨道交通建设规划中，北京、上海的多条新路已决定使用全自动驾驶技术，而诸多一线城市也已开启相关研究及设计工作。

（1）北京地铁燕房线全自动运行示范工程

应用于北京地铁燕房线示范工程的自主化FAO系统，是由7个专业、31个子系统、数十万个驱动采集点组合实现安全高效运输的复杂巨型系统，如图12-3所示。该系统架构分为3层，包括中心系统、车站系统和车载系统，相对于传统CBTC系统新增的设备，包括控制中心增加乘客的调度、车辆的调度、维护的调度，车站增加人员防护和控制开关，车载增加休眠唤醒模块。

图 12-3　北京地铁燕房线

各层级设备的功能分工有：中心系统负责监控列车运行和服务乘客，车站系统负责监控站内设备，车载系统负责列车的全自动运行。

FAO 系统根据列车运行的场景代替人工操作，由系统根据计划自动触发控制，实现列车上电、自检、段内行驶、正线区间行驶、车站停车及启动、清客、列车回段、休眠断电、洗车等全过程自动控制。整个过程遵循 IEC 62267/62290 等标准，结合中国轨道交通特点，形成全自动运行场景，共包含 41 个场景，正常运行场景 18 个，异常运行场景 23 个，使得系统自动化水平整体提升，在障碍检测、雨雪模式、车门故障、站台火灾等故障场景下，实现各系统的自动处理[5]。

（2）北京新机场线 FAO 系统示范工程

北京新机场线北起草桥站，中间设磁各庄站，南达新机场北航站楼站，全长 41.35km，全程约 19 min，线路信号系统为 FAO 系统，列车运行速度可达 160 km/h，如图 12-4 所示。除了速度快，新机场线的信号系统也更加智能，草桥站具备值机功能，前往新机场的旅客可直接在草桥站站内办理托运行李、换取登机牌等相关登机手续。全自动运行信号系统可与行李传送系统配合，当行李集装箱传送完毕后，可根据行李传送系统的结束信号和发车时刻自动控制列车关门和发车。

图 12-4　北京新机场线

新机场线采用的 FAO 系统是基于现代计算机、通信、控制和系统集成等技术实现列车运行全过程自动化的新一代城市轨道交通系统。全自动系统可实现列车上电、自检、段内行驶、正线区间行驶、车站停车及启动、清客、列车回段、休眠断电、洗车等全过程自动控制。

新机场一期工程信号系统［含综合监控系统 (Integrated Supervisory Control System，ISCS)］采用 TIAS，在燕房线技术的基础上，实现 ATS、电力监控和数据采集（Power Supervisory Control And Data Acquisition，PSCADA）系统、BAS 等系统的综合集成。将各系统统一纳入一个综合数据信息平台之内，在统一的信息平台之上实现对车、电、机的统一监控，实现城市轨道交通主要系统（信号系统、PSCADA、BAS、闭路电视系统、广播系统）间的综合联动，从而增强突发事件的应变能力，提高全线综合效率和整体自动化水平，形成以行车指挥为核心的综合调度指挥系统。

12.3
轨道交通协同运行技术

12.3.1　有轨电车协同运行技术

在我国，现代有轨电车的应用并不多，考虑到国内外交通状态的差异性，也难以参考国外案例。在实际应用中一味强调有轨电车的优先权，存在着一定缺陷，不但没有很好地处理交通实际需求，更会使交通问题变得复杂。因而对于现代有轨电车，必须先解决好其与普通车辆间的平衡问题，这样才能让它更好地发展。在我国，对于共享路权的控制，一般都是利用单点控制策略，同时有轨电车与社会车辆缺乏联系，难以将二者结合后的优势发挥出来，不易解决交叉口拥堵问题。

（1）现代有轨电车控制

当前我国有轨电车以单点控制模式为主。有轨电车控制模式下，主要依靠四个检测器。位于交叉口上游有三个检测器：首先是预告检测器，负责在车辆到达时调整为有轨电车信号优先的控制模式；接下来是触发请求检测器，车辆到达时反馈信息给信号机，判定到达停车线时间，依据当前交通情况安排路权；最后是触发停车检测器，充当防护机制，保证信号控制器的切换时间与车辆路权。在交叉口下游布置触发取消检测器，实现回归正常控制模式。

当前控制模式的缺陷在于难以在有轨电车与社会车辆间建立起良好的协同系统，同时大多数时候并不能完全依照上述流程进行现代有轨电车控制，只是一味强调现代有轨电车的优先权，加剧了现代有轨电车与社会车辆在交叉口的冲突，需要加以改进。

（2）基于车－路协同下的现代有轨电车协同控制技术

根据现有研究，车-路协同环境下的现代有轨电车协同控制策略可以充分利用智能交通领域的研究成果。在这种策略中，有轨电车与路网基础设施之间通过数据传输和通信相互连接，实现信息共享和协同控制，以提高有轨电车系统的效率和安全性。车-路协同由移动车载端、智能路测端和中心服务平台组成，其功能如表 12-4 所示。

表 12-4　车-路协同主要功能

主要功能	负责内容
速度引导	基于现代有轨电车控制系统中心和交通信号控制系统可以实现双向通信和相互协调，以及车-路协同技术检测到的有轨电车行驶速度、距离停车线的距离以及当前交通信号控制方案，计算出建议行驶速度，同时在路口前提示司机可以安全通过交叉口，使司机按照建议速度行驶即可在交叉口不停车通过，提高有轨电车行驶效率
协同优先信号控制系统设计	现代有轨电车信号优先控制系统的根本目的是提高有轨电车的运行效率，减少在平交路口加速、减速、停车的频率，降低交叉口延误，提高乘客乘坐满意度，同时尽量降低对沿线区域社会交通的影响。要实现交通信号控制系统可实时获取现代有轨电车的速度、位置、调度等信息，实现现代有轨电车的协同优先控制和实时优先控制

优先控制系统要实现与现代有轨电车调度控制系统的协同运行，实现有轨电车中心与交通信号控制中心这两套控制系统的连接，上下游交叉口的配时相互协调，实现有轨电车与路面信号区域协同优化控制。优先控制系统由路口优先控制单元、车-路协同系统（路段／口检测装置、中心服务平台、车载移动单元）、优先接入单元组成。路段／口检测装置与车载移动单元可通过车内、车-路通信获取车辆状态信息，并发送给信号优先控制单元，信号优先控制单元产生优先请求，并将优先请求传送至交通信号器，再通过通信网络将优先请求传输至信号控制系统中心，控制系统根据系统优先控制模型和当前交通信息来确定优先方案、选择优先策略。

同时，平面交通信号控制系统的优先响应信息也作为反馈信息发送到有轨电车管控系统，为调度系统提供平面交通的流量数据、交通信号控制信息，为有轨电车优化调度提供科学依据，从而实现平面交通和有轨电车两个系统的协同工作[6]。

12.3.2 智能轨道快运系统协同技术

智能车 - 路协同系统（简称"车 - 路协同系统"）是智能交通系统的最新发展方向。车 - 路协同是采用先进的无线通信技术和新一代互联网技术等，全方位实现车 -车、车 - 路动态实时信息的交互，并在全时空动态交通信息采集与融合的基础上进行车辆主动安全控制和道路协同管理，充分实现"人 - 车 - 路"的有效协同，以保证交通安全并提高通行效率，从而形成安全、高效且环保的道路交通系统。

智能轨道快运系统（Autonomous-rail Rapid Rransit，ART）是一种以地面运行为主、采用系统化的轨道交通运营模式的全新中运量交通制式，但地面公共交通复杂的应用环境给 ART 的安全快捷运营带来了较大的挑战。

（1）ART 车 - 路协同技术简介

ART 主要由供电 / 能量管理系统、车站、车辆、虚拟轨道、综合运控中心及检修中心 6 大部分构成。对于智能轨道电车而言，也存在几方面的问题：首先是出于车辆特点，没有物理轨道，但因为运行环境处于地面，需要妥善解决车辆间、车辆与地面指挥间的基本通信与协同管控问题；其次是相对地铁而言，智轨电车运行环境较为复杂，需要考虑系统与道路资源的调配、车辆运行安全与运营效率的平衡等诸多问题；最后，作为一种新兴的公共交通手段，最重要的就是解决好服务功能，智轨电车相较于传统公共交通，在服务乘客与车辆驾驶方面应有更高的标准。

（2）智轨电车自动循迹系统

智轨电车通过路径感知及轨迹跟随等技术，将车辆模拟成在轨道上行驶的状态，一方面大大简化了因多编组而导致的大转弯半径问题，同时给乘客带来了轨道车辆平稳舒适的乘坐体验。

对于行车路径问题，ART 需要解决的有两方面，一是对道岔的识别，二是对路径的感知。智轨电车由于自身运行环境原因，既没有物理道岔，又会面对雨雪天气对路面造成的影响。针对这两个问题，ART 通过基于虚拟道路及多维感知相结合的虚拟道岔技术，通过自动循迹技术让车辆能够完全感知虚拟轨道线；利用现有图像识别技术，结合卫星定位、激光雷达，完成对路面情况的精准判断与对运行线路的完美贴合。

（3）车地通信

ART 通信系统采用基于地铁的长期演进技术（Long Term Evolution-Metro，LTE-M），有线传输网络主要由各站台的接入交换机以及控制中心交换机串联形成环网，作为传输系统骨干网络，其承载各车站及调度中心的通信数据传输任务；

无线传输借助有线环网，通过在站台及沿线部署室内基带处理单元与远端射频模块来实现全线网络覆盖；在车辆上部署车载无线通信单元以实现车辆到地面端的无线通信；在控制中心端部署路由器、交换机、核心网服务器及网管终端设备以实现总体组网配置。

在统一的网络环境下，ART可以实现调度中心对整体车辆的运行调控及车辆与站台广播、乘客信息和路口交通信号等系统的整体协同运作，从而保障ART安全有序地运行。

（4）路口信号优先系统

由于智轨电车被赋予半专有路权或与社会车辆共享路权，因而在运行时与社会车辆处于同一平面，二者易在平交路口出现路径冲突，所以需要结合城市智能交通信号灯管理系统形成路口信号优先系统。ART与路口交通信号机通过有线通信网络建立联系，以控制红绿灯信号延长、缩短和插入优先相位的方法，完成指令触发与结果回传的工作。这一套方法已在宜宾市得到应用，比较智轨电车行进方向与横向道路级别，结合路口的不同繁忙程度进行判定，来选择合适的优先策略。

ART依托于智轨电车自动循迹系统的卫星导航和惯性导航技术。为了解决卫星定位的漂移对车辆纵向定位精度的影响，在路口前后设置信标进行精确定位及校准，以保障提供最精确可靠的位置信息以触发优先信号。同时，基于ART的通信通道，将信号灯及信号机优先处理结果反馈至驾驶屏，以引导驾驶员以安全且能顺利通行的驾驶速度行进。

目前该优先系统已应用于株洲智轨和宜宾智轨项目上并取得了很好的应用效果。宜宾智轨T1线商业运营数据统计结果显示：路口车流量由2562辆/h提升至3181辆/h，平均等待时间由80s降至65s，双向平均行驶时间由32km/h提升至36km/h，智轨电车自身的双向平均行驶速度达到了39km/h。在宜宾长江大桥咽喉路段，通过ART信号优先策略的应用，结合咽喉路段部分禁止策略以及交通微循环的应用调整，在保障智轨电车通行效率的同时，路口通行能力也得到了较为明显的提升。

（5）移动路权系统

ART的特点就是以专有或半专有路权工作，通过对不同类型的线路采取不同的路权策略达到提高运行效率的目的，以移动路权的方案来解决相关问题。具体而言，对于与社会车辆混行的道路的情况，布置固定间距的警示设备，与智轨电车进行信息通信交互，在保障前后安全车距的情况下，做到对电车运行范围前后的提示与警告，提升路权使用率。

移动路权系统主要由地面发光信标、车载读写网关以及后台管理系统组成。

其中发光信标自带太阳能发电、短传无线通信功能，且具备两种以上发光状态（常亮、闪烁等）；智轨电车两端配置有车载读写网关，具备与发光信标及后台管理系统通信的能力；后台管理系统具备日志记录及与调度中心通信的功能。

移动路权通过地面发光信标的发光状态对不同区域内智轨电车与其他社会车辆道路交通活动的权利进行动态划分，在保障智轨电车运行安全与运行效率的前提下，将空闲时段的智轨电车运行道路的路权释放给社会车辆，以提高社会车辆在该路段的通行能力。ART 采用混合路权下的移动路权系统应用模式，在保障智能轨道快运系统路权的同时，最大限度地提高了道路的利用率[7]。

参考文献

[1] 朱菊香，王玉芳，陈逸菲，等 . 城市轨道交通 CBTC 自动控制系统研究 [J]. 现代电子技术，2021，44（04）：59-62.

[2] 邢艳阳 . 城市轨道交通 CBTC 系统升级为 TACS 系统的方案探讨 [J]. 现代城市轨道通，2021（09）：18-21.

[3] 罗情平，陈丽君，杜建新 . 基于车车通信的列车自主运行系统（TACS）的探讨与研究 [J]. 隧道与轨道交通，2019（S2）：140-143.

[4] 周玮腾 . 城市轨道交通行车调度 [M]. 北京：北京交通大学出版社，2020.

[5] 郜春海，王伟，李凯，等 . 全自动运行系统发展趋势及建议 [J]. 都市快轨交通，2018，31（01）：51-57.

[6] 贺志伟，刘小娟，张杨杨，等 . 基于车路协同下的现代有轨电车协同控制技术研究 [J]. 工业控制计算机，2017，30（11）：90-92.

[7] 刘伟康，蒋小晴，肖磊，等 . 智能轨道快运系统车路协同技术研究 [J]. 控制与信息技术，2020（05）：53-57.

第13章

城市轨道交通智慧车站

13.1

智慧车站总体框架

13.1.1　智慧车站架构

　　智慧车站总体拓扑架构如图 13-1 所示。智慧车站是在城市轨道交通常规车站的基础上，充分利用人工智能、大数据、云计算、物联网和 5G 等新技术，面向乘客提供全方位体验、面向维保提供智能运维数据支撑、面向站务提供全景管控、面向施工管理提供安全技术支持，实现更安全的运营、更智慧的服务和更高效的管理目标[1]。

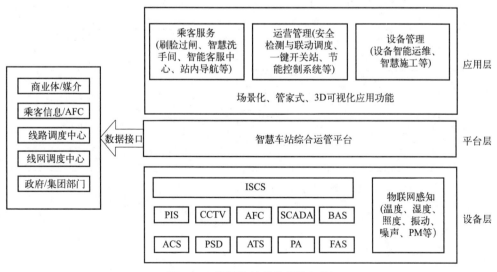

图 13-1　智慧车站总体拓扑架构

智慧车站相较传统城市轨道交通车站,在固有机电系统的基础上增加新的功能,最终通过统一的平台实现所有业务。依托综合监控系统数据采集平台(ISCS)与物联网数据采集平台构建的智慧车站综合运管平台,增加多个智慧化应用模块来对乘客服务、运营管理和设备管理这几项主要业务丰富升级,最终完成一套完善的智慧车站综合运管平台。

13.1.2 智慧车站功能模块

相比于传统车站,智慧车站是在传统车站方案的基础上改造或新增智能化硬件设备和软件系统,以综合监控系统等为数据源,新增物联网设备信息,通过视频智能分析等系统来构建车站智慧功能。智慧车站与传统车站应用功能的差异如图 13-2 所示。

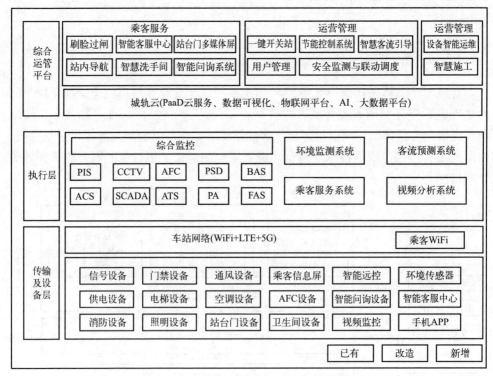

图 13-2 智慧车站与传统车站功能演进对比

13.1.3 智慧化应用

针对智能客服和一键开关站等几个成熟典型的车站智慧化应用进行概述,并对其应用价值进行简要量化，如表 13-1 所示。

表 13-1　智慧车站典型应用概况

应用项	主要内容	应用价值
智能客服	以替代人工服务为目标，打造基于 AI 知识图谱的智能交互系统和自助服务系统，以乘客实名注册为基础，融合人脸识别、自然语音交互、远程视频交互和智能知识库等技术，提供智能人机语音视频交互，地铁乘务信息查询、附近场景信息查询和票务服务处理等业务	能够替代解决 70% ～ 80% 的票务异常业务量和 20% ～ 30% 的人工问询业务量
一键开关站	采用智能化手段实现运营开关站时自动开启 / 关闭通风空调、照明、售检票设备、自动扶梯 / 电梯和出入门等设备	车站开站 / 关站时间可由原来的 1.5h 左右减少到 10 ～ 20min
安全监测与联动调度	采用视频智能分析技术实现对人员、列车和设备的智能监控和实时分析，包括客流统计、密度分析和异常分析，对异常行为及时告警，预防恶性事件的发生	辅助站务人员运营管理，保障乘客生命财产安全，提升社会价值
综合智能运维	采用人工智能、物联网等技术实现对车站机电设备（如风机、电扶梯、水泵等）的全生命周期健康管理、设备在线监护、故障统计、故障诊断、故障告警和多专业数据综合联动监视等功能	经测算，设备运维效率可提升约 30%，运营成本降低约 20%
乘客 APP	用于在手机等移动端为乘客提供方便快捷的智慧乘客服务，可自助咨询出行信息，包括线路查询、乘车指引、运营公告、站内导航、周边信息简介等，还可提供人脸注册、刷码过闸和失物招领等功能	为乘客提供方便快捷的智慧乘客服务，提升乘客服务满意率

13.2

智慧车站关键技术

　　智慧车站涵盖综合运管平台、乘客服务、运营管理和设备管理，涉及智能客服等智慧化应用，所采用的关键技术主要有智能交互、智能视频分析、高效节能、异常检测、智能照明、云平台和边缘计算等。

13.2.1　智能交互技术

　　智能客服系统是打造基于 AI 人工智能知识图谱的智能交互系统和自助服务系

统，可逐步引导乘客进行自助操作，减少票亭售票员的工作量，最终实现一体化无人票亭。智能交互系统主要由语音识别（ASR）、语义理解（NLU）和语音合成（TTS）组成。人机交互的基本逻辑如图 13-3 所示。智能客服知识点类型如表 13-2 所示。

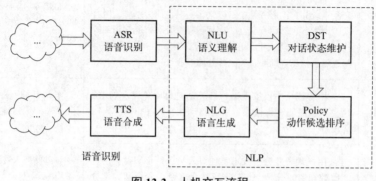

图 13-3　人机交互流程

（1）语音识别

通过智能交换中枢来完成语音识别功能，利用 ASR 语音识别模块进行信息处理，比对预设声学及语言模型，完成乘客语音信息到文字信息的转换工作，同时语音识别也可以通过对两种模型的学习来提供更具针对性的乘客服务。

（2）语义理解

在 ASR 完成语音信息转化后，由语义解析引擎完成其输出的文字及置信度等结果的处理工作。在处理乘客咨询时，通过乘客的上下文输入信息，语义解析引擎对乘客发出的问题首先进行构成完整询问语句的补足，之后利用语义理解算法，对乘客目的进行理解，当乘客意图信息不完整时，引擎负责重新提问乘客获取更多信息。

（3）语音合成

利用智能语音识别和语义理解两个模块，将乘客语音信息处理为具体业务类型信息，由语音合成模块对结果进行播报，交由乘客进行确认，存在多个识别结果时，会将结果一一播放，供乘客选择。

（4）智能知识库

智能客服支持一问一答知识点、词槽型知识点、流程引导和多轮会话等丰富的知识点类型，可满足实际的应用需求，具体知识点类型如表 13-2 所示。

表 13-2　智能客服知识点类型

知识点类型	说明
一问一答	基于深度神经网络的语义理解技术，能够识别乘客的意图，在知识库中找到最佳答案并给予回答
词槽型知识点	带参数的知识点，比如：查询［某日期］［某时刻］的天气，可支持调用外部接口
流程引导	流程类业务知识点，应用于办卡和补票流程等，可支持图形化编辑流程引导
多轮会话	复杂业务的多轮会话解决方案，例如针对故障排查和自动工单等具有复杂业务逻辑的任务，可提供机器人问答服务

13.2.2　智能视频分析技术

安全智能监测管控与联动调度系统的主要功能是对各监控视频与检测数据实施监视与实时分析。通过利用现有智能摄像头、智能视频分析技术等手段，最终完成异常分析、客流统计与密度分析以及在发生特殊情况下的自动警告与视频推送。智能视频分析技术在智慧车站的应用通过提取视频中的关键信息，结合图像处理、前景分析、特征提取、判断匹配和结果输出等一系列过程实现。在基于计算机视觉与人工智能的前提下，检测视频中运动目标并进行分类追踪，进行行为的分辨最终完成异常行为的识别判断。

13.2.3　高效节能技术

通过研究环控系统要素与能耗的规律，结合现有相关理论来进行高效节能策略的制定。在大数据、多机多场景协同节能控制、物联组网各项技术的统筹配合下，对主要大功率变频设备与其他用能设备增加传感器与控制单元，保证诸多设备在高效节能控制系统下实现部分负荷的高效运行。

13.2.4　异常检测技术

在站台滑动门与列车间，通过红外探测、激光检测等技术手段来进行异常异物的检测工作。异常异物检测系统一般与配置了一键开关站的卷帘门集中控制系统配合使用，工作中如若发现屏蔽门与列车空隙间有人员或物体滞留，则会立即向司机端发出报警信号来保证行车安全。

13.2.5　智能照明技术

智能照明系统对灯光场景进行了一个系统性的控制，是基于现场数据总线的分布式系统，在部件内部加入处理器，在总线统一控制下通过编程完成对灯件及回路的亮度控制。同时智能照明系统也能通过对各部件开关的智能判断控制来增强其使用寿命，最终达到节能的效果，也减少维护成本。

13.2.6　云平台及边缘计算技术

城轨中心级云平台是由计算机、存储、网络、安全等通用资源依托云计算厂家私有云构建的中心级云平台，可承载多专业并整合汇聚各业务数据，组建数据共享平台，为大数据分析和运营决策提供数据基础。车站云可由中心级云平台统一调度资源，也可由车站自主构建车站云平台，形成深度集成、接口协议统一、数据资源共享、互联互通的标准平台；边缘计算架构将提高云平台和大系统的运营效率，加强远程管理能力，保障安全生产业务稳定可靠。基于城轨云智能运维平台可实现 IT 设备全流程可管可控，提供业务自动化部署和设备状态智能分析功能，实现敏捷运营，以简化运维难度，节省运维人力成本。

13.3
智慧车站建设案例

13.3.1　南京地铁智慧车站建设

进入"十四五"以来，南京地铁集团经过充分调研和酝酿，选取 4 号线与 7 号线的换乘站——草场门站为试点，从智慧乘客服务、智慧站务管理和智能设备运维三个维度打造集成化、多功能智慧车站，实现了出行更便捷、运营更安全、管理更高效[2]。

（1）智慧车站研发的主要思路

智慧车站的试点工作在完成地铁基本业务的基础上融入人工智能、云计算、大数据等诸多新兴技术，面对车站的各种运营场景，构建出一套多系统协同的智慧化控制系统，最终达到"站务管理自动化、设备运维智能化、乘客服务自助化"的目标。试点建设工作的研发设计集中在五个方面，如表 13-3 所示。

表 13-3　试点建设工作重点

建设方向	具体内容
智慧车站运营管理系统	对接多个智慧子系统，增设视频分析、智能运管、环控策略及大屏可视化等业务，改造典型出入口的卷帘门等机电设备，开发满足车站辅助运营的智能化场景
智能信息化水平	车站系统及设备运行状态的实时监控、车站环境/客流/突发事件的实时感知、车站的自主运行、自助化个性化乘客服务等方面
智能运营管理水平	自动开关站、基于视频分析的车站自动巡检以及基于智慧照明灯联网的定位网络等技术应用
智能乘客服务水平	乘客从进站到出站，可以方便查询全方位的交通信息服务，精准制订交通解决方案，利用站内电子地图导航，可选择的人工智能服务增多，便利性和科技体验感增强
智能运维水平	站务与运维人员通过智能化推送显示，能及时掌握车站系统整体运行状态，发现各类报警信息，可同时处理多个系统问题，应急处理时间缩短，运营压力减轻，提高运营效率和安全防控能力

（2）智慧车站主要功能

智慧车站总体架构是：1 个平台 +3 大模块 +12 种功能。智慧车站在综合监控系统中增加智能运管系统、智能分析系统，设置统一信息展示和交互的综合管理平台。智慧车站的主要功能体现在智慧乘客服务、智慧站务管理、智能设备运维三大模块，包括 12 种主要功能，如表 13-4 所示。

表 13-4　智慧车站主要功能

主要模块	涵盖功能	主要作用
智慧乘客服务模块	站内定位导航、智能语音售票、云购票、智慧安检四大功能	为乘客提供一个全新的智能乘车体验车站
智慧站务管理模块	车站工况感知、客流状态感知、智能化场景、车站异常智能识别功能	运营站务人员提供智能视频分析、安防集成管理、客流预警、事件告警、信息发布、平台可视、一键开关站等智能化应用
智能设备运维模块	由若干子系统组成，包括智慧照明、供电巡检机器人、电扶梯智能诊断、站列间隙夹人智能监测等	通过一系列智能化创新技术手段实现车站智能化提升

（3）智慧车站特点

① 车站态势全息感知　如图 13-4 所示，基于数字孪生技术对车站站厅、站

台、出入口、设备房、办公区等主要区域进行3D建模，构建三维车站模型，实现对各子系统、车站环境、设施设备、人员、客流的状态全方位感知与集成管理。根据车站不同子系统的重要程度及子系统内关键设备是否存在故障，计算出全站的运营状态；对设备在线状态、列车到站信息、设备实时状态统计信息（智慧照明、健康扶梯、智能环控等）全面显示；对出入站客流实时统计，形成车站各区域客流密度热力图；显示车站各区域温度、湿度、PM10、CO_2浓度、车站气象状态等，并根据所有环境指标综合计算出乘客舒适度指标；集成CCTV摄像头监视，点击摄像头实时预览监控画面，车站公共区域全覆盖；汇集车站各专业系统告警及故障信息，并通过AI技术识别与筛选后推送。

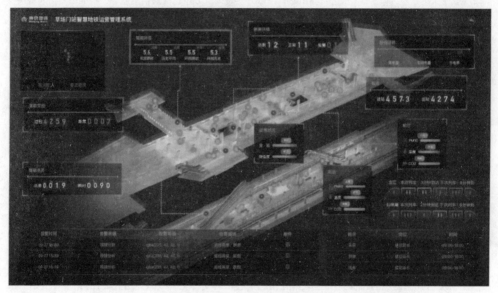

图 13-4　草场门站智慧地铁运营管理系统 - 车站态势全息感知

② 智能化场景监控　智慧车站以车站综合监控系统为基础，依托综合监控车站联动场景，将 BAS（制动辅助系统）、FAS（火灾报警系统）、AFC（自动售检票）、PSD（站台屏蔽门系统）、PIS（乘客信息系统）、CCTV（闭路电视监控系统）、低压照明等各系统间信息集成、数据共享、协调联动，提供车站站务的辅助管理，满足开站 / 关站管理、运营管理、施工管理、运营应急联动等智能化运营场景需求，如图 13-5 所示。

③ 智能异常场景识别　智慧车站系统借助多类型传感器，通过一系列人工智能技术，对相关运营数据进行实时监视与分析，并在异常事件（乘客摔倒、扶梯逆行、异常逗留、站台端门异常开启等）发生时自动推送报警信息，实现多专业联动处理，保障运营安全稳定，如图 13-6 所示。

图 13-5　草场门站智慧地铁运营管理系统 - 智能化场景监控

图 13-6　智能异常场景识别

（4）技术亮点

① 精准服务的智慧照明叠加地下空间定位导航　在草场门智慧车站方案中，应用了已被南京地铁推广使用的智慧照明技术，基于物联网技术，对灯具加装智能控制芯片，研发抗拥塞网络协议，能够根据客流情况与光线变化进行调光控制。在这项技术的基础上，利用智慧照明系统的通信技术，将各个灯件变为定位点，最终形成定位网络，有利于车站运营维护工作。

② 高度集成的智慧车站运营管理平台　南京智慧车站系统平台是以既有的综合监控系统为基础，新增客流分布、环境监测、扶梯智能监测等系统和设备接口，

新增状态感知、数据管控、自动运行、智能诊断等软件功能模块，升级改造搭建的智慧车站运营管理系统，其依托综合监控系统、智慧支撑子系统，将物联网、智能视频、运营管理、设备维保、客运服务等数据深度融合，通过技术手段进行全面分析、综合利用，结合车站3D模型，通过数据可视化技术向中心调度、车站运营、客运服务、设备维保等人员提供相应的管家式车站运营场景，通过建立知识库，提高车站应急和运维水平，最终实现车站设备管理自动化、检修智能化、乘客服务自助化。

③ 功能强大的智能巡检机器人 供电系统智能巡检机器人的应用，替代人工巡检，让运维更智能、高效、安全、经济。智能巡检机器人具有自主移动、智能识别、综合分析的优势，实现7×24小时不间断、高频率巡检，实时获取大量数据；利用智能巡检装置搭载高清可见光相机，实时获取设备及环境图像，结合基于深度学习的图像识别技术，实现对设备运行状态的实时、自主获取；利用智能巡检装置搭载局放传感器，获取电力柜局部放电数据，结合局放图谱库实现对设备局放的实时在线监测；巡检自动生成报表，并具备报表统计和历史数据回溯功能，对设备运行状态趋势进行分析预判，达到故障预警作用。

（5）智慧车站试点效益

草场门智慧车站试点项目于2020年5月启动，利用全自动无人驾驶7号线建设契机，对老线4号线车站进行升级改造，于2020年底完成建设。智慧车站投入运行后，乘客服务质量明显提升，运营效率明显改善，运维成本明显降低。南京地铁在全线网16个主所投入33台巡检机器人，相对人工巡检模式，33台机器人以8年全寿命周期计算，预计节省成本约1450万元。智慧照明节电率达到75%，全线网目前已投用约1.5万盏智慧照明，按现行电价，5年可节省电费近500万元。车站异常智能识别的异常预警实时推送给站务人员，响应时间在1min内，远快于传统站务人员通过定时巡检、翻看摄像头发现问题的速度。语音购票功能降低了购票操作难度，减少购票时间，经随机测试，购票时间从30.64s降低至11.85s，减少幅度61.3%。智慧安检减少了乘客排队等待进站时间，瓶装液体、管制刀具等违禁物品识别准确率达到95%以上，相对于传统目视识别，检出率大幅提升。

13.3.2 深圳地铁智慧车站建设

（1）深圳地铁智慧车站建设概况

深圳地铁运营集团目前已在深圳地铁11号线机场站和7号线深云站，以城轨云为基础，通过物联网、大数据、人工智能、5G等信息技术的应用，以智慧客服、设备健康管理、高效运营为目标，开展多项智能应用试点建设工作，提升乘客出行体验、车站运营效率和设备健康管理[3]。

城轨数字平台的构建，完成了对生产设备、智能运维、信息管理及移动端数据的互联互通，在城轨云的基础上开发一套全面的智慧车站管理系统，探索远郊无人值守站及区域站点集中值守的管理模式，实现车站运营及服务的智能管理能力的提升，达到车站信息综合共享联动的目标，做到全息感知、高度自运转、集成联控、终端移动操控。

深圳地铁智慧车站建设实现三个转型：①乘客服务从传统人工服务＋被动服务到主动服务＋精准服务＋高效服务＋增值服务的转型；②运行管理从传统基于岗位＋分专业设备＋闭环管理到安全、高效人机协同＋数字化的转型；③车站设备管理从传统计划检修＋纸质记录向状态修＋生命周期管理＋数字化的转型。

深圳地铁智慧车站概况如图 13-7 所示。

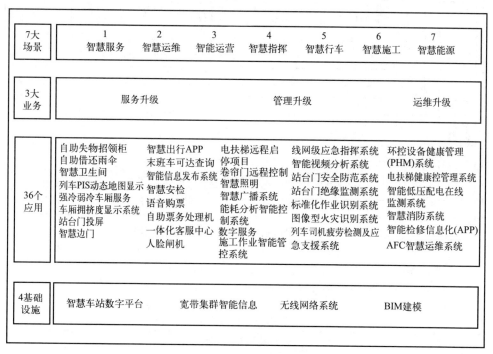

图 13-7 深圳地铁智慧车站概况

（2）关键核心技术

深圳地铁智慧车站基础设施及平台建设通过搭建大数据平台、统一无线通信网络、统一定位系统、统一 BIM 三维模型，为智慧车站客运服务、车站管理提升及设备健康管理项目提供应用基础。

① 城轨数字平台　城轨数字平台依靠人工智能、视频分析、物联网等信息化技术以及云平台与大数据平台构建。主要功能是实现车站内各设备系统的互联互通；完成应用数据的计算、存储、网络化，承载车站的各项主要功能与业务；建立模块化应用开发，充分考虑后续技术发展的适应性。

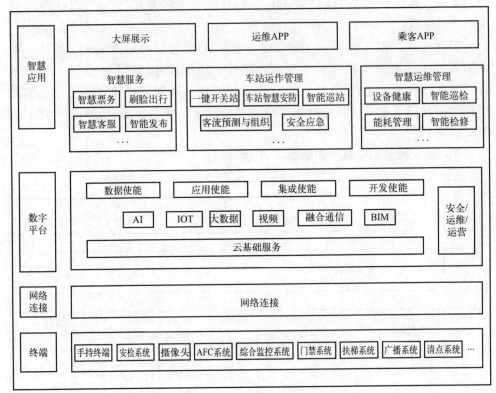

图13-8　深圳地铁智慧车站管理系统整体架构

智慧车站管理系统整体架构分为终端层、网络连接（基础设施）层、数字平台层、智慧应用层四个部分如图13-8、表13-5所示。

表13-5　智慧车站管理系统整体架构

层级	工作内容
终端层	对地铁车站内各个不同专业的子系统进行统一监控与采集，其中对接的子系统或专业包括：SIG、ISCS、BAS、FAS、PIS、AFC、LIF、PSD、ACS、通风空调、低压、供电、给排水、环境设施、信息导引发布系统、智能客服系统、施工管理、EMS、ISDS、PA、CCTV、咨询发布系统、BIM系统等
网络连接（基础设施）层	为智慧车站数字运营平台提供连接至深云过渡云的网络资源以及各终端层接入平台提供网络支持

层级	工作内容
数字平台层	针对接入的数据按照不同分类、不同重要程度与实时性要求，进行实时流式处理与离线分析处理
智慧应用层	基于数字平台层提供的实时处理和离线分析处理的数据能力，可在现有应用场景的基础上进一步深化应用，搭建"车站智慧服务、智慧车站管理、设备智慧运维、车站智慧巡检"等功能，满足车站业务需求

实现一站式车站运营工作管理、设备联动、突发事件告警、运营一键响应及处理，实现车站环境及数据信息的可视化。实时提供车站全场景动态信息服务，满足车站运营生产组织常态及应急需求，实现客流监控分析、运营风险预警、应急预案可视化、人员设备定位监控、运营资源调配、事件处置辅助决策等功能。科学组织车站运营生产，提高生产组织的效率和效果。

② 数据共享及大数据应用　首先，该测试中心通过城轨云基础架构，实现了各个子系统数据的集中接入和存储。例如，车辆系统、信号车载设备系统、乘客资讯系统和综合监控系统等各专业的数据都可以被传输到中心数据库中进行统一管理和处理。其次，该测试中心还能够汇聚 CLC（Centralized Line Control）中心数据和电力综合监控系统的数据。CLC 中心数据包括线路运行信息、列车位置、调度命令等；电力综合监控系统则涵盖供电系统、受电弓等的检测数据。这些数据也会被传输到中心数据库中，与其他专业数据一起进行集中管理。最后，通过该测试中心的多专业数据汇聚，可以实现对不同子系统间的数据交叉分析和综合评估。例如，通过对车辆系统和信号车载设备系统数据的联合分析，可以优化列车运行方案；通过与乘客资讯系统的数据关联，还可以实现更准确的乘客信息服务。总结而言，基于城轨云基础架构搭建的深圳地铁运营测试中心能够将各个专业的数据进行集中汇聚与管理，为地铁运营提供全面的数据支持和决策依据。这有助于提高地铁系统的安全性、效率性和服务质量。

在深圳地铁，运营大数据平台融合数仓采取通用接口，支持可视化查阅数据目录，为跨专业数据服务提升辨识性。并且采用数据主题方式，根据专业划分数据主题，对多专业数据主题的设定也充分考虑了各专业间的关联性。建立集团级智慧平台，完成多专业的智慧应用，在线网层面，依靠数据共享与集中展示来对城市轨道交通相关业务进行辅助决策。

③ 智慧车站管控系统　智慧车站管控系统属于系统架构的应用层。主要有管控平台与移动站务系统两部分，是在城轨数字平台的基础上，利用数据分析的结果，自动完成针对不同运营场景的预案执行内容切换，避免人工操作带来的延迟，

是提高运营安全与效率的车站智慧化运营手段，总体实现对车站设备的状态监测、客流数据的分析和预测、视频监控数据的分析。

管控平台包括全息感知、设备感知、智能运维、综合安防、运营场景、信息发布和数据分析 7 个功能模块，移动站务系统包括全景感知、客流感知、设备感知、人员感知、智能运维、站务管理 6 个功能模块。

④ 无线系统网络　全面覆盖车站站厅站台、设备区及隧道，含生产和办公区域的无线 WiFi 网络，可实现多种功能和满足生产、办公的各种需求：为智慧车站的各种传感器、智慧运维系统和设备、移动巡检终端设备、物资盘点系统设备、各系统设备智能诊断的终端和传感器、智慧车辆系统、移动办公提供无线通信网络；提供人员定位功能（精度 5 ~ 10m）；为乘客提供 WiFi 服务。

全车站部署无线访问接入点，实现移动设备 WiFi 通信、室内定位及客流密度检测。

⑤ 宽带集群智能系统　引进基于公网 4G 网络的 1.8GHz LTE-M 宽带集群智能通信指挥系统，让一线人员在实际工作中使用智能集群调度指挥系统，满足各站台日常独立工作、应急事件指挥调度的需要，并且解决了现有通话效率低、携带多种系统终端混用、仅有窄带语音业务等实际痛点。

利用公众通信网络，实现调度智能分组设计、车站自动巡更、现场视频存储及分发等功能。

⑥ BIM 建模　利用 BIM 技术搭建深云、机场站的站厅站台、出入口通道、站内设备设施、管线、导线标识、广告灯箱等可视化三维立体模型，可实现设备设施的基础信息、故障及维保记录快速查询，实现关键设备遥测、遥控，快速定位故障点等多种功能，实现车站设备智慧运维，同时车站 BIM 建模也是站内导航、应急处置等项目可视化及功能优化的重要基础支撑。

⑦ 智能音视频技术　智慧车站采集 120 路摄像头视频，验证了 24 类视频智能识别功能，支持车站数字化平台自动弹窗报警触发联动。实现了烟火检测、客流计数、客流密度、客流受阻、卷帘门下行人检测、特殊人员（轮椅）检测、电梯有人检测、区域入侵检测、设备房热成像共 9 种前景物体检测技术应用。特征模式分析应用包括司机疲劳检测、人员跌倒检测、人员恐慌检测、人员是否离岗判断检测、物品遗留检测、闸机尾随检测共 6 种。运动模式分析应用包括进站排队时间、司机立岗作业标准检测、站务接发车标准化作业检测、隔栏传物检测、扶梯逆行检测共 5 种。视频后台还在支持图像质量检测、录像完整性检测、设备运行状态检测、统计数据可视化共 4 种运维功能。

视频实时分析自动扶梯运行情况，发现人员逆行、跌倒，视频后台反馈信号给车站平台，车站平台弹窗告警，支持人员联动，在确认安全的情况下，也可进行远程启停操作。

参考文献

[1] 周茂庆 . 城市轨道交通智慧车站建设研究 [J]. 机车电传动，2021（03）：118-124.

[2] 蔡玉萍，方漫然，张亦然 . 南京地铁智慧车站建设探索与思考 [J]. 城市轨道交通，2021（09）：25-27.

[3] 赵奕 . 深圳地铁智慧车站建设浅析 [J]. 城市轨道交通，2021（09）：21-24.

The Road of
Industrial
Intelligent
Innovation

第 3 篇
智慧物流系统

　　物流业是支撑国民经济和社会发展的基础性、战略性产业。通过以精细、动态、科学的管理，实现物流全过程的自动化、可视化、可控化、智能化，可以大大降低制造业、物流业等行业的成本，从而提高企业利润。

　　我国物流业正在向着自动化、智能化、数据化方向发展。在过去几年中，人工智能、物联网、区块链、大数据等智慧化技术已在物流行业初步运用，物流产业智能硬件也在行业崭露头角，智慧物流随之成为物流行业快速发展的主要动力，成为物流产业新的业务形态。智慧物流逐步成为推进物流业发展的新动力、新路径，也为经济结构优化升级和提质增效注入了强大动力。

　　在大数据中心、人工智能、工业互联网等技术以及无人机、机器人等装备快速发展的时代背景下，各国在智慧物流系统构建、智能技术应用、智能装备制造等领域进行了大量研究与实践。

第1部分

智慧物流技术和平台系统

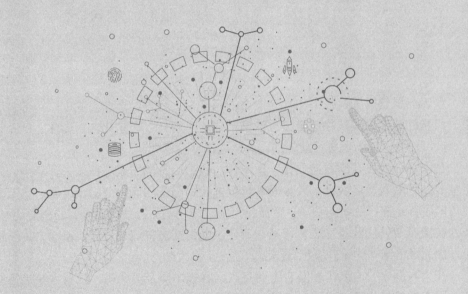

第 14 章

智慧物流概述

近年来，伴随新技术、新模式、新业态的不断涌现，物流业与互联网不断融合深度发展，物流变得更加"智慧"，使其成为物流业发展新的动力与转变路径。本章节主要从智慧物流的概念与特征、智慧物流的地位与作用、智慧物流的发展以及新技术条件下的智慧物流系统架构四个方面对智慧物流进行概述。

14.1
智慧物流的概念及特征

14.1.1　智慧物流的概念

智慧物流的本质是实现物流全产业链的智慧化，智慧是物流的终极目标，而物流则是智慧实现的场景。自"智慧物流"（Intelligent Logistics System）这一概念提出以来，便引起了专家学者们的广泛讨论，但目前为止，对于智慧物流的具体概念并未达成一致。

在本书中作者认为：智慧物流是将现代技术应用于物流行业，从而提高物流企业的效益，促进物流行业的智慧化，是指通过智能软硬件、物联网、大数据等智慧化技术手段，实现物流各环节精细化、动态化、可视化管理，提高物流系统智能化分析决策和自动化操作执行能力，提升物流运作效率的现代化物流模式。

14.1.2　智慧物流系统的主要特征

相较于传统物流，智慧物流的特征主要体现在两个方面：一方面是运作形态上的互联互通、深度协同与自主决策等；另一方面是服务上的柔性化、社会化、一体化和智慧化。

从运作形态来看，智慧物流具有以下特征：

① 基于数据实现上下游的互联互通。因为大数据的存在，每个物流要素达到互通互联，全部业务数字化，实现物流系统全流程透明可溯源；一切数据业务化，以"数据"驱动决策与执行，为物流生态系统助力。

② 各行业深度协同，提高工作效率。依托物流系统全局优化的智能算法，各参与企业之间得以深层次协作，调度整个物流系统中各参与方高效分工协作。

③ 依托强大的物流系统实现自主决策，并能在实际运作中不断学习提升。软件驱动物流过程实现自主决策，促进物流系统程控化和自动化的发展。通过大数据、云计算、人工智能构建物流大脑，在感知中决策，在执行中学习，在学习中优化，在物流实际运营中不断升级，学习提升。

正因为智慧物流拥有以上的运作形态，其在服务水平上也有着不同于传统物流的新特征：

① 柔性化 "柔性化"是生产领域为更好服务顾客而提出的概念，其强调的是满足顾客需求而灵活调整生产的工艺。对于物流也是如此，正因为智慧物流系统的出现，物流行业才可以做到按照客户的需求提供可靠的、特殊的、额外的服务，也越来越重视服务的重要性。

② 社会化 随着物流运输的全球化和物流技术、服务的全面化，物流不再局限于一个企业、一个区域或一个国家。为实现货物在全球的流动和交换，促进地区经济发展和世界资源优化配置的社会化智慧物流体系正在逐步形成。构建智慧物流体系对降低商品流通成本起到了决定性作用，同时也成为智能型社会发展的基础。

③ 一体化 智慧物流活动不仅局限于企业生产中发生的所有物流活动，还包括各企业之间、企业和个人之间的所有物流活动。智慧物流一体化主要表现为物流活动全过程一体化和系统化。依靠智慧物流管理系统中心，将运输、储存、包装、装卸等物流过程整合为一体化系统，以最低成本为客户提供最高质量、满意的物流服务。

④ 智慧化 "智慧"是物流发展的必然趋势，是智慧物流的核心特征，它贯穿于物流活动的全过程，伴随人工智能技术、自动化技术等信息技术的发展，其水平必将提高。它不仅局限于库存水平的确定、运输道路的选择、自动追踪的控制、自动分离的运行、物流配送中心的管理等问题，还将随着时代的发展不断赋予新的内容[1]。

14.2
智慧物流的地位与作用

14.2.1　智慧物流的地位

物流的智慧化让物流业在社会经济发展中的基础性、战略性、先导性、引领性地位进一步凸显[2]。随着社会经济的发展，物流服务的覆盖面进一步扩大，为适应和满足电子商务个性化、碎片化、多样化、分布式、高时效、经济性、随时性、高品质等需求，随着社会经济的发展，物流服务的支付对象不断扩大。

智慧物流给物流服务模式带来了变化，组织化、集约化、优质化程度大大提高，供需匹配程度大大提高，资源配置效率大大提高[3]。"大数据""互联网＋"国家战略推动和"物联网"技术应用加快发展的大背景下，智能交通、智慧仓储快速发展。"物联网"促进交通运输、仓储设施设备互联互通。

智慧物流使互联网、物流与农业、制造业、商贸流通的关系更加密切，推动了供给侧结构性改革，优化了全社会供应链体系[4]。在智慧物流的推动下，物流服务整体速度、服务质量、差异化、个性化服务水平、农村服务、国际化服务等有较大提升。全社会物流成本与信息对称性成反比，随着智慧物流的深入推进，全社会物流资源得以更大范围的优化。

14.2.2　智慧物流的作用

（1）降低物流成本，提高企业利润

智慧物流能大大降低制造业、物流业等各行业的成本，提高企业的利润，上游生产企业、下游客户与消费者三方通过智慧物流系统相互协作，信息共享，达到节省成本、提高效率的目的[5]。其关键是物体识别及识别跟踪、无线定位等新型信息技术的应用，有效实现物流的智能调度管理，整合物流核心业务流程，加强物流管理的合理化，实现物流的智能化，可以降低消耗，从而降低物流成本，降低流通费用，增加利润。

（2）加快了物流产业的发展，使其成为物流业的信息技术支柱

智慧物流建设将加快当地物流产业发展，集仓储、运输、配送、信息服务等多功能于一体，打破行业限制，协调部门利益，实现集约高效经营，促进社会物

流资源配置优化[5]。同时，整合物流企业，集中处理过去分散的物流资源，发挥整体优势和规模优势，实现传统物流企业的现代化、专业化和互补性。另外，还可以共享基础设施和配套服务、信息，从而获得减少运营成本和费用支出的规模效率。

（3）为企业生产、采购和销售系统的智能融合打基础

RFID 等传感器和互联网的普及，为物与物的连接，企业的物流系统、生产系统、采购系统、销售系统的智能和融合打下了坚实的基础，生产网络的融合一定要与智慧供应链融合，企业物流完全将智慧融入企业经营之中，打破工序、程序边界，打造智慧企业[6]。

（4）提高政府部门工作效率，助力体制改革

智慧物流可以对食品的生产、运输、销售进行全方位、全程监管，大大缓解了相关政府部门的工作压力，同时监管更加彻底、透明。通过计算机和网络的应用，政府部门的工作效率大大提高，有助于我国体制的改革，精简政府机构，裁减冗员，从而减少政府开支[7]。

（5）促进当地经济进一步发展，提升综合竞争力

智慧物流集多种服务功能于一体，体现了现代经济运行的特征需求。即强调信息和物质的快速、高效、顺畅流动，从而降低社会成本，提高生产效率，整合社会资源[7]。

14.3
智慧物流的发展

14.3.1　智慧物流发展的驱动因素

（1）国家大力推进"互联网+"物流业

自 2015 年以来，国家各级政府机构出台了鼓励物流行业向智能化、智慧化发展的政策，并积极鼓励企业进行物流模式的创新[8]。

（2）商业模式的转变以及消费需求的升级推动智慧物流向更高阶段发展

伴随互联网的发展，传统商业模式被打破，电子商务、C2M 新零售等新型商业模式不断涌现、快速发展，与此同时，消费者的需求也发生了转变，需求更显

差异化与个性化，以上这些转变对物流服务提出了更高的要求。

（3）物流运作模式革新，推动智慧物流需求提升

互联网时代下，物流行业与互联网的融合发展对物流业旧的市场环境和业务流程形成了强有力的冲击作用，出现车货匹配、运力众包等新型物流模式和业态结构。基础运输条件的完善以及信息化的进一步提升激发了多式联运模式的快速发展[6]。新的运输运作模式正在形成，与之相适应的智慧物流快速增长。如今，新型的智慧物流运输包括公路、铁路、水运、高铁＋物流等多种多式联运方式，多式联运作为集约高效的现代化运输组织模式，将在实施"一带一路"倡议的过程中，迎来加快发展的重要机遇[8]。

（4）大数据和无人技术等智慧物流相关技术日趋成熟

无人机、机器人及其自动化、大数据等已经相对成熟，即将投入商用。可穿戴设备、3D打印、无人卡车、人工智能等技术将在未来10年左右成熟，广泛应用于仓储、运输、配送、终端等物流各环节。大数据分析技术通过收集、分析商流、物流等数据，通过需求预测、仓库网络、路由优化、设备维修预警等方面，提前洞察消费者需求，提前库存备货[9]。

14.3.2　智慧物流的发展趋势

近年来，智慧物流正在迅速发展，技术与物流相结合起到了重要的推动作用。物流与互联网等技术的深度融合，特别是移动互联网技术、云技术、人工智能技术等的快速发展，加速了智慧物流的兴起。同时，相关政策也纷纷出台，支持和引导"互联网＋"高效物流发展，以促进物流业的降本增效和转型升级。在新兴技术和国家政策的双重推动下，智慧物流的发展前景将十分广阔。

（1）智慧物流融合互联网技术推动行业持续升级

智慧物流是现代综合型物流体系，主要以互联网技术为基础，其发展不断呈现网络化、自动化趋势。从数字化向程序化演进，持续推动行业升级。电商物流、同城快递、同城配送等相关技术也将得到快速发展。

（2）大数据促进物流供应链优化

目前，我国正迅速进入数字经济时代，大数据已逐渐成为引领各行业根本性变革的核心关键。电子商务大数据提高物流配送效率，将所有订单信息实时送达企业配送仓库。智能仓库可以在最短时间内根据购买者的地址搜索保管商品最近的仓库位置，就近出库。快递部门根据订单数量完成相关货物物品的装载工作后，利用无人机或汽车自动运送到指定位置，节约成本，提高效率[10]。

（3）物流自动化将迎来跨越式发展

新零售时代"线上线下一盘货，服务产品一体化"将长期、全面地影响物流业发展。未来依托共享 IT 平台，每一个人、每一辆车、每一间闲置的仓储库房，都有可能成为物流的共享环节，物流资源将像云计算一样，按需付费，碎片化的运力、仓储资源都有可能参与到社会化物流环节中。柔性自动化系统和作业模式将在应用中不断成熟，形成相关的技术标准，推动仓储自动化系统的大规模复制时代的到来。

（4）信息化、智能化、集约化和少量订货制是未来物流的发展趋势

智慧物流以顾客需求为中心，灵活地实施物品的移动，以应对下游需求。互联网拓展营销渠道，通过互联网及时反馈消费者需求信息，信息迅速到达生产企业调度中心。智慧物流促进资源优化配置和高效运营，实施订单管理，减少企业库存，降低上游经营风险。

（5）依靠"互联网＋"兴起的智慧物流云系统将蓬勃发展

智慧物流仓储系统是伴随电子商务而产生的有别于传统仓储方式的智能化仓储模式，其最大的不同在于智能自动化装备和信息化软件的集成应用。因智能制造行业的蓬勃兴起，其将成为电子商务发展的中坚力量。

14.4
智慧物流系统架构

智慧物流系统在物联网与大数据环境下，以信息运用为主线，综合运用先进的现代物流技术、信息技术、自动化技术、系统集成技术，特别是人工、信息集成、大数据处理，将物流信息、物流活动、智能技术，将具有实时、高效、绿色的物流制品、各类物力资源以及物流规范有机结合并优化运力和竞争能力，为客户提物流服务体系，进而能够有效地提高企业基于市场快捷、及时、精准特征的应变能力。

智慧物流系统架构如图 14-1 所示。

14.4.1 智慧作业技术

（1）仓内技术
主要有机器人与自动化分拣、可穿戴设备、无人驾驶叉车、货物识别四类技

术，当前机器人与自动化分拣技术已相对成熟，得到广泛应用，可穿戴设备目前大部分处于研发阶段，其中智能眼镜技术进展较快[11]。仓内机器人包括AGV（自动导引运输车）、无人叉车、货架穿梭车、分拣机器人等，主要用在搬运、上架、分拣等环节。此外，可穿戴设备属于较为前沿的技术，在物流领域可能应用的产品包括免持扫描设备、现实增强技术 - 智能眼镜、外骨骼、喷气式背包，国内无商用实例，免持设备与智能眼镜小范围由UPS、DHL应用外，其他多处于研发阶段[12]。整体来说，离大规模应用仍然有较远距离。智能眼镜凭借其实时的物品识别、条码阅读和库内导航等功能，提升了仓库工作效率，未来有可能被广泛应用，京东及亚马逊等国内外电商企业已开始研发相关智能设备。

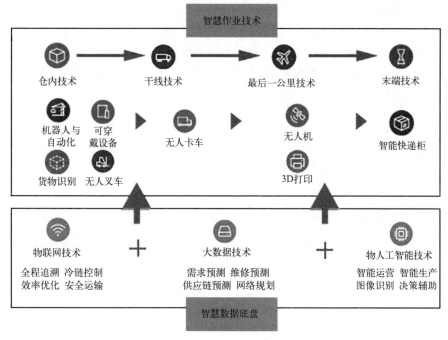

图14-1　智慧物流系统架构

（2）干线技术

干线运输主要是无人驾驶卡车技术。无人驾驶卡车将改变干线物流现有格局，目前尚处于研发阶段，但已取得阶段性成果，正在进行商用化前测试。无人驾驶乘用车技术已经取得了阶段性成果，目前多家企业开始了对无人驾驶卡车的探索。由多名Alphabet前高管成立Otto，研发卡车无人驾驶技术，核心产品包括传感器、硬件设施和软件系统，目前已经进入测试阶段。虽然公路无人驾驶从技术实现到实际应用仍有一定距离，但从技术上看，发展潜力非常大，未来卡车生产商将直接在生产环节集成无人驾驶技术。

（3）最后一公里技术

最后一公里相关技术主要包括无人机技术与 3D 打印技术两大类。无人机技术相对成熟，目前包括京东、顺丰、DHL 等国内外多家物流企业已开始进行商业测试，其凭借灵活等特性，预计将成为特定区域未来末端配送的重要方式。3D 技术尚处于研发阶段，目前仅有亚马逊、UPS 等针对其进行技术储备。无人机技术已经成熟，主要应用在人口密度相对较小的区域如农村配送，中国企业在该项技术方面具有领先优势，且政府政策较为开放，制定了相对完善的无人机管理办法，国内无人机即将进入大规模商业应用阶段。未来无人机的载重、航时将会不断突破，感知、规避和防撞能力有待提升，软件系统、数据收集与分析处理能力将不断提高，应用范围将更加广泛。未来的产品生产至消费的模式将是"城市内 3D 打印 + 同城配送"，甚至是"社区 3D 打印 + 社区配送"的模式，物流企业需要通过 3D 打印网络的铺设实现定制化产品在离消费者最近的服务站点生产、组装与末端配送的职能。

（4）末端技术

末端技术主要是智能快递柜。目前已实现商用，但受限于成本与消费者使用习惯等问题，未来发展存在不确定性。

14.4.2　智慧数据底盘技术

数据底盘主要由物联网、大数据、人工智能三大领域组成。物联网和大数据分析目前已经相对成熟，在电子商务运营中有所应用，人工智能还相对处于研发阶段，将成为今后各企业研发的重点。物联网技术和大数据分析技术是相互依存的。前者提供部分分析数据，后者将前者的数据业务化，而人工智能则是大数据分析的升级。这三者都是未来智慧物流发展的重要方向，也是智慧物流能够进一步反复升级的关键。

参考文献

[1] 徐春，王昭，王东. 智慧物流颠覆性创新发展的要素组合研究 [J]. 北京交通大学学报（社会科学版），2021，20（01）：105-115.

[2] 韩东亚，余玉刚. 智慧物流 [M]. 北京：中国财富出版社，2018.

[3] 刘阳阳. 新零售背景下我国智慧物流的特征、问题及发展路径 [J]. 商业经济研究，2019，000（017）：14-16.

[4] 魏际刚. 智慧物流的未来发展 [J]. 大陆桥视野，2018（08）：41-45.

[5] 朱晓磊. 货物觉醒：智慧物流的新时代 [J]. 互联网经济，2018（Z2）：74-79.

[6] 潘国尧. 智慧物流是"神器"[J]. 中国物流与采购，2016（15）：27-30.

[7] 申爱萍. 用开放的心态拥抱智慧物流[J]. 人民交通，2018（02）：18-20.

[8] 李之. 物联网让物流充满智慧[J]. 信息化建设，2015（09）：20，22.

[9] 薛义俊. 智慧物流中的仓储及配送中相关的智能技术[J]. 通讯世界，2019，26（03）：178-179.

[10] 中商产业研究院.2018 智能物流产业发展报告[R]. 电子商务研究中心，2018.

[11] 李佳，靳向宇. 智慧物流在我国对外贸易中的应用模式构建与展望[J]. 中国流通经济，2019，33（08）：11-21.

[12] 徐薇. 铁路电商物流市场分析及发展策略探讨[D]. 兰州：兰州交通大学，2019.

第 15 章

智慧物流技术

    智慧物流技术是智慧物流发展的基础，为智慧物流的发展注入了新的强大动力，包括三个主要的部分：一是如何部署更加广泛、及时、准确的信息采集技术；二是如何把这些信息实现互联互通，既满足专用的需求，也能方便地实现开放和共享；三是如何管理、加工、应用这些信息，解决各类现实问题[1]。

15.1
智慧物流技术框架

    智慧物流是一种以信息技术为支撑的现代化的综合性物流管理系统，它不仅仅满足于传统物流对物流信息的被动感知，而是通过智能化收集、集成、处理物流的采购、运输、包装、装卸搬运、流通加工、配送、信息服务等各个环节的信息，实现全面的分析、及时处理及自我调整的功能。伴随着物联网、云计算、大数据、移动互联网等新一代信息技术的蓬勃发展，智慧物流逐渐成为未来物流信息的发展方向。

    智慧物流是基于物联网技术在物流业的应用而提出的。物联网技术架构一般分为感知层、网络层和应用层三个层次。感知层负责信息的采集和初步处理，网络层负责信息的可靠传输，应用层负责数据的统计分析与应用。从智慧物流领域应用的角度来看，智慧物流的技术架构遵循物联网的三层技术架构，如图 15-1 所示。

15.1.1 感知层

    感知层是智慧物流系统实现对货物、运行环境、物流设施设备感知的基础，是智慧物流的起点。具体而言，又可划分为物流识别、追溯感知层，物流定位、跟踪感知层和物流监控、控制感知层三个层次[2]。

15.1.2　网络层

网络层是智慧物流的神经网络，连接着感知层和应用层，其功能为"传送"，即通过通信网络进行信息传输。通信层由各种私有网络、互联网、有线和无线通信网等组成，负责将感知层获取的信息安全可靠地传输到应用层，然后根据不同的应用需求进行信息处理。

15.1.3　应用层

应用层是智慧物流的应用系统，借助物联网感知技术，感知到前端的物流运行状态，在应用层执行物流操作或产生决策指令。应用方面主要是针对具体的物流活动进行管理和控制，如仓储管理系统、分拣管理系统、运输管理系统等，具有承上启下的作用。该层通过应用流程集成平台与上层决策管理系统进行集成，通过数据集成平台与各种物流设备控制器进行数据交换，从而对具体的物流活动进行管理和控制[3, 4]。

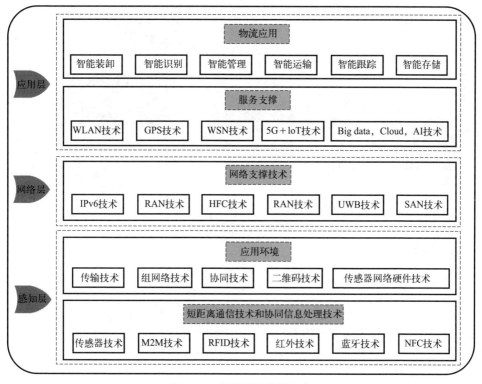

图 15-1　智慧物流技术架构

15.2

信息定位跟踪技术

15.2.1　GPS/GSM 定位技术

全球定位系统（GPS）具有全球性、全天候等特点，技术基础是卫星导航定位技术。它主要包括三大组成部分：全球卫星系统、实时监控体系、信息接收体系[5]。GPS 系统可以在全球范围内为用户提供准确性高、全天候实时监控数据，为用户提供所需的定位信息。

GPS 应用流程示意图如图 15-2 所示。

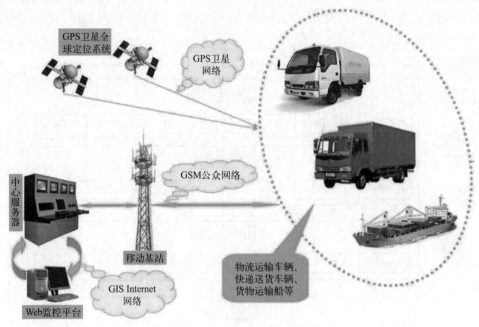

图 15-2　GPS 应用流程示意图

我国常用的 GPS 供应商为美国的 GPS 系统和中国北斗定位系统，安装了网络 GPS 的车辆将会实现许多功能。

（1）实时监控功能

① 能够在任意时刻发出指令查询运输车辆所在的地理位置（经度、纬度、速度等信息），并在电子地图上直观地显示出来[6]。

② 车辆出车后就可立即掌握其行踪。若有不正常的偏离、停滞与超速等异常现象发生时，网络 GPS 工作站显示屏能立即显示并发出警告信号，并可迅速查询纠正，避免危及人、车、货安全的情况发生。

③ 货主可登录查询货物运送状况，实时了解货物的动态信息，真正做到让客户放心。

④ 长途运输由于信息闭塞、渠道狭窄，回程配货成了最大的困扰。而 GPS 监控系统正是建立在互联网这一开放式公共平台上的，可以提前在线预告车辆的实时信息及精确的抵达时间，根据具体情况合理安排回程配货。

（2）双向通信功能

GPS 的用户可使用 GSM 的语音功能与司机进行通话或使用安装在车辆上的移动设备的汉字液晶显示终端进行汉字消息收发对话[6]。

① 调度人员能在任意时刻通过调度中心发出文字调度指令，并得到确认信息，实现就近调度、动态调度、提前调度。

② 可实时掌握车辆动态、发车时间、到货时间、卸货时间、返回时间等等，以达到争取时间、节约运输成本的目的。

③ 科学调度，提高实载率，尽量减少空车时间和空车距离，充分利用运输车辆的运能。

（3）数据存储、分析功能

① 可事先规划车辆的运行路线、运行区域，何时应该到达什么地方等，并将该信息记录在数据库中，以备以后查询、分析使用。

② 收集、积累、分析数据，进一步优化路线。依据地理信息 GIS 制定更为合理的行车路线及整个运输过程中的燃料、维修、过路（桥）等费用，确定更为精确的成本费用，制定更加合理的运费。

③ 依据数据库储存的信息，可随时调阅每辆车以前的工作资料，并可根据各管理部门的不同要求制作各种不同形式的报表，使各管理部门能更快速、更准确地作出判断[6]。

（4）GPS 技术在物流中的应用流程

物流运输行业利用 GSM 公用数字移动通信作为信息传输媒介，应用 GPS 的定位技术及计算机技术、网络技术等手段，充分利用因特网资源，结合运用电子地图地理信息系统，实时显示出车辆的实际位置，实现对车辆的状态监视、调度管理、报警求助和信息咨询等功能，并利用 GPS 和电子地图任意放大、缩小还原、换图，可以随目标移动，使目标始终保持在屏幕上，还可以实现多窗口、多车辆、多屏幕同时跟踪，利用该功能可对重要车辆和货物进行跟踪服务。

15.2.2　5G+物联网

基于 RFID、红外感应器、GPS 等信息传感设备，物品之间实现了无人介入的"交流"，这就是物联网技术。近些年，5G 通信技术不断发展，促使物联网技术在物流行业中的运用速度进一步加快。

（1）5G+物联网的本质特征

相比于前几代移动通信技术，5G 通信技术具有高带宽、低时延、低功耗的优点，并且还有安全、高效、方便、快捷的特征。在 5G 技术的加持下，基于物联网的智慧物流表现出了智慧（Smartness）、短链（Short-chain）、共生（Symbiosis）的"3S"特征[7]，如图 15-3 所示。

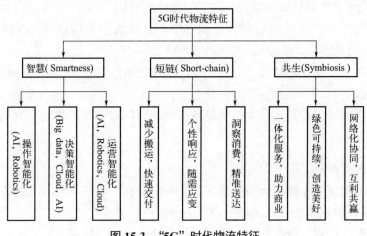

图 15-3　"5G"时代物流特征

（2）5G+物联网中的物流架构

5G 最主要的应用是提高通信的可靠性、降低通信的延时实现实时通信。物联网可以应用于物流行业的各个端，在能源供给、仓储、物流监控、用户服务等多个方面都有着用武之地。物联网涉及网络安全、信息安全和隐私权，也需要有妥善合理的处理方案。高速高宽带网络是连接基础设施层云服务器、云存储以及平台服务层、网络层的高速高宽带交换机、路由器、光纤通信网络的通道。物联网智慧业务在落地时应根据业务应用场景、传输性能、组网特点、网络安全、标准规范、建设运营成本等多方面考虑选择合适的无线、有线、卫星接入组网技术。

利用 RFID、传感器、二维码（QR Code）等随时随地获取物体的信息；通过各种网络融合、业务融合、终端融合、运营管理融合，将物体的信息实时准确地传递出去；利用云计算、模糊识别等各种智能计算技术，对海量数据和信息进行分析和处理，对物体进行实时智能化控制[7]。

智慧物流架构是一个功能齐全的基础性服务平台，系统架构分为三层竖向结构：感知层、网络层和应用层。感知层是智慧物流系统实现对货物感知的基础，是智慧物流的起点，所有能够用于物品感知的各类技术都可以在物流系统中得到应用，具体应用中需要平衡系统需求与技术成本等因素；网络层是智慧物流的神经网络与虚拟空间，物流系统借助感知技术获得的数据进入网络层，利用大数据、云计算、人工智能等技术分析处理，产生决策指令，再通过感知通信技术向执行系统下达指令；应用层是智慧物流的应用系统，借助物联网感知技术，感知到网络层的决策指令，在应用层实时执行操作。

（3）物联网在物流领域的应用

在物流领域中，企业应用物联网完善业务，需要以提高效率、减少人为错误为目标，利用物联网技术分析研究业务流程、物流感知与信息采集、数据的自动化处理等，以作出更好的决策，进一步优化业务流程。通过物联网在物流企业中的业务应用，物流企业可以较好地解决车辆调度、行驶安全、货物追溯、全程冷链以及供应链协同等目标，提高物流系统运作绩效。

① 智能运输。利用物联网技术实施运输业务升级的物流企业，需以深度覆盖所服务区域的运输网络平台为基础，提供快捷、准时、安全、优质的标准化服务。通过整合内、外物流资源，提供"一站式"综合物流服务，以满足客户对运输业务的个性化需求。应用物联网技术优化运输业务的各个环节，实现运输管理过程的信息化、智能化，并与上、下游业务进行物流资源整合和无缝连接。

② 智能仓储。物流企业仓储管理业务以供应商库存管理为基础，将服务作为其标准化产品。将物联网技术应用于仓储管理业务中，可实现仓储管理中的货物自动分拣、智能化出入库管理、货物自动盘点及"虚拟仓库"管理，从而形成自动仓储业务。通过智能及自动化的仓储管理，可有效降低物流成本，实现仓储作业的可视化和透明化管理，提高仓储服务水平，最终实现智能化、网络化、一体化的管理模式。

③ 动态配送。在传统的配送过程中，交通条件、价格因素、用户数量及分布和用户需求等因素的变化会对配送方案、配送过程产生影响。物联网的引入很好地解决了这一问题，通过对以上影响因素涉及的物体利用物联网感知布点进行信息采集并有效反馈就可形成动态的配送方案，从而提高配送效率，提升服务质量。此外，还可为客户提供实时的配送状态信息服务。

15.2.3 地理信息系统

GIS 地理信息系统是多种学科交叉的产物，利用其强大的地理空间大数据处理和分析功能，来完善物流分析技术，集成车辆路线模型、最短路径模型、网络物流模型、分配集合模型和设施定位模型[8]，从而建立强大的物流信息系统，使物流变得实时并且成本最优。

目前，地理空间大数据在物流企业中的作用主要包括以下 4 个方面：

（1）准确反映市场动态

在大数据技术的帮助下，企业完全、精准地描述出用户的需求信息，通过真实而有效的数据反映市场动态，从而对产品进入市场后的各个阶段作出预判，这对合理控制物流企业的库存和科学安排运输方案意义重大。

（2）利于物流中心选址

物流企业要根据自身的经营特点、产品特点、产品用户覆盖特点及交通运输状况因素，选择最优化的物流中心，使得配送成本、固定成本等相加之和实现最小。通过已收集数据综合类比实证分析的科学处理工作，并考虑依次叠加各个环节的总成本，就能实现物流中心选址的科学化结果。

（3）实现配送线路的优化

选择配送的路线一直是物流企业比较头疼的问题之一，线路优化是一个典型的非线性规划问题，线路选择不当，会直接影响到配送效率和配送成本。物流企业可以运用大数据技术来解决这一问题，通过对商品特性、客户需求及交通状况的分析等，并将这些影响配送速度和配送效益的要素一一罗列出来，再综合各方面的因素，选择出最合适的配送路线。而且在配送的过程中，汽车物流企业还可以利用新产生的数据，快速地分析配送路线的交通状况，对事故频发的路段作出提前预警，通过精准地分析整个配送过程的信息，实现物流配送的智能化管理[9]。

（4）合理安排仓库储位

安排仓库储位对于仓库利用率和搬运分拣效率有着极为重要的意义。特别是对那些商品品种多、出货频率快的物流仓库，储位优化意味着工作效率和企业效益。比如，为了节省仓储空间提高仓库的使用效率，那些多品种的产品中有哪些可以存放在一起，既便于分拣又能节省空间，哪些货物存储的时间较短，需要及时出货，等等，都可以通过大数据的关联模式分析法来合理安排仓库储位。

15.3

智能标签技术

现代物流信息系统离不开自动识别与数据采集技术，这些技术是现代物流信息系统的重要组成部分[10]。这些技术包括条形码技术、标签技术、磁条磁卡技术、射频识别和数据传递技术、光学字符识别技术、生物统计识别方法等。这里对其中的部分技术进行介绍。

15.3.1 智能条形码技术

条形码技术是自动识别与数据采集技术最典型和最普及的应用技术。条形码主要由特殊的图形来表示数字、字母信息和某些符号，由一组宽度不同、反射率不同的条和空按规定的编码规则组合起来，用以表示一组数据。

(1) 智能条形码分类

智慧物流系统常见的条形码有一维条形码和二维条形码。

一维条形码（图15-4）是由一组规则排列的条、空以及对应的字符组成的标记，"条"是指对光线反射率较低的部分，"空"是指对光线反射率较高的部分，这些条、空组成的数据表达一定的信息，并能够用特定的设备识读，转换成与计算机兼容的二进制和十进制信息[11]。

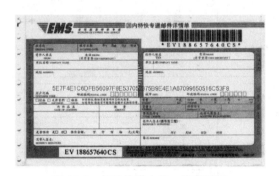

图 15-4　邮政快递中的一维条形码

随着现代高新技术的发展，要求条形码技术做到在有限的几何空间内表示更多的信息，从而满足千变万化的信息需求。其中二维条形码就是一种充分利用一维条形码在垂直方向上的冗余，向二维方向扩展而形成的新的条形码。二维条形码用某种特定的几何图形按一定规律在平面（二维方向）上分布的条、空相间的图形来记录数据符号信息，它具有条形码技术的共性，即每种码制有其特定字符集，每个字符占有一定的宽度，具有一定的校验功能等[12]。

二维条形码是各种证件及卡片等大容量、高可靠性信息实现存储、携带并自动识读的最理想的方法。其应用水平和应用领域都比一维条形码有更大的优越性。美国 Symbol 公司于 1991 年正式推出名为 PDF417 的二维条形码，简称为 PDF417 条形码，它是一种层排式二维条形码，是目前技术比较成熟、应用比较广泛的二维条形码。

（2）智能条形码的特点

目前的条形码制有许多，物流条形码（图 15-5）是用于标识物流领域中具体实物的一种特殊代码，是在整个物流过程中，包括生产厂家、分销业、运输业、消费者等环节的共享数据。它贯穿整个贸易过程，并通过物流条形码数据的采集、反馈，使信息的传递更加方便、快捷、准确，从而提高整个物流系统的经济效益[13]。

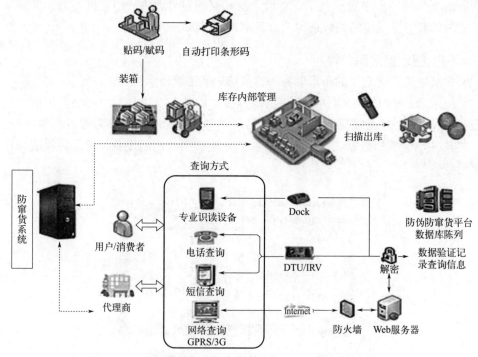

图 15-5　物流中的条码扫描识别技术——货物防窜货系统

根据货物的不同和商品包装的不同，应采用不同的条形码码制。单个大件商品，如电视机、电冰箱、洗衣机等商品的包装箱往往采用 EAN-13 条码。储运包装箱常常采用 ITF-14 条码或 UCC/EAN-128 条码。包装箱内可以是单一商品，也可以是不同的商品或多件商品小包装。

在物流领域，条形码技术就像一条纽带，把产品生命周期各阶段产生的信息连接在一起，可跟踪产品从生产到销售的全过程。通过手持码终端，可以实现数据采集、数据传送、数据删除和系统管理等功能。其主要应用领域有：①仓储及配送中心中的应用，包括商品的入库验收、出库发货和库存盘点等；②商品卖场中的应用，包括自动补充订货、到货确认和盘点管理等。

15.3.2 智能标签技术

(1) 有线电子标签技术

电子标签系统是指装置于货架上的信号转换器、完成器、电子标签、编程器、现场操作计算机和服务器等一系列设备构成的网络化计算机辅助拣货系统。电子标签具有弹性控制拣货流程、即时现场控制、紧急订单处理功能，并能降低拣货错误率，加快拣货速度，免除表单作业，节省人力资源[14]。

电子标签系统的主要功能可以归纳为：①拣货资料的上传与下载；②拣货资料即时监控；③硬件自我监测；④跳跃式拣货；⑤提早离开；⑥紧急插单；⑦货号与标签对应维护；⑧缺货通知；⑨查询作业；⑩报表作业。电子标签辅助拣货系统的拣货流程如图 15-6 所示。

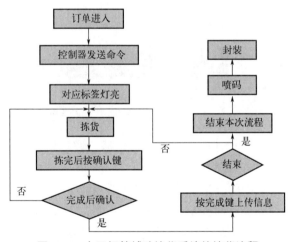

图 15-6　电子标签辅助拣货系统的拣货流程

(2) 射频识别技术

① 射频识别技术概述　射频识别（ RFID ）技术是自动识别技术的一种，也称为无线追踪系统，它利用无线射频方式进行非接触双向通信，以达到识别并交换数据的目的。与条形码、IC 卡等接触式识别技术不同，RFID 是非接触式的自

动识别技术，它能够识别单品，具有防水、防磁、耐高温、使用寿命长、读取距离远、信息量大等优点。RFID 可实现多目标识别与运动目标识别，可在更广泛的场景中应用。

当前 RFID 技术存在的问题主要有三点：一是成本相对较高，二是隐私问题，三是安全问题。此外，还有人担心会受到电磁波的冲击。

② RFID 在供应链管理中的应用　现代供应链管理的关键是供应链中产品、集装箱、车辆和人员的自动识别，识别出的所有信息都应在企业管理信息系统（MIS）或者企业资源计划（ERP）系统中得到实时的传递和反映。基于 RFID 技术的供应链管理系统如图 15-7 所示。下面列举 RFID 技术在供应链管理领域的应用案例。

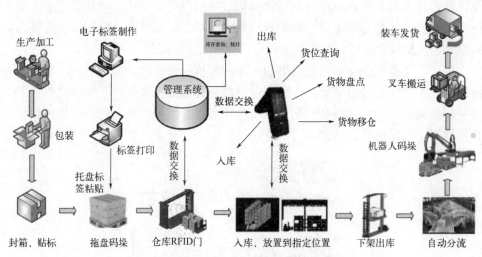

图 15-7　基于 RFID 技术的供应链管理系统

a. 煤气罐等危险物品的跟踪与管理。储气罐的跟踪管理包括煤气罐等危险物品容器的跟踪管理。在煤气罐的跟踪管理上，可以用特殊的环形标签来标示煤气罐，而不管煤气罐是单个的、整车的，还是用托盘运输的。煤气罐依靠 RFID 实施全过程管理，从气体灌装厂通过配送送到用户手中，实行实时信息反馈管理[15]。

b. RFID 在集装箱跟踪管理上的应用。将标签粘贴或镶嵌在集装箱或托盘上，伴随集装箱或托盘走过集装箱的整个生命周期，如图 15-8 所示。通过入口处的悬空读头、安装在叉车上的读头，或者手持机来读取标签，实时信息显示在显示器上或直接进入数据库。基于此实现集装箱的跟踪管理以及防止集装箱的丢失、被盗和损坏，从而提高集装箱的周转率与资源的使用效率。

c. 仓库管理[15]。将 RFID 系统用于智能仓库货物管理，完全有效地解决了仓库中与货物流动有关的信息的管理，不但大大增加了仓库的货物处理能力，也大大增加了处理货物的信息量。读头和天线设置在货物所通过的仓库大门边上，每个货物单元都贴有 RFID 标签，所有标签的信息都被存储在仓库管理中心的计算机中。管理中心可以实时了解到已经生产了多少产品和发送了多少产品，并可自动识别货物，确定货物的位置，从而对货物进行跟踪管理。

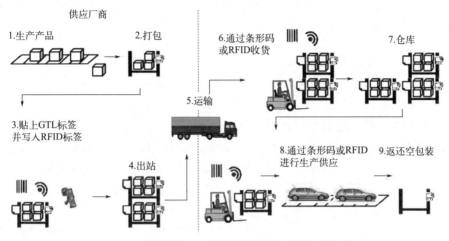

图 15-8　基于 RFID 技术的集装箱运输管理系统

15.4
数据处理技术

15.4.1　电子数据交换

（1）电子数据交换的概念

电子数据交换（Electronic Data Interchange，EDI）是将贸易、运输、保险、银行和海关等行业或部门的信息，用一种国际公认的标准格式形成结构化的事务处理报文数据格式，通过计算机通信网络，使各有关部门、公司与企业之间进行数据交换与处理，并完成以贸易为中心的全部业务过程。EDI 包括买卖双方数据交换、企业内部数据交换等[16]。

对 EDI 可以从以下 5 个方面进行理解：

① EDI 是计算机系统之间所进行的电子信息传输。

② EDI 是标准格式和结构化的电子数据的交换。

③ EDI 是按发送者和接收者达成一致的标准和结构所进行的电子数据的交换。

④ EDI 是由计算机自动读取而无须人工干预的电子数据的交换。

⑤ EDI 是为了满足商业用途的电子数据的交换。

从一般技术角度，我们可以将 EDI 的概念概括为：EDI 是参加商业运作的双方或多方按照协议，对具有一定结构的标准商业信息，通过数据通信网络，在参与方计算机之间所进行的传输和自动处理。

（2）EDI 的组成及工作流程

数据标准、EDI 软件及硬件和通信网络是构成 EDI 系统的三要素[17]。

① 数据标准　EDI 标准是由各企业、各地区代表共同讨论、制定的电子数据交换共同标准，可以使各组织通过共同的标准达到彼此之间文件交换的目的。

② EDI 软件及硬件　实现 EDI 需要配备相应的 EDI 软件和硬件。EDI 软件具有将用户数据库系统中的信息译成 EDI 的标准格式，以供传输交换的能力。当需要发送 EDI 电文时，必须用某些方法从公司的专有数据库中提取信息，并把它翻译成 EDI 的标准格式进行传输，这就需要有 EDI 相关软件的帮助。

a. 转换软件（Mapper）。转换软件可以帮助用户将原有计算机系统的文件转换成翻译软件能够理解的平面文件（Flat File），或是将从翻译软件接收来的平面文件转换成原计算机系统中的文件。

b. 翻译软件（Translator）。将平面文件翻译成 EDI 标准格式，或将接收到的 EDI 标准格式文件翻译成平面文件。

c. 通信软件。将 EDI 标准格式的文件外层加上通信信封（Envelope），再送到 EDI 系统交换中心的邮箱（Mailbox），或由 EDI 系统交换中心将接收到的文件取回。

EDI 所需的硬件设备大致有：计算机、调制解调器（Modem）及电话线。

③ 通信网络[18]　通信网络是实现 EDI 的手段。EDI 的通信方式有多种，如下所述。

a. 点对点（PTP）方式。点对点方式即 EDI 按照约定的格式，通过通信网络进行信息的传递和终端处理，完成相互的业务交往。早期的 EDI 通信一般都采用该方式。但它有许多缺点，如当 EDI 用户的贸易伙伴不再是几个而是几十个甚至几百个时，这种方式很费时间，需要许多重复发送。同时这种通信方式是同步的，不适于跨国家、跨行业之间的应用。

b. 增值网（VAN）方式。它是那些增值数据业务（VADS）公司利用已有的计算机与通信网络设备，除完成一般的通信任务外，还增加 EDI 的服务功能。VADS 公司提供给 EDI 用户的服务主要是租用信箱及协议转换，后者对用户是透明的。信箱的引入，实现了 EDI 通信的异步性，提高了效率，降低了通信费用。

另外，EDI 报文在 VADS 公司自己的系统（即 VAN）中的传递也是异步的，即先存储再转发。

EDI 将所有贸易单证的传送由 EDI 通信网络实现，并且买卖双方单证的处理全部（或大部分）由计算机自动完成。EDI 的工作流程可以划分为以下三个步骤。

首先对文件进行结构化和标准化处理。用户首先将原始的纸面商业或行政文件经计算机处理，形成符合 EDI 标准的、具有标准格式的 EDI 数据文件。其次便是数据的传输和交换。用户用本地计算机系统将形成的标准数据文件经过 EDI 数据通信和交换网传送到登录的 EDI 服务中心，继而转发到对方用户的计算机系统。最后对文件进行接收和自动处理。对方用户计算机系统收到发来的报文之后，立即按照特定的程序自动处理。

（3）EDI 在物流业中的应用

现代物流是建立在互联网和 EDI 等众多现代信息技术平台基础上的物流资讯和电子商务服务。在企业物流活动中，货主、承运业主以及其他相关的单位之间通过 EDI 系统进行物流数据交换，并以此为基础实施物流作业活动。EDI 系统把货物运输企业、加工贸易企业、流通领域企业，以及海关、检验检疫、税务、环保、边检和银行等部门有效地连接起来，使整个供应链上及相关的各个环节协调同步，从而促进现代物流管理效率的提高。

15.4.2　云计算技术

云计算已经成为物流行业的重点发展领域，其体现在为汽车物流企业搭建智慧物流云平台，通过将数据向云平台集中，利用云平台本身强大的计算能力，进行数据存储和交换，实现物流行业信息资源的深度整合和资源联动共享。

对物流行业来说，只要将物流各个环节的信息输入这个平台，云计算就会对数据进行计算并根据计算结果运用逻辑思维的方式作出最优化的运行方案。目前，在物流领域有些运作已经有"云"的身影，如车辆配载、运输过程监控等。借助"行业云"，多方收集货源和车辆信息，并使物流配载信息在实际物流运输能力与需求发生以前得以发布，加快了物流配载的速度，提高了配载的成功率[19]。应用主要体现在监控可视化、降低空载率、优化选址建设、深化供应链体系等方面。具体包括两大方面：一是在全国各大区域扩建节点和物流设施平台，建立物流运营中心和货物仓储中心；二是提升仓库利用率和配送效率，从而节约成本。

（1）云计算的物流信息平台体系

由于云计算具有上述多项优点，应用云计算提升物流服务能力就成为物流企业的首选，而用云计算构建物流信息平台服务物流企业自然也成为云服务提供商的重要选择。在物流企业云计算的物流信息平台中，云服务提供商提供的服务，按照其服务层次，分别包括应用层、平台层、基础架构层（虚拟化）和基础架构层（非虚拟化）[20]，如图15-9所示。

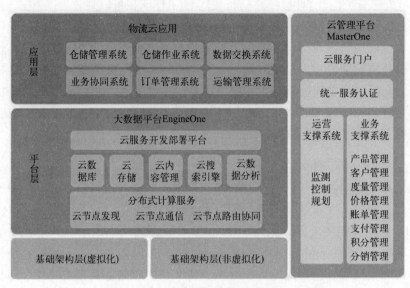

图 15-9　基于云计算的物流信息平台体系

① 应用层。在云计算信息平台的构建中，应用层主要提供物流企业的应用。物流企业从自己的实际需要出发，考虑在运营过程中需要哪些软件服务。然后按软件服务的时间和方式支付给云计算服务提供商相应的费用，而不必另外购买、维护这些应用程序软件，软件的管理、维护交由服务提供商来解决。

② 平台层。在云计算信息平台的构建中，平台层是用来提供服务的开发环境。服务器平台的软件和服务中所需要的硬件资源通过平台层提供给物流企业，而物流服务企业在此平台层的基础上，通过建立次级互联网服务系统来提供客户服务。

③ 基础架构层（虚拟化）。在云计算信息平台的基础架构层（虚拟化），将IT基础设施以服务形式提供给客户，包括服务器、存储和网络设备等资源。

④ 基础架构层（非虚拟化）。这个层次是云计算信息平台构建的关键，可进行服务器集群及硬件检测等服务，以及负责硬件的维护管理。该层包括服务器的物理资源、虚拟化资源、服务平台的中间件管理部分和提供给物流企业连接的服务接口。

云计算物流信息平台正是通过应用层、平台层、基础架构层（虚拟化）、基础架构层（非虚拟化）的层层构建和设置，搭建起一个信息化的物流服务平台，提供安全的服务环境，为物流企业提供快速、安全、可靠的信息服务。

（2）云计算应用模式和前景

① 基于云计算模式的业务平台。物流企业利用经过分析处理的感知数据，通过 Web 浏览器为其客户提供丰富的特定应用与服务，包括监控型服务（物流监控、污染监控）、查询型服务（智能检索、信息查询）、扫描型服务（信息码扫描、物品的运输传递扫描）等。

② 基于云计算模式的数据存储中心。提供物流企业所需要的具体数据服务，包括数据的海量存储、查询、分析，实现资源完全共享，资源自动部署、分配和动态调整。

③ 基于云计算模式的基础服务平台。在传统数据中心的基础上引入云计算模式，能够为物流企业提供各种互联网应用所需的服务器，这样物流企业便在数据存储及网络资源利用方面具备了优越性。云计算服务平台的服务价格更具优势，能够减少物流企业的经营成本；还可在应用时实现动态资源调配，自动安装部署，提供给用户按需响应、按使用收费和高质量的基础设施服务[20]。

（3）云计算应用场景

① 云计算与大数据还可以实现路径监控、物流资源的合理分配等功能，有利于实现车辆调度、优化路线、信息查询等相关计算；物流资源是指运输资源和存储资源，只需要从海量的数据中提取当前的需求信息，同时对已配置和将要配置的资源进行优化，从而实现对物流资源的合理利用。

② 云计算与大数据技术还可以实现多级配送。一级配送中心直接通过数据仓库和大数据挖掘技术等对订单需求量、装卸能力等进行有效分析，实现对物品品种和数量的可控预测。二级配送中心辅助一级配送中心进行送货，可以达到避免货物长期囤积等状况，实现优质的服务水平。

③ 在物流决策中，大数据技术与云计算技术应用十分广泛，竞争环境的分析与决策和物流供给与需求分析都需要庞大的物流数据分析和高性能物流计算等等。在竞争环境分析中，为了达到利益的最大化，需要与合适的物流或电商等企业合作，预测竞争对手的发展动向。物流的供给与需求匹配方面，如果分析特殊时期和相应区域的物流供需信息，可以进行合理的配送管理。

15.4.3 大数据信息流技术

大数据信息流技术一般运用数据挖掘、数据分析手段对信息进行整合筛选，使企业能够在合理的时间内进行传统数据库工具无法处理的海量数据的处理技术，通常具有四大优点：数据规模巨大、来源多样化、处理能力强大、数据价值密度低。物流大数据则是指物流各子环节中的海量信息资源。大数据信息流技术借助本身四大优势，对运输、仓储、配送等物流信息的分析利用，可以最大限度地节约物流成本、提高工作效率，满足客户对物流服务的需求，达到优化供应链各方的资源配置和利润等作用[21]。

大数据信息流技术在物流领域内主要在市场预测、仓储中心选址优化、物流线路优化等方面应用，如图 15-10 所示。

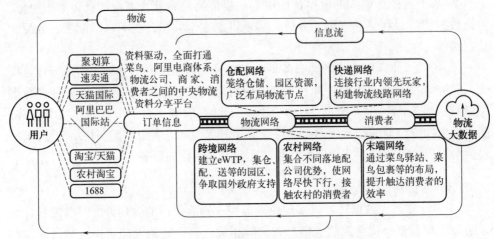

图 15-10　大数据信息流技术在物流领域内的应用

从目前的研究看，大数据对于智慧物流发展的助力作用主要表现在以下几个方面。

① 促进物流企业竞争观念的转变。大数据时代改变了企业的竞争环境，实现了信息数据等多种资源的共享，同时大数据信息流技术对信息价值的最大程度的挖掘提高了企业的决策等方面的能力，从环境、资源和能力等方面影响企业的竞争力。

② 优化物流企业的资源和能力。大数据不仅实现了对物流运输中的人力、物力资源的充分开发利用，如借助大数据信息技术进行人才甄选等活动，并且可以提升物流企业对环境的适应能力，同时使得企业能够获取有价值的资源。

③ 在物流活动中应用大数据信息流技术，能够使物流活动变得更加"智慧"和"智能"，随之也会提升企业的竞争能力。具体来讲，大数据信息流技术在物流业领域中的典型应用主要有以下几个方面。

a. 需求预测。通过收集用户消费特征、商家历史销售等大数据，利用算法提前预测需求，前置仓储与运输环节。这方面目前已经有了一些应用，但在预测精度上仍有很大提升空间，需要扩充数据量，优化算法。

b. 设备维护预测。通过物联网的应用，在设备上安装芯片，可实时监控设备运行数据，并通过大数据分析做到预先维护，增加设备使用寿命。随着机器人在物流环节的使用，这将是未来应用非常广泛的一个方向。

c.供应链风险预测。通过对异常数据的收集，可以对诸如贸易风险、不可抗力引起的货物损坏等供应链风险进行预测。

d.供应链系统管理。供应商和生产商在建立 VMI（Vendor-Managed Inventory，供应商管理库存）运作机制以及实现库存与需求信息共享的情况下，可以实现更好的供给配合，减少因缺货而造成的损失。此外，在供应商数据、质量数据、交易数据、资源数据等数据的支持下构建供应链管理系统，可以对供应链系统的成本以及效率进行跟踪和掌控，在此基础上实现对质量与可靠性的控制。

e.网络及路线规划。利用历史数据、时效、覆盖范围等构建分析模型，对仓储、运输、配送网络进行优化布局，如通过对消费者数据的分析，提前在离消费者最近的仓库进行备货。甚至可实现实时路由优化，指导车辆采用最佳路由线路进行跨城运输与同城配送。

此外，大数据信息流技术在了解运输全局、优化库存管理、客户细分等方面也具有广阔的应用前景。

当前中国的网络购物规模空前扩大，这对物流提出了很高的要求，信息需求量也越来越大。而借助物流大数据分析，可以提高运输与配送效率、降低物流成本并且提高客户满意度，更有效地满足客户服务要求。以借助大数据和云计算所进行的京东平台"双十一"精准营销为例：根据大量的历史销售商品数据信息，结合气候、促销条件等因素，选取火爆商品，同时对火爆商品在各个城市的销量进行预测，从而提前将商品转移到距离消费者最近的前置仓；根据对用户相关大数据进行分析，可以实现对核心城市各个区域的主流商品需求量的较准确的预测，提前在物流分站发货；根据历史销售数据以及对未来市场的预测，在制订精准生产计划方面为商家提供帮助，帮助他们进行合理的区域分仓等。大数据在此智慧化物流活动中起到的作用是至关重要的。合理地运用大数据可以为企业带来更多创新机遇，这将对物流企业的管理与决策、维护客户关系、配置资源等起到相当大的推动作用。

15.5
智能决策技术

15.5.1　人工智能技术

人工智能（Artificial Intelligence，AI）是研究、开发用于模拟、延伸和扩展人的智能的理论、方法、技术及应用系统的一门技术科学。人工智能是新一轮科技与产业变革的核心驱动力，它可以看成是正在积累历次科技与企业变革的能量，并将其叠加释放，从而快速催生一系列的物流领域新型产品、服务与业态结构[22]。在其创新驱动作用下，出现了很多引发新一轮物流智慧化行业变革的新型技术，如自动货物分拣系统、智能配送机器人、智能客服等。人工智能技术将成为未来物流行业极具竞争力的技术领域。之所以"人工智能＋物流"可以被业界快速接受和吸收，是因为人工智能能够实现物流行业的降本增效，这可以有效解决我国社会物流成本过高的问题，智慧物流 2.0 时代正全面开启。

人工智能技术主要有以下物流应用场景（图 15-11）。

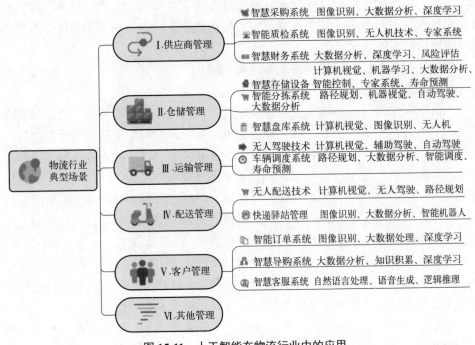

图 15-11 人工智能在物流行业中的应用

（1）供应商管理

① 智慧采购系统：结合图像识别技术、大数据分析与深度学习技术，分析历史的采购信息并挖掘其中的深层逻辑，形成科学的采购决策，做到适量采购、适时采购，减少过多库存对资金成本的占用，避免过少库存面临的机会损失。

② 智慧质检系统：图像识别技术的应用，可以迅速清点货物的种类和数量，配合上无人机的应用，能够更加快速；专家系统的使用可以高效地判断货物质量。人工智能技术的应用可以减少质检人员的数量，降低成本，而且可以采用对货物质量的全面检查，避免抽查模式潜在的问题。

③ 智慧财务系统：图像识别与深度学习的结合，可以显著提升报表的处理效率，减少出错率；大数据分析能够进行风险评估，避免一些潜在的财务风险。

（2）仓储管理

仓储管理包括入库、存储和出库（拣货）等重要环节，涉及数量庞大的物流机器人、自动仓储设备、运输设备和人员，占用了企业的大量资金。将仓储管理智能化，将为物流行业带来颠覆性的改变。

① 智慧存储设备：目前，在仓储环节应用的物流设备种类丰富，功能各异，例如历史发展悠久的堆垛机货架、更加高效的多层穿梭车系统、针对小料箱的高效存储设备 MiniLoad 等。针对仓储设备的智能化运行，计算机视觉、深度神经网络、机器学习、自动控制等技术的应用，将极大地提升存储设备的周转效率，尽可能地提高设备的利用率；针对仓储设备的科学规划和实施，大数据分析和专家系统等技术能够提升系统规划的效果；针对仓储设备的维护和保养，采用基于设备数据的寿命预测技术，能够准确、预先地对设备的状态进行掌握，便于提前采取措施。冷库存储是存储行业的一个特殊领域，生鲜、药品等特殊商品需求较大。人工智能技术打造的新型自动化冷库，利用大数据分析可将采购预测与仓储现状结合，自动控制技术可以针对冷库低温的特点，更好地控制仓储货架所用的穿梭车和堆垛机、搬运使用的叉车、码垛使用的码垛机器人等设备。

② 智能分拣系统：智能分拣系统包括分拣过程中使用的运输设备如 AGV、智能分拣车、传送带等，以及分拣过程中的信息流。路径规划、机器视觉等技术将赋予运输设备更多的智能，使得无人运输更加安全、高效。数据挖掘、大数据分析等技术能够将拣选订单进行更合理的拆分与合并，并与仓储设备、运输设备和人员形成联动，实现更高效的订单拣选。

③ 智慧盘库系统：库存盘点是一项耗费人力和物力的工作，但不能直接产生经济效益，因此，降低盘库的成本、提升效率很有必要。计算机视觉、图像识别、无人机等技术能够迅速地对货物种类和数量进行盘点，相比于人工盘点，效率更高，准确率更高。

（3）运输管理

运输环节实现货物的运输，主要包括运输设备和运输过程的信息管理。国内的运输方式有航空运输、铁路运输、公路运输和海路运输。公路运输灵活性高，货运量大，人工智能能够发挥更大的作用。日趋成熟的自动驾驶技术将彻底颠覆现有公路运输体系，更加高效、安全的行驶，更少的人力依赖，将极大地提升公路运输的效率。运输信息的管理内容繁杂，包括发车前的任务下达和路线规划，行驶中的信息跟踪和应急调度，以及到达目的地后的盘点、卸货和车辆状况检查等。人工智能技术对于信息的处理比人类更加高效，通过大数据分析能够为车辆的调度机制提供更加实时、可靠的方案，设备寿命管理能够系统性地监测车辆的状态，及时警报提醒，降低车辆故障发生率。大数据分析能够更好地监测冷链运输过程中的货物状态和司机行为，为保质保量的冷链运输提供更智能的监管。

（4）配送管理

配送作为快递行业的"最后一公里"，面对的情况非常复杂。不同的区域其配送环境是不同的，采用智能配送设备和方案，能够提高快递服务业"最后一公里"的服务质量和服务效率。智慧快递驿站面对人群密集的场景能够发挥显著的效果。其主要基于图像识别、数据分析的人工智能机器人等技术的加持，能够辅助客户自助完成大部分的寄件和取件工作。基于自动驾驶的配送设备（车辆、其他辅助工具）适用于住宅区或农村地区等需要配送人员大量变换位置的配送场景，可以减轻配送人员的工作强度，提高配送效率。

（5）客户管理

客户的信息管理和维护、从客户信息中描绘出客户画像、为客户提供更个性化的服务，都直接影响着客户的使用体验和企业的服务质量。智慧订单系统立足于图像识别技术和大数据分析，能够更加高效地处理客户的订单从下单至完成的全部流程，信息更加实时准确。基于大数据分析、知识积累和深度学习的智慧导购系统将为客户提供更精确的信息，提升客户的购物质量。智能客服系统是基于语音识别、逻辑推理、语音生成的新技术，将为客户提供售前咨询、售中管理、售后维护等服务，能够做到 24 小时不间断为客户提供个性化咨询方案，并减少企业客服人员数量，提高客服的服务质量。

15.5.2　仿真模拟技术

数字孪生（Digital Twin）是具有数据连接的特定物理实体或过程的数字化表达，该数据连接可以保证物理状态和虚拟状态之间的同速率收敛，并提供物理实体或流程过程的整个生命周期的集成视图，有助于优化整体性能（图 15-12）。

图 15-12　数字孪生技术

"数字孪生"在物流行业的应用主要体现在运输、派送与仓储等方面。在货物运输以及包裹递送方面，数字孪生可以用来收集产品及包装信息，并运用这些信息判断潜在的缺陷，以及反复出现的趋势，以此来改善未来的运营。物流仓库也能运用该技术建立精确的 3D 模型，并对更改过的布局或新引进的设备进行测试，以确定这些布局和设备是否会产生不好的影响或引起其他风险。此外，物流中心可以使用"数字孪生"技术，以测试不同的运营场景，并且提升效率。物流公司可以在实际运行前，先对产品和流程进行数字测试。

除了以上应用之外，数字孪生还可以为运输包装行业带来革新。很多企业开始试验新的环保包装材料，例如蕈和鱼废（弃）物等。通过运用这些材料的数字孪生体，企业能够模拟各种材料在运输途中所面对的不同温度、振动程度、冲击程度等。"数字孪生"不仅可以改善包装材料以及其可持续性，它还能将产品与包装数据进行整合，以帮助企业提升自动化水平。例如，"数字孪生"技术可以对包装材料进行自动化挑选，以保护运输物品并增强利用率。比如最近出现的鹿特丹港 Container 42 数字孪生集装箱。它可以让运输公司以一种全新的方式观察他们的资产运作。集装箱不间断地记录其自身的状况以及位置，其中包括集装箱内外部的气候状况、开关情况、振动情况、倾斜情况、位置情况、声音及空气污染状况。Container 42 内部还安装了许多摄像头以拍摄延时图片或记录集装箱的某些特定情形（例如开箱状态下）。最后，Container 42 装入了一辆安装有传感器的 Tesla 模型车（the Tesla 42）以测量运输途中车辆的运动状况。

参考文献

[1] 李忠成 . 智能仓储物联网的设计与实现 [J]. 计算机系统应用，2011，20（07）：11-15.

[2] 傅亚宁 . 基于区块链技术的智慧物流发展研究 [J]. 物流科技，2022，45（05）：61-62.

[3] 王立斌 . 产业经济学视域下优化物联网发展路径探析 [J]. 中国集体经济，2020（19）：23-24.

[4] 曾航，唐险峰，罗鲜华 . 云计算环境下数据安全与隐私保护 [J]. 科技创新与应用，2018（16）：46-47，49.

[5] 孔祥哲 .GPS 技术在现代物流管理中的应用和问题 [J]. 科技资讯，2012（15）：29.

[6] 李爱红 . 现代信息技术在物流领域的应用 [J]. 当代经理人，2006（21）：787-788.

[7] 刘明洋 .5G 背景下的物联网技术在物流行业中的应用 [J]. 物流技术与应用，2021，26（03）：140-142.

[8] 万园，白钢，王乐辉，等 .GIS 与 GPS、GPRS 结合在物流中的应用实例 [J]. 测绘与空间地理信息，2005（06）：81-84.

[9] 孔继利，栾世超，朱洪利 . 邮政快递智能系统体系研究 [J]. 物流工程与管理，2018，40（01）：106-110.

[10] 王宁宁 . 区域智能物流平台研究 [D]. 上海：上海海事大学，2007.

[11] 潘宗玮，肖红军，陈军，等 . 二维条形码在医疗设备信息化管理中的应用研究 [J]. 医疗卫生装备，2012，33（02）：134-135.

[12] 谢俊喜.基于数字图像处理的条形码识别方法与应用研究[D].长沙：中南大学，2008.

[13] 翟鹏程.物流单元条码在现代物流中的作用[J].内蒙古质量技术监督，2003（06）：13-14.

[14] 刘继成，单俊.计算机辅助拣货系统在物流配送中心的应用[J].商场现代化，2001（02）：22-24.

[15] 李宏，李苏剑，李蒙蒙.RFID在物流供应链管理中的应用[J].物流科技，2004（11）：22-24.

[16] 吕永顺.EDI在电子商务采购中的应用[J].合作经济与科技，2009（18）：104-105.

[17] 万涛.基于客户关系管理的物流配送信息采集研究[D].长沙：长沙理工大学，2005.

[18] 赵建.工作流管理系统中应用集成框架的设计与实现[D].北京：清华大学，2005.

[19] 贡祥林，杨蓉."云计算"与"云物流"在物流中的应用[J].中国流通经济，2012，26（10）：29-33.

[20] 杨俭.云计算在现代物流中的应用[J].物流技术，2012，31（21）：415-416，449.

[21] 路炜平，魏雪.新一代物流技术的现状与发展趋势分析[J].海峡科技与产业，2020（08）：45-46.

[22] 马修军.机器智能实验课程虚拟仿真平台设计[J].计算机教育，2012（18）：118-122，126.

第 16 章

智慧物流信息平台

智慧物流信息平台是一个面向整个物流系统的、集成化的、智能化的物流信息管理中心，是把物流活动中的各方有机联系起来的一个信息支撑体系，其目的是满足物流系统中各个环节、不同用户、不同层次的信息需求和功能需求，从而改进组织间协调机制，提高物流运作效率。本章主要介绍了智慧物流信息平台的概述、功能结构、体系框架等方面，最后以京东与京铁云智慧物流信息平台为例，对其平台架构进行了介绍。

16.1
智慧物流信息平台概述

16.1.1　智慧物流信息平台的内涵与特征

智慧物流信息平台是一种特殊的跨组织信息系统，是一个面向整个物流系统的、集成化的、智能化的物流信息管理中心，主要的目的是满足物流系统中各个环节、不同用户、不同层次的信息需求和功能需求，从而改进组织间的协调机制，提高物流运作效率。

智慧物流信息平台的内涵可以理解为：将先进的计算机处理技术、网络技术、数据通信技术等应用于物流信息系统中，按照既定的规则从不同的子系统提取信息，在平台内部对共用物流数据进行融合、处理和挖掘[1]，为平台不同的使用者提供不同层次的、基于全系统范围的信息服务和辅助决策，以及相关业务服务，满足平台用户对共用物流信息的需求，实现物流信息的采集、处理、组织、存储、发布和共享，以达到整合物流信息资源、降低物流成本和提高物流效率的目标[2]。

与传统的物流信息系统相比，智慧物流信息平台具有以下几个特征。

（1）公共性

智慧物流信息平台主要提供基础公共服务，核心是实现物流信息的交换与共享。平台应该充分满足服务对象的功能需求。功能设计要深入智慧物流园区的管理实际，同时界面友好，易于操作，信息标准统一。

（2）开放性

智慧物流信息平台不是一个封闭的系统，必须通过接口与其他平台相连接，在平台建设中应充分进行外界信息系统交换的需求分析，保证既能满足功能需要，又具有外界系统进行信息交换与处理的能力[3]。能够向全社会提供服务，不局限于特定行业、特定作业环节和特定服务。

（3）共享性

智慧物流信息平台实现了不同部门、不同行业、不同地区、不同物流信息系统间的信息交换与共享，减少了信息孤岛和重复建设[4]。同时，能够组织各个物流部门实现运输、存储、装卸、包装、配送等各个环节的有序推进。

16.1.2 智慧物流信息平台的发展趋势

现代物流信息系统的建设消耗的资源是巨大的，对物流企业是难以承受的，因此迫切需要能提供公共服务的物流信息平台支持。通过这些平台整合行业已有资源，实现行业资源共享，发挥物流行业的整体优势，将会从根本上改善物流行业分散运作的现状。加之近些年物联网、区块链、5G、AI 等技术的快速发展以及物流信息技术运用的成熟，现代物流公共信息平台已成为物流行业发展的一大趋势。可靠的物流基础设施、高效的物流信息平台和比较发达的第三方物流企业是发展现代物流的"三驾马车"。现代物流公共信息平台是为物流企业、物流需求企业和政府及其他相关部门提供物流信息服务的公共平台，有助于提高供应链上下游公司物流一体化的运作效率，有利于区域经济发展。建设完成度高、运行效率高、服务范围广的智慧物流信息平台是现代电子商务物流的发展方向，具有很大的发展潜力。

（1）有利于政府各管理部门协同工作机制的建立

物流活动涉及的管理部门较多。政府相关部门通过一个建设运营良好的现代物流公共信息平台可以大大提高办公效率，促进物流运作的一体化，从而推动电子政务的发展，并促进政府部门之间的协同工作机制，提高该区域整个物流系统的运作效率；同时，通过对现代物流公共信息平台的管理，可以获取物流行业总需求、供给能力、运输和运行状态等行业信息，这些信息可以使政府管理部门作出科学的预测分析、规划、宏观决策，以帮助行业监管和制定相关政策。

（2）有利于提高物流企业信息化水平和市场竞争力

现代物流公共信息平台的建立有利于物流企业特别是不具备全面信息技术条件的中小型物流企业提高物流信息化水平，使物流企业以较低的成本实现物流信息的共享，扩大信息资源获取的渠道，拓宽业务范围。通过提供公共物流信息服务以满足物流企业对更全面的物流信息资源的需求，促进企业信息化管理能力，进而有效地提高物流企业的核心竞争力。

（3）有利于促进物流信息标准化

物流信息只有被更广泛、更有效地利用，才能起到信息整合资源、优化配置资源的目的，物流信息整合和共享的基础是物流信息标准化。现代物流公共信息平台的运营可以有效整合某一地区的物流信息资源，通过与其他地区或者其他行业的信息平台互联，实现更大范围的信息共享，促进经济的发展。

（4）有利于促进物流信用体系建立和物流交易网络安全

目前，信用体系已经成为现代物流业发展的制约因素之一。这是因为缺乏诚信使得交易增加了不必要的环节，从而导致效率低下和资源浪费。如何建立一个区域性的物流全行业信用体系以促进经济发展，是目前企业所面临的主要问题之一。现代物流公共信息平台的建立，有利于加快区域物流信用体系建立的步伐，有利于加快物流交易网络安全建设、消除电子交易和信息传输的隐患与障碍。

（5）有利于促进区域电子商务和智慧物流的发展

制约电子商务发展的瓶颈之一是货物的运输派送不畅。通过建设区域性现代物流公共信息平台，促使网上交易与物流支持功能相结合，提供高效运作的物流供应链服务，这将极大地促进区域电子商务的发展[5]。在现代物流公共信息平台的建设和运营过程中，通过实时交通信息采集和 GPS/GIS 技术，如货物跟踪、定位和汽车导航的应用，促进区域智能物流的发展。

16.2
智慧物流信息平台的功能与结构

16.2.1 智慧物流信息平台的分类

智慧物流信息平台的分类方式有两种：按平台构建的主体可分为企业主导型物流信息平台、政府主导型公共信息平台、行业协会主导型公共信息平台；按平台辐射范围平可分为城市（省）级物流公共信息平台、国家级物流公共信息平台及国际级物流公共信息平台。

（1）按平台构建主体划分

智慧物流信息平台的构建可以通过企业、政府部门、行业协会等实现。按平台构建主体的不同，其具体分类如图 16-1 所示。

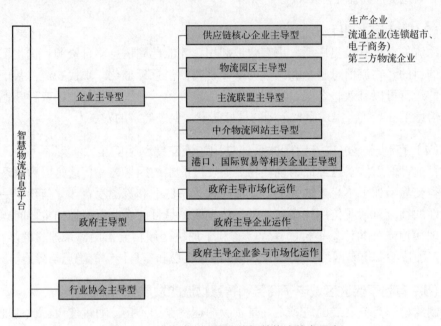

图 16-1　按构建主体划分的智慧物流信息平台

（2）按平台辐射范围划分

不同区域及不同企业间对物流信息的共享与应用的需求不同，使得现代物流公共信息平台的辐射范围不同。按平台辐射范围划分，智慧物流信息平台可分为城市（省）级物流公共信息平台、国家级物流公共信息平台及国际级物流公共信息平台，具体分类如图 16-2 所示。

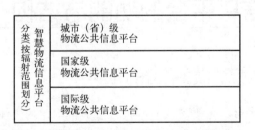

图 16-2　按辐射范围划分的智慧物流信息平台

16.2.2　智慧物流信息平台的主要功能

从物流信息平台的发展过程来看，最初的物流信息平台主要集中在物流服务的交易方面。随着物流业务的发展，如何方便快捷地满足客户的需求，将是每个物流企业首要解决的问题。那些只是发布基本物流信息的公共平台已经不能满足物流企业及其他相关企业的需求。智慧物流信息平台的建立必须通过精心设计的信息采集、信息处理、信息发布方案为企业提供详细的、实时的、高效的信息服务，为企业物流服务信息化提供强有力的支持[6]，从而达到提高其核心竞争力的目的；并且先进的物流信息平台将与物流决策系统无缝连接，为会员企业提供物流业务决策服务。智慧物流信息平台的核心功能主要包括数据交换、信息发布、会员服务、在线交易、智能配送、货物跟踪、库存管理、决策分析、金融服务、系统管理等功能。

（1）数据交换功能

智慧物流信息平台提供与第三方电子数据交换的途径，可灵活地配置数据导入导出的方式。数据交换功能是平台的核心功能，主要是指电子单证的翻译、转换和通信，包括网上报关、报检、许可证申请、结算、缴（退）税、客户与商家的业务往来等与信息平台连接的用户间的信息交换。在数据交换功能中，还有一项很重要的功能——存证管理功能。存证管理是将用户在信息平台上产生的单证信息加上附加信息，按一定的格式以文件形式保存下来，以备将来发生业务纠纷时查询、举证之用[7]。

（2）信息发布功能

信息发布功能是以 Web 站点的形式实现共享信息的发布。企业只要通过 Internet 连接到信息平台 Web 站点上，就可以获取站点上提供的物流信息[8]。这类信息主要包括运输价格、新闻和公告、政务指南、货源和运力、航班船期、空车配载、铁路车次、适箱货源、联盟会员、职业培训、政策法规等[9]。Web 站点提供的信息有利于智慧物流信息平台实现更好的信息共享，提高物流企业业务效率、决策的科学性。

（3）会员服务功能

会员服务功能是指现代物流公共信息平台为注册会员提供的个性化服务，主要包括会员单证管理、会员的货物状态和位置跟踪、交易跟踪、交易统计、会员资信评估等[9]。

（4）在线交易功能

智慧物流信息平台交易系统为供方和需方提供一个虚拟交易市场，双方可发布和查询供需信息，针对自己感兴趣的信息可与发布者进一步洽谈，交易系统还可以为双方进行交易撮合。交易处理过程简单描述如下：终端或自助设备的交易请求上送→预处理→加解密→送往主机→处理结果返回进行加解密→处理结果返回终端或自助设备[9]。

（5）智能配送功能

利用物流中心的运输资源对商家的供货信息和消费者的购物信息进行最优化配送，使配送成本最低，在用户要求的时间内将货物送达。通常的解决方法是建立数学模型，由计算机运用数学规划方法给出决策方案，管理人员再根据实际情况进行选择。智能配送要解决的典型问题包括路线的选择、配送的发送顺序、配送的车辆类型、客户限制的发送时间[9]。

（6）货物跟踪功能

货物跟踪功能是企业采用 GPS/GIS 系统，以先进技术为基础，对货物运输情况进行实时追踪，跟踪货物的状态和位置。状态和位置数据存放在数据库中，用户可通过呼叫中心（Cal Center）或 Web 站点获得跟踪信息。物流企业可以通过该系统实时掌握货物的运输情况，以便为后续工作作出安排。

（7）库存管理功能

利用智慧物流信息平台对整个供应链进行整合，使库存量能在满足客户服务的条件下达到最低库存。最低库存量的获得需要大量历史数据的积累和分析，要考虑客户服务水平、库存成本、运输成本等方面的综合因素，最终使总成本达到最低，从而实现库存管理功能[10]。库存管理功能可解决的典型问题包括下一轮生产周期应生产的产品数量、补充货物的最佳数量、补充货物的最低库存点（安全库存）。

（8）决策分析功能

建立物流业务的数学模型，通过对已有数据的分析，帮助管理人员鉴别、评估和比较物流战略和策略上的可选方案。其典型分析包括车辆日程安排、设施选址、顾客服务分析等[11]。

（9）金融服务功能

在相关法律法规的建立和网络安全技术的进一步完善后，可通过物流信息平台网络实现金融服务，如保险、银行、税务、外汇等。在此类业务中，信息平台起一个信息传递的作用：具体业务在相关部门内部处理，处理结果通过信息平台数据接口返回客户[11]。

（10）系统管理功能

对整个信息平台的数据进行管理，包括用户管理、权限管理、安全管理和数据库管理等。物流系统涉及方方面面的使用人员，系统管理模块将对这些人员进行集中管理，为这些人员分配不同模块及使用权限[11]。这样可以保证用户安全地使用自己的模块系统，完成自己的工作与职责，而不会越权使用其他的模块系统。

大型网络化关系型数据库中，安全机制非常完善，可以将数据库使用人员分为多种角色，每种角色又可以有多个用户，不同角色、不同用户拥有不同的权限：最高权限者为超级用户，他可以为其他用户分配权限。用户管理模块将基于数据库的安全机制，开发更灵活的权限管理功能[12]。

16.2.3　智慧物流信息平台的体系框架

结合物流行业发展战略与信息化建设需求、物流基本要素、物流企业核心业务等，体现综合化、信息化、协同化的智慧物流，完整的智慧物流信息平台一般包括运输管理、仓储监管、智能配送、物流金融服务、安全管理与应急保障和大数据应用服务系统。

（1）运输管理系统

运输管理系统就是利用现代信息技术，实现对运输计划、运输工具、运送人员及运输过程的跟踪、调度指挥等管理业务的有效管理，解决智能化综合运输的问题；旨在将时间效率、便捷性、个性化需求作为衡量标准，综合各种运输方式的互补和相互促进作用，实现整个运输系统高效运转；同时能够协调各种运输方式之间的关系，进一步提高运输能力、运输速度和经济效益。

运输管理系统主要完成对运输工具和运送过程的管理，有利于提高物流运输的服务水平，在运输业务的智能管理方面，能够有效降低运输管理成本，提高运输过程中的服务质量，保障车辆和货品的安全并为决策支持系统提供相关依据；在保障运输体系的高效运转方面，能够实时掌控车辆、人员以及运输任务的完成情况，合理分配任务资源，减少在运输任务密集时间内车辆、人员和车队的空置现象，高效完成运输任务，增加车辆有效运载里程；在实现社会车辆的运力整合方面，能够提升车队、车辆的管理效率，降低管理成本，借助信息化手段和智能化管理方法，提高业务水平。

（2）仓储监管系统

仓储监管系统主要包括库存管理、货物进出库管理、客户统计功能。仓储监管系统运用数据仓库、数据共享、数据挖掘等大数据技术和智能化技术，极大提高了仓储作业的效率，降低了仓库运营成本，实现业务流程的透明化和可视化，确保信息的高效处理、有效利用和及时共享。运用智能终端、信息平台等仓储的运作情况进行实时统计和数据分析，形成相应的仓储产品指数，对仓储企业及上下游企业业务的合理运行进行监管。

仓储监管系统作为物流信息的信息枢纽，是控制库存、降低库存成本、提高经济效益的关键一环。为确保仓储管理业务的顺利开展，仓储监管系统应基于上下游企业的需求进行有效的库存管理，并根据配送需求进行高效的出入库作业，还应能够为供应链上各节点企业提供决策支持信息。仓储监管系统主要包括基础信息管理、入库管理、库存管理、出库管理、仓储信息监控管理、仓储财务管理、客户关系管理、业务数据分析管理八个子系统。

随着物流行业的快速发展，物流园区的智能化建设也越来越重要。智慧物流园区管理系统是一种高效、安全、可靠的智能化管理系统，可以提高物流园区的服务质量和运营效率，为企业发展添砖加瓦。智慧物流园区管理系统的整体架构包括上游系统、手机应用、微信构成的客户主动查询或接受信息推送路径和全程透明实时监控路径，如图 16-3 所示。

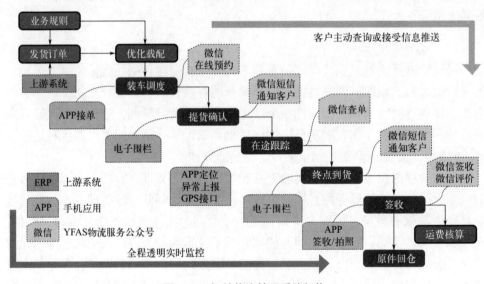

图 16-3　智慧物流管理系统架构

（3）智能配送系统

智能配送系统是对订单处理、备货、储存、拣货、配货、送货等作业过程中的信息进行分析和处理的信息管理系统（图 16-4）。智能配送系统通过多种信息化技术手段，围绕配送一体化管理，借助于系统的统计和分析功能，以提高配送综合效益为目标，实现配送的集约化、信息化、智能化管理，从而达到对不同商品或货品配送过程降本增效的目的。系统主要由订单管理、进货管理、储存管理、理货管理、配送运输管理、财务管理六个子系统构成。

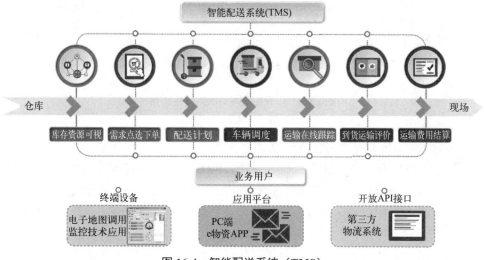

图 16-4　智能配送系统（TMS）

（4）物流金融服务系统

物流金融服务系统是根据物流金融业务需求，针对相应的物流金融业务，结合金融机构实时监管的需要，提供各类基础信息、银行贷款信息、投保信息、质押过程信息等管理，并对质押物品的价格进行实时监控的信息管理系统。

物流金融服务系统可以保证物流、信息流、资金流在物流企业、金融机构、融资企业之间无障碍流转和共享，改善信息共享水平；可以对物流金融业务从立项开始到项目结束所有的合同、票据、贷款发放、资金流向、质押过程、保障等信息进行全程追踪，以保证监管方、银行、生产商、经销商等多方利益，提高风险管理水平；最终提高物流金融业务运转效率，提高自身的盈利能力和管理水平，拓宽中小型企业的融资渠道，提高金融机构的竞争力，实现供应链服务水平的提升。

物流金融服务系统主要包括基础信息管理子系统、融资租赁管理子系统、商业保理管理子系统、代客结算管理子系统、贷款管理子系统、仓储保险子系统、质押过程管理子系统、价格监控与智能预警子系统和统计分析子系统等。

基于互联网的网络货运平台如图 16-5 所示。

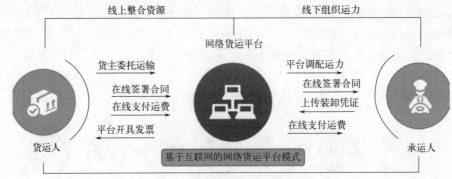

线上整合资源　　　　　线下组织运力

网络货运平台

货主委托运输　　　　　　平台调配运力

在线签署合同　　　　　　在线签署合同

在线支付运费　　　　　　上传装卸凭证

平台开具发票　　　　　　在线支付运费

货运人　　　基于互联网的网络货运平台模式　　　承运人

图 16-5　基于互联网的网络货运平台

（5）安全管理与应急保障系统

随着互联网和大数据时代的到来，自然和社会等各方面风险、矛盾交织并存，信息安全越来越得到重视，同时在运输管理、仓储管理、配送管理及其他增值服务等的日常业务中，安全及应急保障是企业必须要注重的方面。需要有一个相对完善的安全管理体系，在出现突发情况时，能够快速启动应急流程，依据相关应急预案以最快的速度进行处理，将损失降到最低，切实保障智慧物流信息平台的安全性和可控性。

安全管理与应急保障系统可以为综合运输、仓储监管、集约配送等业务制订安全有效的处理办法，保障各项业务的顺利开展，是能够成为保障企业正常运作的重要系统支撑和保障手段；同时，当遇到突发情况时，系统将快速接收突发事件的相关信息，并及时通知相关管理人员，进入突发事件的应急处理程序，跟踪事件的处理过程并及时展现，以求用最有效的方式快速解决突发事件，有效提高企业事故处理、紧急响应能力。其包括业务安全管理子系统、安全评价子系统、安全预警子系统和应急预案子系统。

（6）大数据应用服务系统

企业的运营过程会产生大量的数据，特别是在物流全程的运输、仓储、装卸搬运、配送、物流金融等业务环节都会产生巨大的信息流。这就需要以物联网、云计算、数据仓库、数据挖掘、地理信息系统、商务智能等技术为支撑，对日常物流活动运作过程中产生的数据进行汇总、分类分析等处理，以挖掘隐藏在数据背后的潜在规律，对企业分析、预测和决策起到至关重要的作用。

大数据应用服务系统能够通过实现众多系统的交互和大量信息协调，并通过数据分析和处理来挖掘数据背后的信息，用图表的形式为企业提供深层次的业务分析和运行水平分析，并为平台其他用户提供信息服务。这就能够帮助企业了解客户的市场策略、供应链运作情况和销售策略，设计具有针对性的个性化服务，进而提高服务水平、巩固客户关系、增加客户信赖、提高客户忠诚度和客户黏性；同时通过对业务运行数据的收集、分析处理，企业可以了解自身业务的运作情况、自身业务发展趋势、各类业务的利润水平、增长速度、市场需求量和新的业务需求方向等信息，辅助管理人员及时调整发展策略与决策，实现低成本、高效率、优质服务、绿色环保等多元化发展目标。其主要包括数据分类汇总、统计分析、预测分析、运营分析和商务智能五个子系统。

16.3
智慧物流信息平台建设案例

16.3.1　京铁云智慧物流信息平台

京铁云智慧物流信息平台融合了 AI、VR、大数据分析、云计算等多种信息技术手段，基于铁路这一平台，联合公路、海运、仓储等区域多方物流资源，为客户提供集多式联运、仓储、装卸等全程物流解决方案。由云平台串联"业务流＋数据流"，实现云平台订单全生命周期管理，为客户提供"一次提报，全程无忧"的发运新体验。平台功能主要体现在以下两个方面。

（1）客户端技术应用功能
① 自动设计物流方案。客户在 PC 端或 APP 端提出全程物流需求，平台通过大数据算法，将货源池、运力池、仓储池进行匹配优化，自动设计不同的运输方式组合以及多种运到时限、物流价格的方案供客户自行选择，满足客户不同的运输需求。

② 提供全程物流追踪服务。云平台利用 GPS、北斗导航、无线视频传输等技术，对多式联运全物流过程进行监控，实现货物、车辆全流程可视化。云平台通过 PC 端、APP 端将物流作业中各个环节产生的信息进行实时采集、分析、传递，向客户提供物流状态查询、物流过程跟踪、物流客户关系管理、物流决策支持等服务，并对平台多式联运订单进行全生命周期管理。客户可以随时随地掌握订单进展情况，还可根据需求将关键物流环节直接推送到客户手机中。云平台将铁路列车轨迹、公路车辆北斗轨迹、海运船次轨迹数据进行串联，在地图中形成多式联运整体运输轨迹，客户在 PC 端和 APP 端均可查询多式联运订单的物流轨迹。

③ 可通过历史订单物流信息进行大数据分析，利用算法进行数据预测。

为客户预测多式联运订单全程时效和分运输方式时效。云平台可实现已完成的物流事件随时调阅查询、正在进行的物流事件实时提醒、未来发生的物流事件大数据预测，全面优化客户多式联运发运体验。

（2）管理应用关键技术功能

① 对多式联运的物流和信息流进行全方位管控。

以图示化的方式展现每笔订单状态，便于运营管理人员更集中、更直观地掌握云平台多式联运订单状态，及时掌握异常订单情况，提高平台运营管理效率；按货物品类进行专业物流板块化管理，目前划分多个板块，结合运营人员和管理人员日常管理需求，建立业务板块数据中台，盯控运输过程，实时分析掌控各板块业务运营状态。

② 可自动将合同、订单、利润数据关联并进行相关分析。

自动生成财务数据，系统完成每笔订单的毛利和财务分析，实现合同自动提取、业务自动匹配、财务自动生成。订单一次提报，全程无人为因素干预，实现管理链条真实、透明、可控。云平台服务于公司经营决策，变定向决策为数据决策，提升决策的科学性。

③ 提供订单数据自定义多维度分析。

平台按照不同的条件，将订单划分为收发货人、订单状态、时间周期等共 10 项数据维度。根据数据分析需求随意组合分析订单数据内容，提高物流统计分析效率。平台可根据需求自动生成业务类、财务类和经营分析类报表，为企业提供智能化大数据分析。

京铁云智慧物流平台通过技术创新和服务创新打造多式联运物流生态圈，以发运新体验引领运输需求持续扩大，促进人、货、车、场等全要素全过程高效匹配，提供全企业、全运输方式物流服务，秉承共享理念，融合全社会物流资源，实现以铁路为主导的全链条多维度服务。

16.3.2　京东智慧物流信息平台

京东依托其构建的物流优势，近些年快速崛起，成为自营 B2C 电商的代表。京东物流系统日处理数量达到百万级，大促销期间甚至高达上千万，物流操作人员多达数十万，在庞大的业务规模下，智慧物流信息系统成为迫切需求。在可靠的数据源和处理技术的基础上，京东进行了智慧物流信息系统构建，如图 16-6 所示。京东青龙智慧物流信息平台主要包括实时业务数据采集、数字化运营管理和决策支持三部分，如图 16-7 所示。

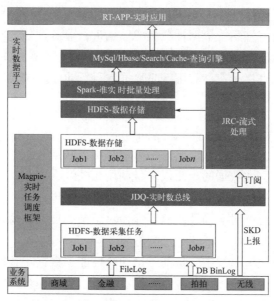

图16-6　京东智慧物流信息平台系统架构

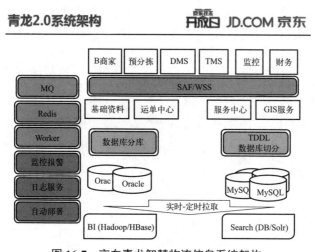

图16-7　京东青龙智慧物流信息系统架构

（1）实时业务数据采集

通过大数据技术准确、及时地还原业务，也就是及时、准确地采集业务运行数据，并分不同层次需求展示出来，如业务日报、周报、月报等离线数据。对于物流系统来讲，进行图形化展示非常重要。在时间维度，实时展示各个节点的生产量和相邻节点间的差异，可以很好地把控业务。另外，移动端的开发对业务非常有帮助。

（2）数字化运营管理

京东智慧物流信息系统依据社会化的数据进行业务评估，并且利用互联网灰度测试等方法进行流程优化的评估，这可以让京东对业务有更深刻的理解。另外，对于物流这种劳动密集行业，利用实时数据进行行业内的排名对员工也能起到很好的激励作用。

（3）决策支持

在对业务进行实时监控和准确评估后，利用大数据对业务进行预测，依托大数据进行智能决策。大数据的预测很多是利用相关性，因此，完全准确的预测是非常困难的，应用对准确度的容忍度越高，就越容易进行预测。在此基础上，依赖预测的准确性和业务对准确性的包容性，对于预测准确性高并且包容性强的业务，容易实现智能决策。

青龙系统架构演讲过程中，从高可用、高性能、数据一致性、用户体验四个方面积累了丰富的经验，确保了青龙系统在发展过程中赢得公司内外的口碑。青龙系统（图 16-8）作为京东后台物流系统，系统高可用也同样重要，因为，即使在平时，物流系统出现不可用的情况，会造成订单时效履约失败，极大影响用户体验，这也是无法接受的；同时，系统不可用也会导致数十万员工无法正常工作，对于效率影响极大，公司损失也非常大。

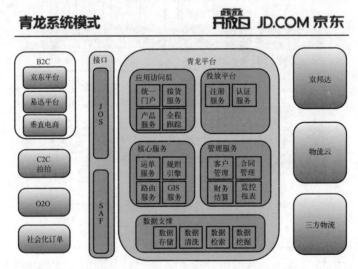

图 16-8　京东青龙智慧物流信息系统模式

在大数据转化为智慧系统的过程中，需要考虑转化基础及大数据的维度。

（1）转换基础

① 业务数据化，并且具有数据质量保障。京东物流在智慧物流信息系统的支

撑下，实现了所有物流操作的数据化，并且对每个操作环节都可以进行实时分析，这就奠定了很好的数据基础。如果业务都是线下操作，或者系统无法准确、及时地收集数据，那么，即使数据量够大，缺乏关键数据和数据不准确，也会给大数据处理带来很大的困难。

② 大数据处理技术，包括数据收集、传输、存储、计算、展示等一系列技术。

（2）大数据应用维度

大数据应用时，首先要分清企业的应用场景，需要考虑以下维度：

① 要考虑实时性维度，即大数据分析是秒级的还是离线的，数据在多长时间内拿到。

② 一致性维度，即对一致性到底是什么样的要求，是否要求 100% 一致，数据在传输或存储过程中是否可以做近似处理，近似处理的比例可以为多少。

③ 数据量维度，即数据量的多少，企业架构是否可以支撑企业业务发展。

这几个维度确定后，数据抽取到数据传输再到数据存储，包括数据计算，就可以选择合适的技术了。

以大数据为基础，综合多项技术的应用，京东构建了"大数据"与智慧物流信息系统。在大数据技术和物流大数据本身的保障下，京东依据青龙系统开展多种应用，如：从物流网点的智能布局，到运输路线的优化；从装载率的提升，到"最后一公里"的优化；从公司层面的决策，到配送员的优选推荐等。

参考文献

[1] 刘帅 . 智慧公路物流公共信息平台构建关键问题研究 [D]. 重庆：重庆交通大学，2018.

[2] 卢志滨，叶蔓 . 城市公共物流信息平台功能与结构设计 [J]. 物流科技，2012，35（07）：29-32.

[3] 卢云帆 . 物流园区信息平台建设研究 [D]. 武汉：武汉理工大学，2006.

[4] 李发鑫 . 落实三中全会精神 推进交通运输工作 [J]. 运输经理世界，2013（11）：14-15.

[5] 佟喜彦 . 电子商务下物流发展的对策研究 [J]. 国际商务研究，2008（01）：67-71.

[6] 陈海 . 台湾海峡两岸物流合作发展研究 [D]. 昆明：云南财经大学，2009.

[7] 李和平 . 公共物流信息系统平台研究 [D]. 武汉：武汉理工大学，2005.

[8] 陈琰 . 多功能的公共物流信息平台 [J]. 市场周刊（新物流），2007（10）：28-29.

[9] 赵英姝 . 黑龙江省共用物流信息平台规划 [D]. 哈尔滨：哈尔滨理工大学，2007.

[10] 徐亚 . 江西省公路物流发展规划研究 [D]. 武汉：武汉理工大学，2008.

[11] 程志君，王莜兰 . 物流信息公共网络平台的作用和构建 [J]. 物流科技，2008（08）：41-43.

[12] 赵平平 . 基于 ASP 的中小物流企业信息平台的研究与实现 [D]. 哈尔滨：哈尔滨工程大学，2007.

第 2 部分

智慧仓储和配送系统

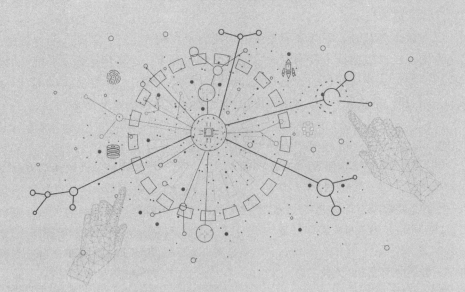

第 17 章

智慧仓储系统

智慧仓储物流是传统物流行业的进一步升级，将体现出技术密集、以机器代替人力、土地利用效率大幅提升等特点。不同于传统仓储物流，智能仓储物流是以信息交互为主线，使用先进的物联网技术，集成自动化、信息化、人工智能技术，从而实现全流程的自动化运转并实现高效率管理，可以减少约 70% 的仓储占地面积和 80% 的人工成本。

17.1
智慧仓储系统概述

17.1.1　智慧仓储系统的概念

智慧仓储系统可以说是仓储管理发展的高级阶段，在智慧仓储系统中，仓库存储数据接入互联网系统，对数据进行整理、运算、分析、优化、决策，再通过互联网发布到整个物流系统，从而实现对物流系统的智慧管理、计划与控制[1]。在智慧仓储系统中，仓库管理员通过移动阅读器实现非接触式货物的出库入库检验，可以缩短库存周期，降低库存人工成本；实时全面管理仓储货物的分配，准确快速地定位要移动的货物，提高仓库转移的灵活性和效率；通过对移动货物的分析，找出货物的最佳存储位置，实现智能存储管理。通过信息联网与智能管理形成统一的信息数据库，为供应链整体运作提供可靠依据[2]。

如表 17-1 所示，不同于劳动密集型的传统仓储，智慧仓储体现出技术密集、以机器替代人力、土地利用效率大幅提升等特点。具体来看，其上游可以分为立体库、AGV、自动码垛机等核心硬件及 WMS、WCS、MES 等核心软件，而其下游则可以运用在电商行业、制造业、农业等几乎所有具有实物交割需求的领域。

表 17-1　智慧仓储系统对比传统仓储的优势

对比	智慧仓储	传统仓储
空间利用率	充分利用垂直空间	需占用大面积土地
储存量	节约 70% 以上土地	单层仓库
储存形态	动态储存	静态储存
作业效率	按需自动存储，效率高	依靠人力，效率低
人工成本	80% 左右的劳动力成本节约	人工成本高
环境保护监测要求	可适应多数环境保护监测	受黑暗、潮湿等特殊环境保护监测影响大
可视化程度	实时录入系统，准确度高	人工录入，可视化程度低

17.1.2　智慧仓储系统的发展趋势

目前采用的仓储管理系统通常采用二维图和表的方式向用户展示数据资源的信息价值，所表示的信息有限且较为抽象，物理世界与信息世界的交互与共融程度较低，存在页面分散、信息不直观、信息量小、操作不便捷的问题。

随着新一代信息技术与实体经济的加速融合，仓储数字化、网络化、智能化演进趋势日益明显，催生了一批仓储数字化转型新模式。在未来，数字孪生技术也将运用到仓储管理中，更加实时、直观地呈现物联网系统的人员、设备、物料、环境及运行等方面的信息，辅助管理人员进行业务管理和决策。在物流运作的前端，运用智能硬件、物联网和大数据等智能技术和手段来提高物流系统的分析、决策和智能执行，从而提高物流仓储管理系统的智能和自动化水平。

在国外，智慧仓储管理系统已被运用到很多企业中，这些企业一般采用 RFID 技术和条形码技术收集资料，并利用资料库或无线网络等科技，以智能方式管理仓库系统，见表 17-2。

表 17-2　智慧仓储管理系统在企业中的应用

公司名称	开发的系统	系统功能
Unified Barcode & RFID 公司	仓储管理系统	信息无线采集和接收、SQL 服务、货物跟踪
IntelliTrack 公司	IntelliTrack 仓储管理系统	仓储信息管理、满载货物报警、进货预报提示
Catepilla 物流公司	TT CeLS 模拟智能存储系统	提高效率，增加客户满意度

国内也涌现了一批优秀的智慧物流企业，在我国科技赋能加速的背景下，我

国智能物流仓储有望迅速迎头赶上，实现国产替代。目前，已形成很多相对成熟的智慧仓储解决方案。由 CD 软件公司开发的白沙物流管理系统将无线互联网技术应用于仓库货物输入、库存盘点、场地调节等领域，由此开创了无线网络在国内存储领域应用的先河。顺和达软件公司出品的大型央企应用产品，运用物联网技术获取仓储内的各种货物信息，并将这些信息上传到互联网，员工可以上网登录服务器执行相关任务，该系列产品已在中石油、中石化、中铁、中水电等央企诸多下属机构成功应用。因此，有学者认为，随着物联网技术与无线网络技术的飞速发展，智能化、信息化将成为物流仓储技术发展的趋势[3]。

17.2
智慧仓储系统的特征与功能

17.2.1 智慧仓储系统的特征

智慧仓储系统具有管理系统化、操作信息化、储运自动化、数据智慧化、网络协同化、决策智能化六个特性。与传统仓库相比，其具有强大的优势。

（1）无人作业、节省人工

智慧仓储系统的作业方式主要为无人化作业，从而能降低人力成本，并且能够更好地适应黑暗、低温、有毒等特殊环境的需求，使智慧仓储系统具有更为广阔的应用前景[4]。

（2）精确分仓、合理调拨

智慧仓储系依托大数据及人工智能算法，通过获取实时、智能、共享的数据，实现精确分仓、合理调拨，降低仓储物流成本，以提高服务水平。

（3）机器管理、避免损失

采用计算机进行仓储管理，可以对入库货物的数据进行记录并监控，可以方便地做到"先进先出"，避免货物自然老化、变质、生锈，也能减少货物搬运过程中出现的破损或货物的丢失等损失[4]。

（4）账实同步、节约资金

智慧仓储系统可以做到账实同步[4]。企业只需建立合理的库存，即可保证生产全过程畅顺，从而节约库存占用资金，从而节省投入库存的资金，增加公司的现金流。

（5）自动控制、提高效率

在智慧仓储系统中，计算机可以自动控制货物的进出，可以快速准确地将货物转移到指定位置，缩短装卸车辆的时间，显著提高存储效率和周转率，降低储存成本。

（6）系统管理、提升形象

智慧仓储系统能体现出一家公司的整体实力，这不但能提高公司的整体管理水准，提高公司声誉，还能提高在顾客心中的位置，为企业带来更多的客户，从而提升企业形象，为企业带去更大的价值。

17.2.2　智慧仓储系统的功能

智慧仓储系统具有自动抓取仓储信息、自动识别仓储信息、自动预警仓储信息、智能管理仓储信息等多项功能。

其中，自动抓取功能是对仓库中贴有电子标签的货物、库位、库架数据自动抓取，不需要耗费人力去辨认，可节省人工成本。自动识别功能是利用与系统数据库的联系，在自动抓取数据的基础上自动识别，迅速分析出仓库物流数据、仓库物品存放数据等。自动预警功能是通过信息系统程序设定，对问题仓库实施主动警示并及时响应。智能管理功能是自动生成各类单据，为供应链决策提供实时信息。

17.3
智慧仓储的体系构成

智慧仓储体系由智慧仓储信息系统、智慧仓储技术和智慧仓储管理三个方面构成。

17.3.1　智慧仓储信息系统

智慧仓储信息系统主要包括仓库管理系统（Warehouse Management System，WMS）和仓库控制系统（Warehouse Control System，WCS）[5]。

（1）WMS 仓储管理系统

WMS 仓储管理系统是一个综合管理系统，一般由订单处理、基本信息管理、货物管理、信息报表管理、收货管理、拣选管理、盘点管理、移库管理、打印管理和后台服务管理等功能模块构成，见图 17-1（a）。它具有综合性及全面性，可以系统地管理仓储企业，如批量管理、物料采购、库存盘点、质量控制和实时库存管理，可以有效地管理和监控仓储企业的整个物流和成本管理过程，实现或完善企业的仓储信息管理[6]。

WMS 仓储管理系统的管理流程是利用后台服务程序将订单合并和分配到同一客户的不同订单中，并统一基于 PTL（Pinking To Light，电子标签拣货系统）、RF、纸箱标签、分拣、补货、盘点、仓库运输等操作，进行统一调度和下达指令，并接收来自 PTL、RF 和终端 PC 的反馈数据。整个软件业务与企业仓库物流管理各环节吻合，实现了对库存商品管理实时有效的控制[7]。

（2）WCS 仓储控制系统

WCS 仓储控制系统是介于 WMS 系统和 PLC（可编程逻辑控制器）系统之间的管理控制系统，可以协调各种物流设备的操作，例如：输送机、堆垛机、公共汽车、机器人、手推车和其他物流设备。特别是通过任务引擎和消息引擎，优化分解任务、分析执行路径，为上层系统的调度指令提供保障和优化，实现对各种设备系统接口的集成，统一调度和监控[8]。具体功能流程见图 17-1（b）。

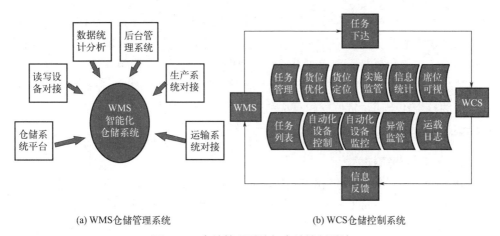

(a) WMS仓储管理系统　　　　(b) WCS仓储控制系统

图 17-1　仓储管理系统与仓储控制系统

17.3.2　智慧仓储技术

（1）自动化立体仓库系统 AS/RS

自动化立体仓库系统 AS/RS（Automated Storage Retrieval System）可通过自动化存储和计算机控制系统的有效交互，达到立体仓库的高层管理合理化、存取智能化和作业简易化。自动化立体仓库系统主要由货架、巷道式堆垛起重机（堆垛机）、入（出）库工作站台、调度控制系统以及管理系统组成[9]。

(2) RFID 技术（射频识别技术）

以 RFID 作为系统的支撑平台，其中包含收货、配装、拣货、入库、调度、出库、盘点、定位等。WMS 仓储管理系统借助 RF、电子标签、PTL、RFID、纸箱标签的方法实现统一下达指令进行调度，及时接收终端 PC、RF、PTL 所反馈的信息数据。软件设计高度符合仓储管理的内容，进一步达到控制库存商品的目的。RFID 穿透性较强，可便捷读取、快速识别和无障碍阅读，可以重复使用。利用 RFID 自动对仓储各个环节的数据进行采集，降低人工误操作的概率，为企业提供准确的库存数据，有利于管理者对企业库存的科学规划[10]。

(3) 仓储机器人

在智慧仓储作业中，自动搬运机器人、码垛机器人、拣选机器人、包装机器人等智能机器人已逐渐取代人工进行作业[11]。这些机器人可夜以继日地完成货物搬运、拣选、包装等工作，具有高效率。

(4) 穿梭车技术

穿梭车技术分为四向穿梭车与多层穿梭车等技术形式[12]。多层穿梭车系统采用立体料箱式货架，实现了货物在仓库内立体空间的存储[13]。入库前，货物开箱后存放在物料箱中，物料箱通过货架通道前部的提升机送至某一楼层，该楼层的穿梭小车将货物存放在指定的货舱内。当货物从仓库发货时，用穿梭机和升降机协作完成。该系统的核心在于通过货位分配算法和车辆调度算法的设计，均衡各巷道之间以及单个巷道内各层之间的任务量，提高并行工作时间，发挥设备的最大工作效率。

(5) 智能感知技术

智能感知技术可以收集和识别所有货物和设备信息，并将其上传到系统，然后该系统通过人工智能算法生成决策和指令，以引导各种设备自动完成物流操作。其中，基于数据的人工智能算法需要在货物的入库、上架、拣选、补货、出库等各个环节发挥作用，并随着业务模式的变化，不断调整和优化运营[11]。在物联网感知技术的应用中，此技术是极为重要的构成部分，是智慧仓储对复杂数据进行收集的主要方式，同时也是智慧仓储感知体系中极为关键的构成部分[14]。

17.3.3　智慧仓储管理

(1) 智能分仓

智能分仓的基本步骤是首先利用网络进行数据分析，获取用户消费需求的特征和信息需求分布，并将需求物品提前放置到离用户最近的仓库，从而实现智能预测、智能选仓、智能分仓、智能分拣、智能调拨。智能分仓的优势在于可减少库存及配送压力，为用户提供高效便捷的智能补货链。

（2）智能货位布局

在仓储物流管理中，要在仓储生产资源有限的情况下实现高效仓储，需要精心组织库存分配和产能配置，仓储场所配置将变得尤为重要。当因素发生变化（如热销度和关联度的变化）或货架上货物的库存发生变化时，系统会自动调整库存分布图，并对出库、入库、在库作业产生相应的最优决策指导。AGV 小车将自动执行相应搬运指令，将货物移动到正确的位置，完成库存分布的动态调整。

（3）仓库动态分区

当仓库缺乏合理的订单分区调度时，往往会出现一些问题：首先，每个区域的生产能力不平衡，一些区域暂时无法跟上生产能力；其次，一些地区订单量过于拥挤，导致交付混乱和效率低下。为解决这些问题，需要实时动态分析仓库的订单分布状况，应用分区技术，动态划分逻辑区域，平衡每个区域的生产能力，以最大限度地利用设备资源，进而提升仓库整体出库效率。

（4）作业资源匹配与路径优化

当客户订购时，作业资源匹配技术将采用生产调度运筹优化模型，找寻仓内货架、拣选设备、出货口等供需最优匹配关系，以合理组织运营工作，最大限度地提高整个仓库的整体交付效率。当操作设备收到运输指令时，必须规划最佳路径，以便快速准确地将货物运送到目的地。路径优化是指应用大数据来协调和规划整个仓库操作设备的整体处理路径，使整个仓库操作设备能够有序地进行，最大程度地减少拥堵[15]。

17.4

智慧仓储系统案例

2020 年 8 月，安踏开始采取 DTC（Direct To Consumer，直接面对消费者）模式的战略转型，在中国 9 个地区（包括长春、长沙、成都、重庆、广东、昆明、南京、上海、武汉热门城市）开展混合营运模式，目的是去掉中间商环节，将产品直接卖给消费者。DTC模式的推进，无疑对安踏的供应链能力提出了更高要求，而作为鞋服物流的核心环节，仓储场景是供应链转型的重点。为应对销量不断增长、人工成本增加、个性化需求多样等因素的影响，安踏集团携手深圳海柔创新科技有限公司（简称"海柔创新"）对晋江物流园原有的仓储中心进行升级革新，打造新型智慧仓储系统。

安踏晋江仓项目于 2021 年 8 月正式上线。在安踏晋江仓约 4800m² 、5m 高的仓储环境中，海柔创新设计了入库上架区、存储区和拣货作业区。项目采用"库宝 HAIPICK A42 多层料箱机器人 +HAIPORT 自动装卸机 + 高效的输送线拣选系统"，提供了多套符合人机工程学的高效输送线拣选工作站和入库工作站。在 2000m² 的存储区中设计了高 11 层的料箱货架，提供了约 20000 个储位；可满足纸箱、料箱混合入库、拣选、出库业务，适配 2B、2C 两种不同业务形态的订单处理，实现 2 万件 / 时的出库流量需求。

安踏晋江仓采用的 ACR（箱式仓储机器人）（图 17-2）解决方案，衔接了从入库、上架，到拣选、出库的所有作业流程，并在库内布局设计和设备组合应用方面实现了一系列优化，具体包括：

图 17-2　ACR（箱式仓储机器人）系统

① 入库作业：设置了一条入库输送线，借助人工换箱，把入库的箱子投到输送线上，通过 HAIPORT 自动装卸机（图 17-3），可以在 5s 内实现 8 个箱子的一次性装卸，提高系统的整体作业效率。同时，库区采取冷热库存分布设计，采用机器人自动搬箱上架的方式取代了传统操作中人工寻找库位入库上架的步骤。

图 17-3　HAIPORT 自动装卸机一次性装卸货箱

② 拣选作业：采用了一套环形输送线的拣选系统，减少机器人的搬箱次数，一个箱子搬出后可以供给多个工作站进行拣选。拣选颗粒度细化到料箱，这意味着如果同一个 SKU（Stock Keeping Unit，最小存货单位）大批量发货时，可以把整个托盘上的货品拆成多个箱子送至不同的工作站，减少工作站等待箱子的时间，实现更灵活、更柔性的拣选作业。

安踏晋江仓的项目亮点主要体现在三个方面：第一，"货箱到人"的拣选模式解决了鞋服仓储作业面临的"用工荒"难题；第二，ACR（箱式仓储机器人）解决方案一方面提升了存储密度和拣选位数量，另一方面通过"仓储机器人＋多种工作站"设计实现了货到人拣选，降低了拣选难度，比人工拣选效率提升 3～4 倍，拣选准确率达到 99.99% 以上；第三，采取了优化软件算法和部分拣选系统硬件、改善作业动作等方式，持续提升整体作业效率。数据显示，安踏晋江仓项目上线后，实现入库产能 1000 箱 / 时，整体出库产能 20 万件 / 天；出库效率为 20000 件 / 时，是传统人工的 2 倍以上。

基于 ACR（箱式仓储机器人）解决方案在晋江仓项目取得的良好效果，安踏集团随后又相继与海柔创新进行了成都仓、佛山仓项目的合作，以支撑集团实施单聚焦、多品牌、全渠道战略。其中，成都仓提供 27000 个库位的高密度存储，部署库宝 HAIPICK A42 多层料箱机器人和 HAIPORT 自动装卸机智能对接的 ACR 解决方案，提高搬运、拣选等作业效率。佛山仓则通过部署 HAIPICK A42T 伸缩升降料箱机器人实现了 8～10m 的拣选高度，提供库位多达 30240 个，预计日吞吐量将达到 128000 件。这些项目将为安踏实现全渠道零售物流模式提供强有力的保障。安踏体育 2021 年年报显示，安踏集团继续推进物流和供应链体系的智能化升级成效显著，区域仓及云仓的零售物流网络实现了全国布局，货品平均周转时间加快了 15 天，单件物流成本降低超 15%[16]。

参考文献

[1] 霍艳芳，王涵，齐二石 . 打造智慧物流与供应链，助力智能制造——《智慧物流与智慧供应链》导读 [J]. 中国机械工程，2020，31（23）：2891-2897.

[2] 胡雯 . 智慧仓储 让物流仓储智能化——物流仓储的智慧性研究 [J]. 运输经理世界，2012（08）：79-81.

[3] 王磊 . 基于物联网的智能仓储信息系统设计 [D]. 保定：河北大学，2015.

[4] 汪胜志 . 智能仓储装备系统的未来发展及应用[J]. 物流技术与应用，2016，21（10）：178-180.

[5] 朱承涛 . 基于人工智能叉车搬运的跨层穿梭车系统设计及配置优化 [D]. 济南：山东大学，2021.

[6] 胡帅 . 自动引导运输车管理系统的设计与实现[D]. 哈尔滨：哈尔滨工业大学，2019.

[7] 张尚德 . 广汽长丰长沙工厂生产物流改善分析与应用 [D]. 长沙：湖南大学，2012.

[8] 罗俊贤 . WCS 软件在自动仓储系统中的应用

[J]. 科技视界，2018（11）：222-223.

[9] 王雷，王鑫，曹志杰，等 . 基于自动化立体仓库的机车车辆检修管理系统 [J]. 机电产品开发与创新，2016，29（05）：24-26.

[10] 王松波，陈凡健 . "智慧物流" 背景下的智能仓储系统设计研究 [J]. 现代信息科技，2019，3（17）：160-162.

[11] 任芳 . 无人仓需求在望 技术有待突破 [J]. 物流技术与应用，2017，22（01）：58-61.

[12] 段来英 . 物流仓储系统自动化新技术 [J]. 机械设计，2021，38（09）：158.

[13] 李明，陈宁宁，王海韵，等 . 智慧仓储技术分析与展望 [J]. 物流技术，2017，36（09）：157-159，184.

[14] 孙永武 . 基于物联网技术基础的智慧仓储系统建设与应用分析 [J]. 数字通信世界，2022（06）：147-149.

[15] 王天文 . 大数据技术在京东仓储中的应用与实践——"大数据与智慧物流" 连载之五 [J]. 物流技术与应用，2017，22（05）：148-149.

[16] 赵皎云 . 安踏晋江仓打造新型智慧仓储系统 [J]. 物流技术与应用，2022，27（06）：94-96.

第18章

智慧物流园区系统

    智慧物流园区是物流业规模化和集约化发展的必然产物，是为了实现物流运作的共同化，按照城市空间合理布局的要求，集中建设并由统一主体管理，为众多企业提供物流基础设施和公共服务的物流产业集聚区。物流园区作为重要的物流基础设施，具有功能集成、设施共享、用地节约的优势，促进物流园区健康有序发展，对于提高社会物流服务效率、促进产业结构调整、转变经济发展方式、提高国民经济竞争力具有重要意义[1]。随着物联网、云计算及移动互联网等新一代信息技术的发展应用，综合性、专业性的物流信息服务和物流交易平台不断建立并优化完善，有效地促进了传统物流园区服务模式的变革。在这一背景下，智慧物流园区应运而生[2]。

18.1
智慧物流园区概述

18.1.1　智慧物流园区的概念

    智慧物流是运用物联网、大数据等智慧化技术手段，对物流各环节进行精细化、动态化、可视化管理的现代化物流模式[3]。智慧物流可以提高系统智能化分析决策以及自动化操作执行能力，提升物流运作效率[4]，达成商务协同和线上平台交易。而智慧物流园区就是在传统的物流园区中运用摄像和视频技术做到实时可视化管理，运用芯片和扫描等各类智能终端实时获取各类运营数据和环境参数，运用自动化机械设备实现智能化操作，运用物联网技术实现数据即时互联互通，运用信息技术实现产业链和供应链相关企业的实时协同，运用区块链技术和信息化手段达成线上交易，最终实现园区无盲区管理、无断点协同和线上实时交易。

    有学者认为智慧物流园区是以"平台构造节点化、园区管理智能化、业务服务全程化、行业效益长远化"为特色[5]，智慧物流园区能够实现区内区外的信息互联。物流园区既是物理空间上的物流枢纽，也是数字空间上的积聚中心，园区外的企业物流需求信息和园区内物流服务企业的资源信息汇集在这个平台上，因此物流园区的互联互通对发挥资源整合效应和优化配置组织具有重要意义[6]。智慧物流园区依托人工智能技术，可实现业务全流程的智能化管理。物流园区信息化建设可以为业务全流程可视化管理提供软硬件支持，然而随着物流园区业务的规模化和精细化要求越来越高，信息化技术已经不能满足园区运营管理的要求，智慧物流园区通过使用人工智能技术对园区管理作业进行智能化管理，从而实现物流园区的智能化升级[7]。智慧物流园区实现园内外多企业协同运作。物流园区作为物流产业各类资源和主体的汇集中心，智慧物流园应注重园区内外相关企业通过对设备、人员、数据等生产要素的统一协调，促进园区资源共享互利，实现全生态资源的优化配置，从而更加高效地为客户服务[8]。

18.1.2　智慧物流园区的特点

随着以 5G 为引领的人工智能等新一代信息技术在物流行业的深度融合，现代物流业进入了智慧物流时代，作为物流业发展主要载体的物流园—智慧化发展成为必然趋势[9]。智慧物流园区应具备以下特点：

（1）整体运营智能化

以"智慧"理念，通过系统集成、平台整合，运用北斗监控、GPS（全球定位系统）监控、GIS（地理图形查询）地理服务、ITS（智能运输系统）、ASP 租赁、RFID 射频扫描、无线视频传送、一卡通服务等前沿新技术覆盖智慧物流园区的每一个角落，运用数据库管理人、车、物的出入情况，实现物流园区的智能化、机械化、信息化。

（2）货物管理智能化

仓库内构建 WMS 系统，打通客户端，实现动销数据实时共享，建立库存策略，实施安全库存与循环补货等存货管理方案[1]，高效连接整个物流销售系统，综合物流管理，提高运行质量。作为电子商务平台的载体，以"网络运营、业务管理、业务协同"为核心，以物流为导向的供应链，整合上游供应商和下游客户物流，融入电子商务交易、园林物业管理系统、园区公共服务管理系统、智能停车场、智慧一卡通业务模块，高效提供物流供应链全方位服务，全面提升园区价值及竞争力[2]。

（3）智慧技术泛在化

在"智慧"的意义上，智慧物流园区充分利用大数据、物联网、云计算技术，广泛采用 GPS 跟踪、GIS 地理服务、无线电视传输扫描、一卡通服务等技术手段，覆盖园区每一个角落和关卡，让人、车、物实现数字记录，从园区入口到出口都有网络查询和数据库管理，使园区内的行人和车辆、车辆和货物、货物和道路在智能网络中运行，互动、信息撮合、服务集成 [2]。

（4）数据服务系统化

智慧物流园区依靠感知节点及网络设施部署，为用户提供数据采集服务；依靠采集而来的海量数据，提高信息存储的水平，使物资流、信息流和资金流等数据得到有效收集并储存，从而为用户分析决策提供数据支撑。这样，智慧物流园区将人工的、延时的、碎片化的数据分析转化成智能的、即时的、系统的数据分析，为园区各业务主体的问题分析、回应能力、运营优化以及设备评估等提供稳定、客观、迅速的依据 [1]，从而实现在大数据基础上的智能分析、智能决策，使得信息数据服务成为物流园区重要的产品利润来源和增值服务内容。

（5）资源共享平台化

智慧物流园区作为有效的集合点，需要通过多资源共享平台的协同，打造一个服务平台和服务窗口，从而整合运输能力，共享设备，以高效的平台运营能力解决客户的服务、信息和金融需求。智慧物流园区最大的优势是通过先进技术连接所有与本园区相关的物流要素，从而实现信息的高度共享，高效解决信息孤岛、资源浪费等现存问题，提高物流园区在车源、交易、零担、商机、仓储配送、后勤保障、行政服务、物业管理各方面的工作效率，全面提升物流园区的管理质量和核心竞争力 [2]。

18.2
智慧物流园区的建设和发展趋势

18.2.1　智慧物流园区的建设趋势

从建设趋势可以看出，园区要实现高质量发展，必定走上由传统园区向智慧园区的转型之路。物流园区作为物流企业及相关产业在空间上的聚集点，历来重视物流信息化和智慧化建设。《全国物流园区发展规划（2013—2020 年）》指出，应加强物流园区信息基础设施建设，整合物流园区现有信息资源，提升物流园区信息服务能力 [10]。在《全国物流园区发展规划（2013—2020 年）》的指导下，近些年来智慧物流园区的建设在全国各地纷纷展开。例如，2016 年 12 月，浙江嘉兴建造未名智慧物流产业园，重点建设"三区一平"物流生产区、生活配套区、信息交易区和现代物流公共信息平台，融合线上物流信息平台与线下物流实体平台于一体、集聚供应链物流企业为核心，定位于"产业物流、科技物流"，致力于打造集物流公共信息平台、陆路货运枢纽、物流金融服务、物流企业总部、电子商务业于一体的智慧物流产业基地。2017 年 9 月，申通南京智慧物流科技产业园项目投入建设智能分拨、智能仓储、电商 + 商户贸易、供应链金融、物联数据平台和配套服务"六大区块"，目标成为长三角运营平台中心、电商贸易平台中心、"物联网 + 大数据"平台中心。2017 年 12 月，国家发展改革委、商务部组织评选和发布"国家智能化仓储物流示范基地"[11]，具体包括京东上海亚洲一号物流基地、南京苏宁云仓物流基地、顺丰华北航空枢纽（北京）中心、九州通武汉东西湖现代医药物流中心、长春一汽国际物流有限公司物流园区、日日顺物流青岛仓、菜鸟网络广州增城物流园区、招商物流北京分发中心、怡亚通供应链深圳物流基地、荣庆上海嘉定冷链物流园区 10 家单位[12]，代表了当前我国智慧物流园区建设的先进水平。

综上所述，我国智慧物流园区建设还处于起步阶段，所有智慧物流园区都处于规划升级建设阶段。而作为构建智慧城市的重要内容之一，智慧物流园区的建设对发展地方经济，构建现代化、信息化社会起着重要的作用[13]。

18.2.2　智慧物流园区的发展趋势

目前，我国物流园区正逐步借助数字化手段，促使园区向智慧化发展，园区运营理念全面转型，全方位激励园区迭代创新，革命性改造园区运营模式，为企业业务链创造价值。经过多年的研究和实践，物流园区已经智能化发展了各种应用场景，涵盖园区运营管理、综合服务和物流产业的各个方面，以提高园区运营效率，提高客户满意度，实现数字化转型和可持续发展。

未来，首先智慧零碳是物流园区的必由之路。结合我国经济高质量发展和"双碳"目标，要求物流园区开展零碳转化的重要工作，成为实施"双碳"战略的先行者，进一步重新设计优质城市发展模式。碳中和的概念将被纳入智慧物流园区的设计、建设和管理的整个生命周期。低碳能源的替代、绝对能源消耗的减少、碳抵消和可持续运营体系将为园区创造一条基于先进物联网和应用人工（AI）技术的零碳应用路径，数字科技将进一步赋能零碳化进程，提供 AI 负荷预测、智能微网、预测性维护等应用[14]。

其次，新零售、C2M（由用户驱动生产的反向模式）等业务模式变革为物流园区创造了全新市场需求。例如，冷链物流产业高速增长以及直播电商、社区团购等电商细分领域的蓬勃发展，物流园区基础设施、工作流管理、服务创新等提供了巨大的机遇。C2M 业务模式变革使产品设计和供应链更具柔性化,在渠道整合过程中,企业有向电子化全过程开发转变的趋势,智能物流园区将提供技术和服务支持。

最后,为了满足非接触式管理服务的需求,物流园区通过游客登记、代码扫描、路线跟踪、一站式服务、自动化仓库、无人驾驶电梯、机器人、无人驾驶等方式,以信息化、智能化的方式进行响应,支持智能应用场景的快速实施,创造实际应用价值。

18.3
智慧物流园区体系结构

物流园区作为物流的重要载体,在整个行业数字化转型的过程中展现智慧的发展趋势。智慧物流园区建设运营已经成为下一代物流园区发展的核心,成为物流园区数字化转型、实现降本提质增效低碳的重要抓手[15]。

18.3.1　智慧物流园区的总体架构

智慧物流园区将大数据、物联网、云计算等信息技术应用于物流园区建设与管理的各个方面,通过感知节点全面采集园区各方面信息,通过信息网络实现数据有效传输与共享,通过平台和数据中心分析处理数据信息并提供决策支持,通过应用系统解决物流园区业务管理中的若干问题,从而实现物流园区的智能化、网络化、自动化、可视化、系统化。从总体架构上看,智慧物流园区主要包括感知层、传输层、存储层、应用层四个层次[15],见图 18-1。

（1）感知层

感知层利用传感器、接收器、二维码、RFID、GPS、图像识别、导航系统等先进技术,通过智能识别系统、智能定位系统和智能跟踪系统完成初始数据采集,实时跟踪物流动向,提供及时的数据反馈,实现初步的智慧感知,并为高层级的数据应用积累原始资料[16]。

（2）传输层

传输层通过移动通信技术、通信卫星和集群通信技术实现采集数据的实时传输、资料信息的及时传递、用户资源的互联互通[16],及时地将数据传输到互联网、移动通信网和集群基站网。

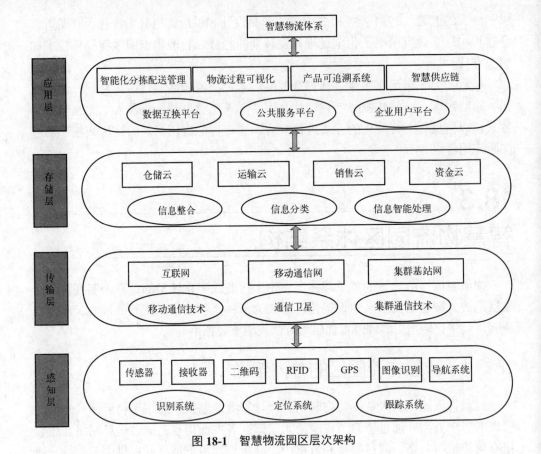

图 18-1　智慧物流园区层次架构

（3）存储层

存储层主要提供统一身份认证、统一用户管理、数据分析、GIS 引擎、门户引擎、M2M、移动互联支持等基础服务。其核心是运用大数据技术进行数据分析，过滤和存储传入数据，并通过自身转换处理和决策支持处理，对物流公司生成的海量数据进行流量分析、存储分析、交易分析、经济分析和管理分析，直观获得路线、拼车、库存、自动分拣等优化方案[16]。

（4）应用层

应用层为最终用户提供应用服务，其目的是支持用户联网的应用要求，其中包括物流信息平台、物流业务平台、园区信息化平台和门户服务系统四个部分[16]。

物流信息平台主要由电子商务系统、应用数据中心、资讯中心、增值服务中心构成。电子商务系统为园区用户提供交易平台服务，包括车货匹配、电子商务、软件应用服务租赁、设备租赁、仓库租赁等服务。

物流业务平台是物流运输、仓储等园区业务智能运行的管理系统，主要包括仓储管理系统、运输管理系统、追溯与防伪系统、堆场管理系统和电子锁系统等。

园区信息化平台是对物流园区进行信息化、智能化管理的依托平台，主要包括楼宇信息系统、园区信息管理系统、办公自动化系统、政务服务大厅等。

门户服务系统既是提供业务解决方案的平台，也是用户与信息平台互动、使用大数据资源的直接界面。用户通过计算机客户端、手机客户端、短信、电子屏幕及其他终端访问物流园区门户、交易平台门户、业务服务门户以及公共信息门户，获取各项服务[16]。

18.3.2 智慧物流园区的功能结构

① 基础功能包括数据处理、安防电子监控、信息发布服务、园区资产管理、办公自动化服务五部分。

数据处理是运用大数据技术对海量数据进行数据分析和提取，并对感知层传入的数据进行过滤及存储。安防电子监控即为应用视频监控等技术，从摄像机到显示和记录，形成一个独立、完整的系统，能够实时、真实、智能地显示园区移动资产和园区固定资产，确保信息安全得到有效保护。信息发布服务是手动或自动发布有关物流园区和行业动态、产品、物流培训、自适应决策程序等的信息。园区资产管理通常借助大数据技术及物联网技术，对物流园区的物业费、停车管理、仓库出租等资产实施现代化、信息化和智能化管理。办公自动化服务是指为入驻企业提供办公自动化服务，包括文档管理、信息传输、视频会议、业务处理、交易统计、评级等。

② 核心功能包括智能运输管理、智能仓储管理、在线交易、交易混合和决策分析。

智能运输管理实时分析订单信息和位置信息，提供最优配送计划，解决路线选择和配送顺序问题，最大限度地实现运输资源的高效利用。智能仓储管理指的是采用传感器技术、RFID 技术、图像采集技术，实现货物入库、出库、盘点、货位、仓库环境的智能化管理，提升自动化操作水平。在线交易为用户提供线上交易平台，交易双方利用平台发布供求资讯，实现信息的及时更新。同时，用户可直接系统地进行结算、退货等商业交易，提高交易效率。交易混合是根据客户需求、浏览记录、历史交易等在用户页面上为其提供个性化产品、物流企业、物流方案、车货匹配方案等，以提高交易成功率，为客户节约时间。决策分析通过建立数学模型，用于在分析控制变量的条件下比较不同策略的优缺点，并提供不同方案的结果预测，辅助管理人员制定决策[16]。

③ 拓展功能包括金融服务、政府监控、环境实况识别和数据接口服务。

金融服务通过完善、安全的金融服务系统分析和评估供应链财务数据和企业信用数据，通过物流信息平台网络，为园区内物流企业提供财务决策分析、保险、融资及承诺等服务。政府监控是指政府部门通过监管信息系统对园区物流企业进行监管，并提供政治、法律报告和行业标准等服务，包括网上报关、报检、许可证申请、结算、缴（退）税等，通过与政府部门的无缝对接，大大简化行政手续，缩短处理时间。环境实况识别技术依托大数据技术和环境现实识别能力，将各种传感器连接至各类车辆、物流供应链中，进而完成实时传感器数据、音频、视频等结构化和非结构化数据的提取。数据接口服务则可以为智慧物流园区今后的升级改造预留标准化、可拓展的数据接口，如与政府、银行等的信息系统接口[16]。

18.4
智慧物流园区案例

山西祁县电子商务产业园是山西省省级众创空间、省级小微企业创业创新基地、省级巾帼农村电商双创示范基地、省级新侨创新创业示范基地。园区有效推动企业数字化转型，改变运营方式，铸就企业自主品牌，真正打造成为激活创业、创新、创造活力的双创新载体。

随着物流需求的快速增长，新技术、新管理不断出现，资源环境约束日益加强，国际竞争日趋激烈。为建设区域特色明显的电商物流园，山西祁县电子商务产业园决定建设一个智慧物流园区，通过信息平台来引导，实现物流、金融、商贸、制造和信息五大产业在园区内的协调发展，创新物流产业发展模式，再造物流新体系，真正实现物流园区的智能化、人性化、机械化和前瞻性。

山西祁县电子商务产业园智慧物流园区的建设总体思路见图 18-2。其中，一个基础为全光纤物流园区网络，通过架设高速的园区产业运营通道，为园区和企业提供融合通信服务。一个中心为云数据中心，用于拓展业务收入功能。三个平台为物流云信息共享平台、物流园区运营管理平台、智慧园区管理平台，其中，物流园区运营管理平台包含三个子系统：

① WMS 仓储一体化服务：有效控制并跟踪仓库业务的物流和成本管理全过程，实现企业的仓储信息管理。

② TMS 运输管理系统：适用于货主、管理方、承运车队等，对运输的线路规划、运输执行、监管、运单、结算等各类业务的信息统筹、共享。

③ OMS 智能订单管理系统：通过对客户下达的订单进行管理及跟踪，动态掌握订单的进展和完成情况。

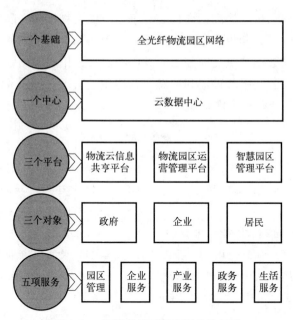

图18-2　智慧物流园区建设总体思路

在此基础上，山西祁县电子商务产业园搭建服务平台，所有订单统一管理，实现全渠道订单托管；打造智慧仓储，建立信息互联，提供 B2C+B2B 一体化仓配服务；物联网＋信息互联，实现全过程监控及保险。并打造专业电商仓储物流管理流程体系（图18-3），依托强大的运输配送资源及网络资源，旨在为客户提供一站式仓储配送服务。仓储与配送作为电子商务后端的服务，主要解决卖家货物储备（集货、加工、分货、拣选、配货、包装）和卖家商家对消费者的配送。

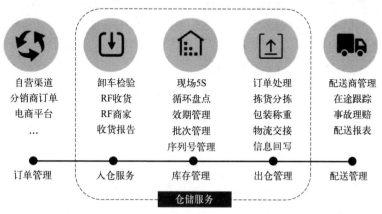

图18-3　山西祁县电子商务产业园仓储物流管理流程体系

建设智慧物流园区，有利于提升企业信息化水平、提高企业办公效率、提升物流园区管理服务水平、提高招商核心竞争力、扩大物流园区品牌影响力、开辟新的可持续的运营模式和盈利空间。接下来，山西祁县电子商务产业园将深化数据中心建设，加强数据共享交换和云服务中心建设，拓展应用，实现产业链条应用的全覆盖，拓展公共服务渠道和信息资源应用，实现对外服务的一体化，从而全面实现物流园区产业一体化管理。

参考文献

[1] 范云兵.贺登才:《规划》为物流园区发展指引方向 [J].中国物流与采购，2013（21）：33-35.

[2] 林振强.智慧物流园区规划与建设 [J].物流技术与应用，2017，22（05）：60-63.

[3] 纪明月.智慧助力新制造企业智慧物流策略构建研究 [J].物流工程与管理，2021，43（06）：10-12.

[4] 苟焰.MG 企业钢铁物流运输管理优化研究 [D].重庆：重庆工商大学，2021.

[5] 石荣丽.基于大数据的智慧物流园区信息平台建设 [J].企业经济，2016（03）：134-138.

[6] 徐佳梅.变革时代物流地产发展前景与趋势 [J].中国储运，2017（10）：58.

[7] 刘玲.辽宁沿海经济带黄海翼朝韩贸易物流园区选址研究 [D].大连：大连海事大学，2010.

[8] 孙昌平.山东 HS 西海岸智慧物流产业园运营模式研究 [D].济南：山东大学，2021.

[9] 黄浩.智慧物流园区发展及未来趋势 [J].物流技术与应用，2022，27（03）：106-109.

[10] 叶乾霖，樊雪梅."十四五"时期我国智慧物流发展现状及未来趋势 [J].数字经济，2021（03）：36-41.

[11] 李兰华.陕西省物流业追赶超越辽宁安徽两省的方向和建议 [J].全国流通经济，2020（34）：124-126.

[12] 王炜.V 公司智能仓储管理研究 [D].北京：首都经济贸易大学，2019.

[13] 余浩宇.航空物流产业集群下智慧物流园区设计 [J].合作经济与科技，2020（22）：126-127.

[14] 吴小杰.如何打造智慧物流园区 [J].物流技术与应用，2022，27（03）：122-125.

[15] 喜崇彬.智慧物流园区建设与管理 [J].物流技术与应用，2022，27（03）：104-105.

[16] 杨昊.我国智能物流发展支撑体系构建研究 [D].泉州：华侨大学，2013.

第 19 章

智慧物流运输系统

　　交通运输智慧物流标准是聚焦物流运输与配送环节，以物联网、大数据、云计算、区块链等信息技术为手段，链接设施、设备、货物、人员、信息等要素，实现全面感知、精准识别、实时跟踪、智能决策的技术、服务和管理要求[1]。目的是打造一批标准实施应用典型项目，持续提升智慧物流标准化水平，为加快建设交通强国提供高质量标准供给。因此，物流运输是我国现代物流体系建设的重要基础和关键环节，智慧物流运输系统已成为当前交通运输体系的重点。

19.1
智慧物流运输概述

　　运输是物流的主要功能之一。按物流的概念，物流是物品实体的物理性运动，运输承担了改变物品空间状态的主要任务，是改变物品空间状态的主要手段。运输系统包括铁路、公路、水路、航空、管道等运输方式和城市交通，各种运输方式的主要设备、设施和建设技术都与智慧运输有关，各运输系统、综合运输及多式联运的运输能力、组织与管理、规划与评价、配置与协调也与智慧物流运输密切相关。

19.1.1　智慧物流运输的概念

　　智慧物流（Intelligent Logistics）是指以互联网为依托，利用条形码、射频识别技术、传感器、全球定位系统等先进的物联网技术广泛应用于物流行业的主要活动中，如运输、仓储、配送、包装、装卸等，通过网络信息处理平台和通信技术，实现货物转运过程的自动化操作和高效优化管理，提高物流业的服务质量。智慧物流运输整合了物联网、传感网和互联网资源与技术，实现对物流服务全程的自动化、可视化、可控化、智能化、网络化管理，提高物流资源的利用率和生产力水平[2]。

19.1.2 智慧物流运输的特点

随着物流运输与移动互联网技术、云技术、人工智能技术等先进技术的交互融合，智慧物流运输出现一些新特点：

(1)"互联网+"物流蓬勃发展

智慧物流的核心是"协同共享"。近年来，中国涌现出了一大批"互联网+"物流公司，基本完成了对存量资产的社会化转移和对闲置资产的优化整合，并成为了智慧物流的典型代表。如在禽流感时期，满帮公司就发挥了互联网物流系统的紧急调度指挥功能，快速反应，及时安排运力，有效保障了湖北货物的运送，同时，它还提供全国范围内有关支持政府决策的成本的大量数据。

(2)物联网技术在物流领域广泛推广

随着移动互联网的快速发展，物流技术呈现快速增长态势，我国已经安装了500多万辆带有定位装置的卡车，物流设施通过传感器连接到互联网，以信息互联、设施互联带动物流互联[3]。

(3)大数据驱动智慧物流决策

在线物流产生了巨大的业务数据，使基于数据的商业模式将支持工业智能的转型，并显著提高生产效率。通过对大量物流数据的处理和分析，挖掘有价值的信息，为经营管理和行政决策提供科学合理的依据，是物流企业的普遍需求[4]。

(4)云技术强化保障物流云服务

智能物流的关键需求是构建物流云平台，为客户企业提供安全稳定的物流关键信息服务和集成应用组件[3]改善客户企业数据互联，有效整合、管理和规划数据资源，支持物流业向智能化、绿色化转型是智能物流的基本要求。

(5)人工智能应用前景广泛

人工智能为物流技术创新提供了新的空间。通过加强物流互联能力，人工智能可以实现物流资源的智能分配，优化物流互联，减少资源浪费，这将大大提高物流运作的效率。特别是人工智能技术在前沿领域的应用，如无人驾驶存储、无人配送、物流机器人等，已被越来越多的企业用于商业活动。

19.2
智慧物流运输的体系构成

19.2.1　体系框架

传统的运输流程包括：第一，接单、核对并分类订单，及时将错误或不准确的订单退回客户；第二，调度员对客户订单进行重组或分离，并根据客户要求选择合适的运输方式；第三，在选择运输方式后，调度员将根据车辆的装载要求对货物进行组合，以确保最大装载率；第四，选择合适的线路，然后按照选定线路发送货物，并处理异常情况；第五，调度员会留意前往海外港口途中运载的车辆，以确保货物安全准确抵达目的地。

在上述的作业过程中，智能运输将通过先进的信息技术与方法，按照用户要求，选取最适宜的交通途径，再按照交通运输限制和物流优势进行配置，同时通过物联网和云计算等信息技术，完成实时的路线调整与交通运输调节，维护当事人的权益。

19.2.2　层次架构

大数据支持的智慧物流配送系统平台设计包括三个层次：平台业务层、平台能力层和终端接入层。首先，平台业务层可以为物流行业提供足够的物流应用，包括明确的供应管理系统、配送、运输和仓储管理系统。其次，平台能力层可以在物流终端设备中实现数据管理工作，可以进行查询和处理操作，平台能力层将根据每个功能分为几个部分，包括平台门户、系统控制、应用管理等系统。最后，终端接入层可以为物流终端设备提供接入功能，并可以保护各种物流终端设备对统一接口的接入差异，进而提供有效的物流终端接入适配的功能与优势[5]。

（1）应用管理体系
应用管理体系主要覆盖业务开通、业务注销、业务信息维护等管理措施。当客户退出应用业务并希望注销时，平台可以提供相应的业务系统信息添加、修改和删除功能，确保各项操作的完整性，并存储相应的操作日志数据。商业法意味着平台运营商可以在具有权限的业务系统中添加、编辑、删除和其他操作。对于平台的能力层，是保存其对应操作日志信息的关键环节[5]。

（2）系统管理体系

系统管理体系可以满足参数配置、权限管理和用户管理的要求，以及对功能点执行添加、删除和更改权限等操作。其平台还支持角色权限的集中管理，以有效简化授权和回收权限的适当配置。此外，平台应支持角色的创建、修改、删除和其他活动，并能够从多个系统授予角色权限和管理角色。平台所支持的日志数据存储、查询等，也能开展打印以及导出等操作，进而确保查询形式更为合理且有效[5]。

（3）平台门户的体系

针对该体系，有管理界面、客户界面，就是运用在为了实现对系统账户进行管理的重要体系，而客户能够实现管理资料以及使用业务门户等功能[5]。

19.3
智慧物流运输的应用与发展

19.3.1　智慧物流运输的关键技术

（1）配载技术（装载、路线优化）

配载技术是整合和优化时间、成本、资源、效率和环境约束，并在满足一个或多个运营目标的前提下实现现代物流管理低成本、高效率的关键技术。它是物流运营计划与实际运营之间的有效结合的关键[7]。

（2）配载线路优化技术

配载线路优化技术包括集货线路优化、货物配装及送货线路优化，是物流运输系统优化的关键。以"亚马逊物流+"为例，配送站主要围绕大型运营中心建设，运输网络向各个方向扩展，快递通过卡车分发到配送站，形成了一个个完善的物流运输网络。

（3）装卸技术

装卸技术适用于在同一区域内进行的、以改变物体储存状态和空间位置为目的的活动，尤其应包括装卸、运输、收集、分拣、堆放、储存、出库和其他活动。装卸技术直接影响物流管理中的成本、效率和质量管理。

（4）包装技术

包装技术包括包装工艺、包装材料、包装设计、包装测试等。"包装"是指按照一定工艺方法使用的容器、材料和辅助材料的总称，在流通过程中用以保护产品，便于储存运输，促进销售[8]。

（5）Milk Run 运作技术

"Milk Run"是指一个（或多个）运输承包商按照预先设计的交货路线依次从供应商 A、B 和 C 处接收货物，然后直接运到工厂或零件重新分配中心[9]。MilkRun 循环取货是一种相对优化的物流系统，是闭环拉动式取货。其特点是多频率、小批量、及时提取模式，使供应商的初始供应推送模式转变为工厂委托的物流载体的供应拉动模式。

（6）过程控制技术

在物流管理过程中，过程管理已成为管理物流透明度的重要组成部分。在各种信息技术的支持下，我们可以收集、处理和分析运输过程中的大量信息，努力实现"缩短运输时间、实现零库存、及时交付、保持供应链的连续性和稳定性"的现代物流管理目标。

（7）条形码与自动识别技术

条形码（Bar Code）是由一组按一定编码规则排列的条、空符号，以提供特定信息。条形码系统是一个自动检测系统，由条形码符号的设计、生产、扫描和读取组成。

（8）物流自动化技术

物流作业自动化是提高物流效率的一个重要途径和手段，也是物流产业发展的一个重要趋势。目前，我国物流过程自动化水平相对较低，在许多物流任务中，如搬运、计数、包装、分拣、订单处理和数据处理，依然有许多公司选择手动操作方式。

（9）POS 系统

POS（Point of Sale，销售时点信息）系统，就是销售的动态数据要及时地传送到生产、采购、供应环节，该机器通过收银机自动读取数据，并在整个供应链[10]中实时执行数据交换。收银机的运行效率可以显著提高，同时提升客户满意度。

（10）GIS 技术、GPS 技术

简言之，GIS 地理信息系统是地理空间数据综合处理和分析的技术系统。GPS 又称为全球定位系统，由三个部分组成：空间部分——GPS 卫星星座；地面控制部分——地面监控系统；用户设备部分——GPS 信号接收机。

通过 GIS 技术和 GPS 技术，人们可以实时了解车辆的位置和货物的状况（运输中的温度、空载或重载），实时进行在线监测，避免货物交付后难以识别的被动情况，提高货物的安全性[7]。同时，消费者可以随时主动了解商品的状态和商品到达目的地的全过程，为消费者的生活带去了便利。

19.3.2　我国智慧物流运输发展趋势

现阶段，快递物流行业已进入多头竞争格局阶段。在我国产业转移的大趋势下，多式联运需求激增，物流行业叠加面对调结构、降本、降碳的三重压力。多式联运现处于起步阶段，旨在发挥网络效应，让货物搭乘标准化集装器具，以标准化、模块化、系统化的操作让流通变得低成本、高效且绿色。

今后，物流业发展将依托先进技术驱动，先进技术与物流业深度融合，改变传统产业的运营模式，为消费者、客户以及企业自身创造增量价值[13]。未来二十年，多式联运产业将是大物流领域的高成长赛道。

19.3.3　智慧物流运输的典型应用模式

（1）电商企业发展智慧物流的典型模式

我国的电商企业致力于满足顾客的个性化需求，基于不断成熟的互联网、物联网和云计算技术，增强自己的堆货容量和出货效率，提高服务水平。为此，电商智慧物流必须为创新赋能，提高时效性、规范性、灵活性，以提升自身的市场竞争力。

中国智慧电子商务物流的典型模式总结为：电子商务企业以客户需求为驱动，以提高客户物流服务透明度的平台为基础，整合自上而下的管理设备和物流信息。具体分为以下几种措施：①完善物流基础设施。在采购、配送、仓储、运输等物流环节实现信息化运作，实现物流供应链信息全方位共享。②推广应用物联网技术。对于电商平台来说，物联网技术是仓储、配送、管理、协同的关键，需要大力推广物联网技术在物流运输系统中的应用。③柔性化运作。利用数字化处理和物联网技术提升自动化管理水平，利用大数据和数据挖掘技术提升物流决策能力，利用射频识别和卫星定位技术提升定位追溯能力。④紧紧把握国家政策[14]。近年来，国家加强了对物流业发展的政策指导和支持，制定了一系列激励措施。电商企业应紧紧把握国家政策，加快构建智慧物流体系。

（2）物流企业发展智慧物流的典型模式

总体来说，当下物流企业的物流仓储设施、终端配送场所及配套设施的建设相对落后，对智慧物流平台的投入较少，信息化水平较低。由于平台型物流企业的核心特点是极强的资源整合和聚集功能，因此，平台型物流企业在发展智慧物流时具有较强的资源基础，他们利用纵向和横向的双向发展，形成了智慧物流服务。这种智慧物流发展模式通常应用于物流网络广阔、物流基础设施规模大、平台大的物流公司。

（3）制造企业智慧物流转型的典型模式

随着制造业结构调整和现代化的趋势，企业也开始关注物流系统的现代化和重组。发展智慧物流也是许多制造企业的重要战略。制造企业智慧物流模式有两种：①自建＋整合模式。该模式强调通过整合社会化资源，购买社会化的智慧服务，实现企业物流业务的智慧化运作。这种模式通常适用于将物流业务完全外包的制造企业，例如华为公司与中外运、顺丰、DHL（敦豪）等企业合作，并要求这些物流企业加强智慧技术投资，实现智能化作业。②独立自建模式。该模式强调利用制造企业本身的物流业务资源和服务机构，组建自身智慧物流运作。例如，作为海尔集团下属的日日顺物流公司，其在发展智慧物流的过程中以不断提升用户体验为核心，以开放共赢为理念，打造共创用户体验迭代的智慧物流生态圈[14]。

19.4
智慧物流运输管理系统案例

2013 年，阿里联合韵达、申通、圆通、中通等大型企业，创办了一个科技型物流平台——菜鸟网络，专注于为物流公司赋能。2018 年，菜鸟发布第二个 5 年发展战略——"一横两纵"，聚焦快递行业，力求依靠数字化升级，实现"全国 24 小时、全球 72 小时必达"的使命。"一横两纵"中，一横代表行业数字化升级，两纵代表围绕新零售的智慧供应链能力和全球化供应链能力。

对于旨在成为支持物流活动"公共基础设施"的菜鸟网络来说，商流和技术将是其发展的两大核心驱动力，而智能化发展又将是其能力不断提升、创新和改革的关键主题。菜鸟的开放式协同创新实践集中在三个方面。第一，与快递业共享电商红利。菜鸟选择了与"三通一达"共享阿里电商生态链的发展红利，通过快递直发方式，让一些快递公司迅速掌握了大量用户，双方共享红利。第二，用科技为物流行业赋能。菜鸟通过头部订单、配送信息以及对配送企业的全面把控，并通过挖掘物流大数据，集成配送企业全过程信息系统，形成了标准化业务流程。从传统电子订单的转型到包装的数字化、现代化，智能供应链提供商的普惠金融服务，全球供应链的二级通关，整个物流过程的仓储质量、货物加工质量和配送准确性都得到了显著提高。第三，实现线上线下智能化合作。如图 19-1 所示，目前菜鸟已打造了线上线下虚实一体的物流生态体系，与蚂蚁、天猫、高德等企业合作建立了阿里体系的生态圈，其物流网络触角已覆盖全球 224 个国家和地区，并下沉到了我国近 3000 个区县，快速成长为物流行业的重要一极[15]。

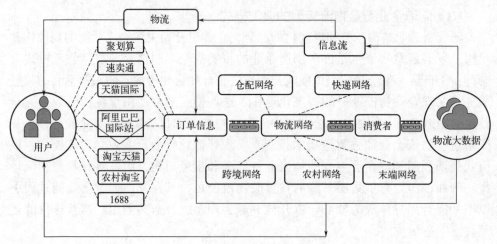

图 19-1　菜鸟网络的生态圈示意图

菜鸟已在海外 20 多个国家构建海外仓资源，可有效降低配送时间，解决大货、重货问题。菜鸟海外仓资源包括美国、英国、德国、俄罗斯、澳大利亚、越南等。海外仓通过有效降低商品配送时间，大幅提升买家购物体验。同时，海外仓也有效地解决了海外大货和重货的物流问题。为了优化海外仓资源的管理、提升海外物流体验，菜鸟构建了国际认证仓体系，打造菜鸟认证仓。国际认证仓体系将发掘优势海外仓资源，加强发货链路和库存的联通，并解决虚假仓发等问题。使用菜鸟认证仓的商家将获得平台打标、营销活动支持等，有利于商家获得更多的客户流量和转化率。

菜鸟携体系内快递企业共同打造全球智能物流枢纽，利于快递企业国际化发展。为实现全球买、全球卖等目标，阿里提出 eWTP，并在物流层面推出 eHub，初期布局全球 6 大节点。eHub 的搭建将大幅提升跨境包裹处理能力，推动跨境电商和跨境物流的发展。作为平台企业，菜鸟发展 eHub 需要实力强劲的物流企业协作。对于有余力发展国际业务的龙头快递企业来说，相较于独立出海，国内龙头快递企业与阿里组团出海有利于增强海外竞争力，减少国际化过程中的障碍。

2021 年，在全球智慧物流峰会上，菜鸟首席执行官宣布未来菜鸟网络的定位是：客户价值驱动的全球化产业互联网公司。物流的重大战略机遇期已经到来，菜鸟将把核心资源全力投入在物流新赛道的开拓上，专注增量创新，帮助实体经济降本增效，提供更好的服务体验。其中物流的成长路径有三个方面：物流数字化、供应链升级和全球物流链。基于此，菜鸟网络接下来将在智慧供应链、全球物流、社区服务、物流科技、绿色物流等多个方向发力。

参考文献

[1] 本刊讯.《交通运输智慧物流标准体系建设指南》发布 [J]. 中国航务周刊，2022（44）：19.

[2] 冉蓓，覃京燕.应用于智慧物流服务的无人驾驶车产品设计 [J].包装工程，2021，42（06）：37-45.

[3] 金瑞，朱玉梅，刘伟华.面向全场景的智慧供应链综合体系架构研究 [J].物流研究，2021（01）：31-40.

[4] 何黎明.中国智慧物流新未来 [J].中国物流与采购，2017（11）：24-25.

[5] 张继果.云化物联网在智慧物流的研究与运用 [J].科技创新与应用，2019（26）：169-170.

[6] 张鹏.DX服装配饰公司网络营销策略研究 [D].郑州：郑州大学，2019.

[7] 高音，何娜，常青平.物流概论 [M].南京：南京大学出版社，2019.

[8] 智慧物流成未来趋势这十项技术需知道 [J].中国战略新兴产业，2016，81（25）：47-49.

[9] 陆卫华.Y企业入厂物流E-KANBAN模式研究及运用 [D].上海：上海交通大学，2011.

[10] 王静.现代物流管理与战略：理论·方法·模式 [M].西安：陕西人民出版社，2016.

[11] 王长君，代磊磊，刘东波.我国城市交通管理工程技术应用的若干思考 [J].工程研究－跨学科视野中的工程，2014，6（01）：31-36.

[12] 何黎明."互联网＋物流"战略及其发展方向 [J].中国市场，2017（03）：12-13.

[13] 何黎明.关于智慧物流发展的思考与建议 [J].中国物流与采购，2016（19）：26-27.

[14] 金瑞，刘伟华，王思宇，吴文飞.智慧物流的发展路径与发展模式 [J].物流技术，2020，39（04）：5-11，15.

[15] 张鲜华，吕斌.智慧物流中的智力资本开放式创新研究——基于菜鸟网络的案例分析 [J].山东工商学院学报，2021，35（02）：86-98.

第 20 章

智慧物流配送系统

物流行业被称为"第三利润源泉"，目前已在全球范围内广泛发展。随着电子商务和运输网络的快速发展，物流业也遇到了前所未有的机遇和挑战。物流配送系统是物流行业中的关键部分，优化物流配送系统流程，能够有效保证物流配送整体水平的提升[1]。因此需要信息化、自动化、协同化、敏捷化、集成化镶嵌在配送活动之中，使物流配送系统更加便捷、更加高效、更加智慧。

20.1
智慧物流配送概述

20.1.1 智慧物流配送的概念

智慧物流配送是指一种以互联网、物联网、云计算、大数据等先进信息技术为支撑[1]，能够在物流配送各个作业环节实现系统感知、自动运行、全面分析、及时处理和自我调整等功能的，具备自动化、智能化、可视化、网络化、柔性化等特征[2]的现代化配送系统。

智慧物流配送在配送管理业务流程改进的基础上，进一步强调信息流在配送过程中的作用，充分利用感知识别、网络通信、GIS 等信息化技术及先进的管理方法，实现配货、提货、送货、退货、回收管理等的智能化管理，能够有效降低配送成本，提高配送效率[3]。因此，智能物流配送可以被视为一种以现代信息技术为支撑的配送活动，它有效地将物流与供应链相结合，从而不断提高效率和效益。

20.1.2 智慧物流配送的特点

（1）敏捷性

智慧物流配送体系是建立在互联网、物联网、车联网、大数据、云平台以及RFID等现代技术基础之上的，各节点要素是在科学选址、优化决策的流程下进行的，必然能够对客户的个性化需求作出快速响应。作为智慧物流配送体系，其资源要素必然需要有效整合，体系内的节点在对外竞争时具有一致合作性，但内部节点间又存在竞争性，这种竞合状态无疑强化了配送体系的反应能力[4]。

（2）协同性

智慧配送是在信息共享的前提下展开的活动，是以需求拉动的各环节同步配送企业的协同合作，降低了成本、提升了效益。智慧配送体系的市场追踪个性化色彩更加浓厚，因此，智慧配送体系的高效运作必然依赖系统内部各个子集的调整，在整体绩效上协同一致[4]。

（3）开放性

智慧物流配送体系是一个开放的系统。在开放的公共物流配送信息平台上，实现与消费者密切相关的信息共享，同时，也为末端配送市场提供了一个开放、平等和便捷的平台。在政府宏观政策引导下，数据平台、服务流程、质量监控和诚信交易等环节更加透明。公共设施的数字化水平迅速提升，城市无线网的覆盖范围快速扩大，在宏观上提供了系统开放的条件[4]。

（4）安全性

互联网营销、购买、支付、验货和收货等环节仍然存在着诸多风险，城市配送体系的安全性引起了人们的高度重视。因此，智慧物流的作业流程和信息流必须是在安全的环境下完成的。随着O2O商客的推进，其线下体验店进一步强化了对产品质量的监督[4]。

（5）经济性

智慧物流配送体系作为智慧物流这一大系统的子系统，其自身的构建和运作均达到了科学优化的水平，无疑提升了体系自身的绩效，增加了该体系的内部经济性。同时，对节点企业和全体用户均产生成本降低、资源优化、获得便利的作用，这就产生了巨大经济性，同时构成了智慧物流配送体系的又一鲜明特征[4]。

20.2
智慧物流配送体系

在现代物流运行体系中，智慧物流配送体系占据着主要的地位，发挥着重要的作用。智慧物流配送体系由三个部分组成，分别是智慧物流配送节点、智慧物流配送设备和智慧物流配送信息平台，详细架构见图 20-1。

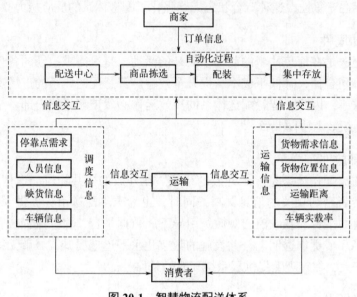

图 20-1　智慧物流配送体系

20.2.1　智慧物流配送节点

在实体领域，智慧物流配送体系由各种节点、配送线路、供应链网络组成[4]，而智慧物流配送节点则是这个体系中最关键的要素之一。在智慧物流配送体系中，最重要的节点是智慧配送园区、智慧配送中心和智慧配送站点。

（1）智慧配送园区

智慧配送园区是一个现代化的专业物流园区，它通过收集和储存货物、分类邮件传递、建设电子商务平台、孵化配送运营和研发配送技术，实现提供智能物流配送系统的功能。其特点是智能配送物流设施的集约化、智能配送物流设施空间布局的合理化和智能配送物流流程的协同化[4]。

（2）智慧配送中心

智慧配送中心是物流、信息流和资金流的综合体，在流通领域具有重要地位；可以发挥干线和支路运输的"中介"作用，有效地将统一运输、仓储、装卸、包装、流通和信息互联结合起来，协调物流运作，创造一个非常精简、高效、便捷的操作系统；使得原来的单一功能变成各项功能的整体发挥，提高了运作效率。

智慧配送中心以"互联网+"概念为核心，拥有高科技支撑和物流主营业务场所，是城市智慧配送体系的重要节点。它同时满足一般配送中心的基本要求，即：主要为特定的客户服务；中心配送功能健全；拥有完善的信息网络；以配送为主，储存为辅；多品种、小批量；辐射范围小[4]。

（3）智慧配送站点

智慧配送站点是智慧配送体系中最接近最终用户的末端配送服务场所，是以自助电子快递箱、智能快递站等形式，在住宅区、商业连锁、大型写字楼、企业、校园等地广泛合作打造的物流配送服务枢纽。智慧配送站点需要现代物流技术的支持，应严格遵循城市智慧配送流程运作规范，尤其是有自动寄存功能的站点设施，还应具有自动安全监测装置。所有智慧配送站点均应具有全程监控功能。

一般来说，在物流配送体系中，智慧配送园区主要建设在城市干线两侧，这样有利于供应商、生产商和经销商等商家的集货运输；智慧配送中心的选址规划则是基于城市道路管网和配送区域用户分布的综合考量；末端智慧配送（存取）站点的选址布局则侧重于用户集聚的密度。在服务功能上，智慧配送园区侧重于发挥集货调配功能，智慧配送中心侧重于专业配送功能，智慧配送站点侧重于对最终用户提供存取服务功能[4]。

20.2.2　智慧物流配送设备

物联网、人工智能、VR、AR等技术的应用，促进物流配送设备的更新换代，越来越多的智慧物流配送"黑科技"应用于物流配送领域，智慧物流配送设备成为智慧物流配送体系的重要支撑。2020年采用"无接触配送"服务的用户订单占总量的80%以上，尤其在特殊时期，无人物流配送展现了其在现代物流行业中开始扮演着重要的角色，也因此提高了无人物流在社会中的认可度和支持度[5]。

（1）智能快递柜

在成本和效率的双重压力下，快递最终是商业模式和科技进步的结合。在拆除传统的人工门和配送门后，出现了新的模式，如众包配送、快递服务站、智能快递柜、无人机、无人车等新技术。由于快递柜的便利性，它成为了当下末端配送无人科技的不二之选，见图20-2。

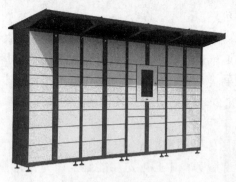

图 20-2 智能快递柜

智能快递柜是一种自助设备,可以使用二维码或数字密码在公共场所(社区)发送和提取快递邮件。智能快递柜提供全天候自助服务,如果收件人不在家,快递可以临时存放在快递柜中,方便随时取件。用户通过自助终端,结合动态短信,凭取件码取件。智能快递柜还可以通过微信公众号提醒收件人取件,自动通知快递公司批量处理快件[6]。智能快递柜的投入和应用,极大地改善了快递行业的配送服务,彻底解决了无人居住、重复送货和收件难的问题。这不仅方便了消费者和快递员,还避免了物业门房收取快递不安全的风险,解决了困扰物流业多年的配件和收件问题。智能快递柜主要的功能有寄件、取件、暂存、广告、监控、照明和语音提示等[7]。

(2)无接触配送机器人

在高精度地图数据、智能导航系统、大数据技术[8]的基础下,无人配送应运而生。配送机器人是智慧物流体系生态链中的终端[9]。配送机器人往往具有自主规划路线、规避障碍的能力,并可以自由驾驶。接收者通过应用程序等接收到关于货物交付的消息,并直接点击配送机器人链接或输入配送机器人接收代码,打开配送机器人的货物,同时配送机器人还可以支持人脸采集和语音交互,让用户能够感受到科技在智能物流中的应用。除此之外,国内外卖机器人的市场竞争同样越来越激烈,加快外卖机器人技术的研究开发与生产成为了抓住这个时代潮流的重要途径[10]。

2018年9月28日,京东物流华南地区首款智能配送机器人(图20-3)正式推出,首张配送订单在中山大学新华学院校园完成。这款智能配送机器人是京东自主研发的第三代配送机器人产品,载重100kg,可根据配送机器人的当前位置和周围环境动态创建有效的实时可控路径。在大学道路之间行驶时,它可以独自避开障碍物、过往车辆和行人,也可以爬15°的坡。在交付过程中,交付机器人顶部的激光雷达会自动检测其前方的行人和车辆,并在距离约3m时自动停止。分销商将货物装载到京东物流配送机器人的分区中，京东物流配送机器人选择路线并离开以配送到宿舍、书房或图书馆。机器人从中山大学新华学院京东派出发时，客户会收到一条短信通知收货时间和地点，到达交付点后，客户输入取货代码并打开交付机器人的仓库，以便取走包裹。

图 20-3　无接触配送设备

（3）配送无人机

无人机（又称无人航空器）就是非载人、由地面控制人员通过无线电遥控在飞行器上事先设定好航线进行自主飞行的飞行器。最初，无人机多用于军事侦察，或是在科研领域代替各专业人员进行对应的信息采集工作。随着无人机技术的不断发展，其应用领域也在不断拓展中[11]。近些年来，无人机开始应用于物流配送领域，德国的 DHL 邮政巨头与中国的顺丰、京东和饿了么均在进行"无人机快递"项目的研究实验和应用。

无人机配送是指通过无线电遥控和独立程序控制设备的无人机将货物自动交付到目的地。其优点主要在于解决偏远地区的配送问题，提高配送效率，同时减少人力成本[12]。缺点主要在于恶劣天气下无人机会无法送货，在飞行过程中，无法避免人为破坏等。无人机技术在物流领域的运用，不仅可以提升物流服务的质量和效率，而且可以有效解决快件的三大"痼疾"：延误率、遗失率、损坏率。因此无人机运用在物流领域是物流产业智能化、智慧化的必然结果[11]。

20.2.3　智慧物流配送信息平台

运用智慧物流中的各种物联网、大数据等技术手段，建立智慧物流的信息交换和沟通平台，将物流各个环节以及整个物流产业的相关活动与供应链进行整合和分类，实现整个行业中物流信息、需求信息、设备信息、企业合作以及信息共享等，以此更加全面地优化了物流业的物流信息系统，提高国家乃至全球的物流服务质量^[5]。智慧物流配送信息平台一般具有以下功能。

① 智能仓储管理与监控功能。运用条形码技术、无线传感器技术对产品出入库、库存量和货位等环节进行智能管理；运用 GPS/GIS、RFID、智能车载终端和手机智能技术控制货物状态及装卸、配送和驾驶人员的作业状态，实现智能调度。

② 智能配送管理与监控功能。通过运用 GPS/GIS、传感器技术实现对运输车辆的实时监控，运用动态导航技术与云计算技术实现运输路径的智能规划与调度，运用互联网、4G/5G 通信技术实现监控与调度人员、运输人员和货主的各类信息交换功能等。

③ 智能电子交易平台。运用网络安全与监控技术管理交易平台，增加其安全性，阻止电子黑客或不法分子侵犯客户的个人财产。随后客户在电子支付平台在线订货与支付货款，从而购买商品。

④ 统计与智能数据分析平台。通过条形码、无线传感器、智能终端和数据库等信息技术及管理系统，实现数据收集与储存管理，运用云计算、知识数据库等技术实现各类数据信息的统计与分析预测功能。

此外，为保证智慧物流配送信息平台的有效运作，智慧物流配送信息平台还需具备业务流程标准、功能服务标准、数据储存标准、设备技术标准等标准体系，保证系统信息安全的安全体系，以及保证正常运行和维护的运维体系。

20.3
智慧物流配送管理系统

智慧物流配送管理系统是以信息技术为支撑的现代综合物流系统，它实现了对系统在运输、仓储、包装、装卸、流通加工、配送、信息服务等物流环节的感知，综合了监管、发现、创新和系统智能的智慧。智慧物流配送管理系统集成了一系列反映现代经济运行特点需求的服务功能，即强调信息和物流的快速、高效、顺畅运行，从而实现降低人工成本、提高配送效率的目的。

20.3.1 智慧物流配送管理中心架构设计

智慧物流配送系统的物流配送管理中心必须配备现代化的物流装备，以实现自动分拣和运输、货物自动存储、自动装卸等功能^[13]。配送系统管理中心的工作流程为：首先接单并生成订单；其次制定配送计划，用适当的控制系统软件平台为调度部门制定配送计划，以优化车辆运输路线；最后实时监控运输过程，保障货物配送过程的安全性及透明度。通过智慧物流配送系统，客户可以依据自己的满意度评价配送服务，从而提升对配送人员的监督和管理，增强物流配送公司的核心竞争力。总体功能流程图如图 20-4 所示[1]。

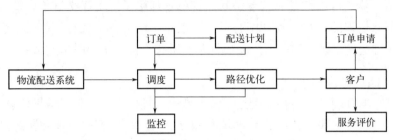

图 20-4　配送系统管理中心功能流程图

物流配送管理中心系统具有易于使用和实时性强两个特征：第一是易于使用，便于客户下单、管理人员监控及调度、配送人员反馈信息等；第二是实时性强，物流配送系统可以实时收集货物信息和车辆信息，使员工可以及时地调度配送车辆。

20.3.2　智慧物流配送管理中心的功能

（1）车载终端管理

当车载终端进行管理时，会收集货物状态信息、客户订单信息、配送车辆信息等数据。注册用户可以登录系统进行订单的填写和提交，还可以实时查询和跟踪自己提交订单的状态。工作人员可以通过数据库后台管理系统处理相关信息，并分配、跟踪和优化车辆路线。

（2）配送车辆管理

当物流配送中心实时监控和调度车辆时。工作人员可以进入配送车辆的实时监控与调度系统，以控制配送车辆的实时操作。配送车辆实时监控与调度系统包括 GPS 车载终端子系统、通信子系统、GIS 子系统等，具体功能实现如图 20-5 所示。

图 20-5　配送车辆管理系统

（3）订单管理

订单管理模块是客户之间联系的桥梁。在发送订单请求后，管理人员会处理客户的订单，并检查、编辑和确认创建商品列表并生成货物清单。如果客户需要补充货源，他们可以登录分销系统并在订单管理子系统中提交订单申请，也可以编辑或删除错误的订单。管理中心员工在汇总"已审核"状态订单后，会根据现实情况安排送货车辆。通过系统完成订单的所有流程，实现一站式服务。

（4）信息数据管理

信息数据管理模块是物流配送系统的数据管理中心。在信息数据管理模块中，注册用户可以登录系统进行订单的填写和提交，还可以实时查询和跟踪订单的状态。管理中心工作人员通过数据库后台管理系统管理相关信息，检查、处理、确认、删除客户订单，并选择、监控、发送和优化配送车辆路线。这不仅可以提高订单分发的效率，而且可以确保货物分发过程的安全性，节省车辆资源。

20.4
智慧物流配送应用案例

作为国内快递行业的巨头之一，圆通速递有限公司以快递服务为核心，围绕客户需求提供代收货款、仓配一体等物流延伸服务，采用枢纽转运中心自营化和末端加盟网络扁平化的运营模式，致力于打造一个高效、协调、共生的快递平台。

目前，圆通已经在揽收、中转、配送、客服等全业务流程中形成了包括"金刚系统""罗汉系统""管理驾驶舱系统""GPS 车辆监控系统""GIS 辅助分拣系统"等在内的行业领先的互联网信息技术平台，基本实现了对快件流转全生命周期的信息监控、跟踪及资源调度[14]，以保障所有包裹安全、快速、准确地到达客户手中。

圆通速递自主研发了基于 Internet 的快件条形码运单和货物信息查询追踪管理系统，在运输领域实现条形码全程扫描。下面介绍"揽收 – 转运 – 干线运输 – 跟踪"的智慧传递过程。

（1）揽收

揽收分为三种具体方法：

① 上门揽件或门店收取：客户在平台提出收货请求后，就近的圆通网点指派业务员到指定的地点，收取客户指定的快件。

② PDA 扫描或电子面单接入：针对传统面单，客户需要按要求填写相关信息，之后业务员通过手持终端记录快件信息，并扫描快件单号；而随着圆通"电子面单"的推进，现在可以直接将电子面单系统接入公司的信息化平台。

③ 运单录入：信息实时传输并录入圆通的核心系统，以便提前安排运输路线，以及今后对派送状态的追踪。

快件揽收完成后，揽件加盟商根据快件的目的地信息、尺寸和质量，进行初步分拣、建包，并运送至始发地转运中心[15]。

（2）转运

转运的基本过程为：

① 下车扫描：当快件运输到转运中心后，转运中心的操作人员将对每一封快件进行下车扫描，并与核心业务系统中的快件信息进行比对，确保快件安全、及时地进入转运环节。之后，由始发地转运中心的人员按照派送目的地的信息将快件进行分类并建包。

② 上车扫描：建包后的快件将按照系统预设的路由线路进行装车，对每一件货物在装车时进行上车扫描。

③ 发车扫描：在所有快件装车完毕后，圆通进行物流单号的扫描，货物出库运送到下一个转运中心。

（3）干线运输

圆通在运输车辆上安装了车载北斗定位系统，通过北斗系统、无线通信技术等多种技术集成并结合传感器、摄像头、蓝牙等设备采集数据，并传送至系统，系统对获取的数据进行全面分析，结合 GIS 应用技术将数据和地图进行匹配，并形成相应的路网数据库，最终达到路网整体控制效益的协调优化，为车辆的调度、物流运输提供最优路径方案[16]。

通过构建智能路网，系统将采集的道路信息和道路周边建筑物等据点情况直观地显示在地图上，并在 GIS 应用技术的基础上结合调度供应链拟物算法，实现路网优化调度和实时反映区域内交通路况，运用基于图论的最短路径算法，在已知起点和终点的情况下寻求最优、最快捷的行驶路线，从而提高道路和车辆的使用效率[17]。

（4）跟踪

通过北斗定位系统、GIS 地理信息系统以及射频识别技术，圆通公司可以方便地利用视频监控系统对每一票货物传输的每一个环节进行实时监控和跟踪。具体来说，可以进行两个方面的跟踪与监控。①跟踪监控时限。圆通公司扩大了射频识别技术（RFID）的应用范围，扩展到全程时限监控方面，特别是高价值邮件的时间限制监控。提出"承诺达"服务后，2017年5月，圆通公司又推出了"计时达"服务。这意味着圆通正全面发力中高端市场。北斗定位技术、RFID技术以及传感器技术的应用会在监控重要邮件时间节点上发挥重要作用。②跟踪路况实时信息。通过车载北斗定位系统，管理中心可随时与监控车辆对话，及时应对各种突发状况。对于雨雪天气等特殊状况，还会启动紧急预警机制。

圆通在2015~2025年的战略规划中加强了智慧运输的建设，未来的圆通运输将实现以下目标：服务网点的全球覆盖、机队和干线运输车辆的扩展、航线的全球覆盖，以及转运中心的智能化，以不断提高客户满意度，实现客户的全流程追踪。

参考文献

[1] 赵纪元，白秋颖.基于物联网的智慧物流配送系统设计[J].现代经济信息，2018（22）：308-309.

[2] 罗文丽.智慧物流起步[J].中国物流与采购，2016（05）：33-35.

[3] 许倩.我国茶叶电子商务营销模式与策略研究[J].福建茶叶，2018，40（10）：67.

[4] 朱一青.城市智慧配送体系研究[D].武汉：武汉理工大学，2017.

[5] 李海云.智慧物流下的物流配送发展[J].中国储运，2022（04）：170-171.

[6] 许顺频，谢洋.智能快递柜专利技术综述[J].中国科技信息，2018（18）：27-29.

[7] 吴爱萍，刘香进，谢媛媛.解决物流最后一公里之智能快递柜[J].物流工程与管理，2018，40（06）：82-84.

[8] 高琦琦.无人配送在疫情下的现状分析[J].中国储运，2021（04）：90-91.

[9] 杨友明，寻喜德，邓拓，等.外卖机器人发展趋势与关键技术探讨[J].南方农机，2019，50（17）：64-65.

[10] 于明涛.智慧物流体系中的无人配送技术——"大数据与智慧物流"连载之八[J].物流技术与应用，2017，22（11）：134-136.

[11] 朱新富.小型无人机在快件收派服务中的应用及系统构建研究[D].上海：东华大学，2016.

[12] 付少帅，李玢.无人机快递系统专利分析[J].科技创新与应用，2019（30）：5-6.

[13] 刘嘉欣.新零售背景下智慧物流储配的发展对策[J].中共太原市委党校学报，2019（04）：28-29.

[14] 喜崇彬.从圆通的成长看快递行业技术变革与发展——访圆通速递副总裁相峰[J].物流技术与应用，2017，22（08）：96-98.

[15] 王露.基于竞争战略变化的民营快递公司股权激励设计及效果分析[D].广州：暨南大学，2020.

[16] 朱为建.基于北斗的交通物流运输系统研究[J].企业科技与发展，2016（10）：19-21.

[17] 王宁邦，徐博.基于LBS的盘山公路防对头碰撞及监测系统[J].吉林大学学报（信息科学版），2019，37（02）：155-161.